Randi Gunther
Beziehungssaboteure
Verhaltensweisen erkennen und bewältigen, die Liebe zerstören

„Beziehungssaboteure ist Pflichtlektüre für all jene, die auf der Suche nach einer dauerhaften Liebesbeziehung sind, aber nicht wissen, wie sie diese finden und aufrechterhalten können. Randi Gunthers ehrlicher, aufschlussreicher und geradliniger Lösungsansatz hilft uns, etwas Grundlegendes und gleichzeitig sehr Komplexes zu verstehen: Wie man liebt und geliebt werden kann." – Lori Gottlieb

„Wenn man weiß, wo die Landminen versteckt sind, ist es sehr viel einfacher, ihnen aus dem Weg zu gehen. Randi Gunthers Buch Beziehungssaboteure ist der Ratgeber, um beziehungsschädigende Verhaltensweisen zu entschärfen und unschädlich zu machen." – Dr. Barton Goldsmith, Psychotherapeut und Autor

„Randi Gunther ist eine Lebensretterin und mich hat sie gleich mehrfach gerettet. Dieses Buch fasst jahrzehntelange Erfahrung, tiefstes Verständnis und intuitives Wissen über Beziehungsdynamik in leicht verständlicher und anwendbarer Form zusammen. Unabhängig davon, ob Sie die beschriebenen Übungen ausführen oder nicht, wird Ihnen dieser Ratgeber durch aufmerksame Lektüre den Weg zu einer funktionierenden Beziehung oder Ehe weisen." – Larry Klein, mit dem Grammy ausgezeichneter Musikproduzent, Musiker und Komponist

Ausführliche Informationen zu jedem unserer lieferbaren und geplanten Bücher finden Sie im Internet unter www.junfermann.de. Dort können Sie auch unseren Newsletter abonnieren und sicherstellen, dass Sie alles Wissenswerte über das Junfermann-Programm regelmäßig und aktuell erfahren.

RANDI GUNTHER

BEZIEHUNGSSABOTEURE

VERHALTENSWEISEN ERKENNEN UND BEWÄLTIGEN, DIE LIEBE ZERSTÖREN

Aus dem Amerikanischen von Julia Welling

Junfermann Verlag
Paderborn
2012

Copyright © der deutschen Ausgabe	Junfermannsche Verlagsbuchhandlung, Paderborn 2012
Copyright © der Originalausgabe	Randi Gunther, 2010
	Die amerikanische Originalausgabe ist unter dem Titel „Relationship Saboteurs: Overcoming The Ten Behaviors That Undermine Love" 2010 bei New Harbinger Publications erschienen.
Übersetzung	Julia Welling
Coverfoto	© Michael Westhoff – iStockphoto.com
Covergestaltung/Reihenentwurf	Christian Tschepp
Satz	JUNFERMANN Druck & Service, Paderborn
Bibliografische Information der Deutschen Bibliothek	Die Deutsche Bibliothek verzeichnet diese Publikation in der Deutschen Nationalbibliografie; detaillierte bibliografische Daten sind im Internet über http://dnb.ddb.de abrufbar.

ISBN 978-3-87387-789-4

Dieses Buch erscheint parallel als E-Book (ISBN 978-3-87387-875-4).

Inhalt

Danksagung

Für alle meine Freunde, Kollegen, Studenten und Patienten, die mich über viele Jahre zum Schreiben ermutigt haben.

Für Greg, seit unserer Kindheit meine große Liebe und mein lebenslanger Begleiter. Er ist mein schärfster Kritiker und zugleich derjenige, der sich am stärksten für mich einsetzt.

Für meinen Agenten Peter Beren, ein achtbarer und aufrechter Mann, der an mich geglaubt hat.

Für Melissa Kirk und Jess Beebe, zwei gebildete und engagierte Fachfrauen bei New Harbinger, die mir mit ihrer Klugheit und ihrem genauen Urteilsvermögen den Weg gewiesen haben.

Für alle, die mir nahestehen und meine Rückkehr aus dem Cyberspace geduldig abgewartet haben.

Euch bin ich zu tiefster Dankbarkeit und Wertschätzung verpflichtet.

Der direkteste Weg zu wahrer Intimität ist,
die Verantwortung für sich selbst zu übernehmen.

Vorwort

An einem Samstagabend vor 58 Jahren nahm ich die Einladung eines Jungen an, mit ihm Schlittschuhlaufen zu gehen. Keiner von uns hätte damals ahnen können, dass wir unser restliches Leben als Geliebte und Freunde miteinander verbringen würden; auch nicht, dass wir gemeinsam einen gesellschaftlichen Wandel erleben sollten, der für uns und für viele andere Menschen den Begriff von intimen Beziehungen für immer veränderte.

In unserem gemeinsamen Leben haben wir das ganze Spektrum durchlaufen: Wir stellten die etablierte Rollenverteilung infrage, erlebten die Veränderung traditioneller Machtverhältnisse zwischen Männern und Frauen und sehen nun schließlich die Rangeleien um Gleichberechtigung, welche eine Herausforderung für heutige Beziehungen darstellen. Wir verbrachten Jahre mit Therapiesitzungen, verfolgten verschiedenste persönliche Ziele und verwirrten unsere Kinder damit, dass wir ständig andere Hoffnungen für unsere Beziehung hatten und neue Wege fanden, um diese zu erreichen.

Mit Mitte dreißig nahm ich eine Ausbildung wieder auf, die ich zugunsten des Studiums meines Mannes aufgegeben hatte. Die darauf folgenden neun Jahre musste er unseren Kindern zugleich Mutter und Vater sein, während ich vier akademische Titel anstrebte und zwei berufsbezogene Qualifikationen. Tagsüber arbeitete oder studierte ich für gewöhnlich, um abends und am Wochenende Therapiesitzungen überall dort abzuhalten, wo Menschen Bedarf hatten.

Mir wurde schnell bewusst, dass der Blick in die tiefsten Abgründe eines Menschenlebens eine Art heiliges Ritual darstellt, ein unglaubliches Privileg, das aber auch beängstigende Verantwortung mit sich bringt. Um wirklich gut zu werden, musste ich mir die beste Supervision sichern, die meisten Arbeitsstunden investieren und jede Möglichkeit, mit so vielen verschiedenen Patienten wie möglich zu arbeiten, beim Schopf packen. Im Laufe der letzten vierzig Jahre habe ich mehr als 90 000 Stunden in einem Beruf verbracht, der mich immer noch fasziniert und der meine Leidenschaft befriedigt, anderen Menschen und Paaren bei der Meisterung ihrer emotionalen Schwierigkeiten zu helfen.

Da meine Patienten mir ihre intimsten Probleme anvertrauten, lernte ich unglaublich viel über die treibenden Kräfte erfolgreicher Beziehungen und die Ursachen für den Zusammenbruch einer Partnerschaft. Ich verstand, wie einfach eine Beziehung gerettet werden konnte, wenn die Partner bloß früh genug erkannten, was schiefgelaufen und was demzufolge zu tun war.

Die meisten von uns gehen unvorbereitet in eine Beziehung. Frisch verliebte Partner denken oft nicht gründlich genug darüber nach, was sich hinter der anfänglich vorbehaltlosen, von Lust und Liebe gesteuerten Akzeptanz des anderen verbirgt. Unverarbeitete traumatische Erlebnisse aus der Kindheit oder aus früheren Beziehungen, unbewusste destruktive Verhaltensweisen oder ganz einfach nicht zu wissen, wann und wie man sich anders verhalten muss – alle diese Faktoren tragen zum Scheitern einer vermeintlich großartigen Partnerschaft bei, die unter anderen Umständen Bestand gehabt hätte.

Wenn Menschen den Mut haben herauszufinden, wie sie eigentlich zu ihren Erwartungen an eine Beziehung gekommen sind, und lernen, wie sie bewusster und ehrlicher an eine neue Partnerschaft herangehen können, steigen ihre Chancen auf Erfolg enorm. Noch junge Beziehungen funktionieren besser und bestehende wenden sich zum Positiven. Die meisten meiner Patienten sind immer wieder erstaunt darüber, welche Fähigkeiten sie an sich entdecken oder welche sie erlernen können. Ich habe Vorträge auf Kongressen gehalten, angehende Therapeuten betreut und Dutzende von Workshops geleitet. Bei jeder Gelegenheit drängten Freunde, Kollegen und Patienten mich dazu aufzuschreiben, was ich gelernt hatte, um mein Wissen und meine Erfahrungen mit möglichst vielen Menschen zu teilen.

Für mich markiert „Beziehungssaboteure" den Anfang einer neuen Reise, deren Herzstück meine feste Überzeugung ist, dass der erste Schritt zu echter Veränderung aus Selbstverantwortung und dem Mut besteht, das Richtige und Effektivste zu tun – auch wenn die Menschen um uns herum nicht kooperieren oder uns nicht in unseren Bemühungen unterstützen. Der einzige Weg zu echter Erfüllung ist nach meiner Kenntnis die Bereitschaft unsere Grenzen zu akzeptieren und trotz berechtigten Leides hart an uns zu arbeiten. Dies ist die Voraussetzung für dauerhaft glückliche Beziehungen.

Einleitung

Beziehungssaboteure sind in den Augen der meisten Menschen verschlagen und nur auf einen persönlichen Vorteil aus – auf Kosten ihrer Partner. Sie zeigen demnach ein offensichtlich destruktives Verhalten, das jede Beziehung in Gefahr bringen muss.

In diesem Buch geht es jedoch nicht um jene, die Partnerschaften absichtlich sabotieren, auch nicht um das Leid, das sie verursachen. Wir wollen uns die Menschen mit guten Absichten anschauen, die oft unbewusst subtile Verhaltensweisen an den Tag legen, die über einen längeren Zeitraum an Beziehungen nagen.

Die Partner der Saboteure akzeptieren diese Verhaltensweisen anfangs nicht nur, sondern finden sie sogar anziehend. Langsam und manchmal unbemerkt wird das Sabotageverhalten aber immer weniger tolerierbar. Wenn die Partner der Saboteure die Beziehung schließlich beenden, führen sie oft Gründe an, die wenig mit der eigentlichen Ursache zu tun haben. Sie selbst realisieren nicht, dass sie nicht länger mit einer Verhaltensweise leben können, die früher einmal leichter zu akzeptieren war.

In den meisten Fällen bleiben die Beziehungssaboteure verwirrt zurück ohne zu wissen, was sie getan haben, um ihre Partner zu vertreiben. Da die Saboteure nicht verstehen, was geschehen ist, werden sie die destruktiven Verhaltensweisen höchstwahrscheinlich auch in ihrer nächsten Beziehung zeigen.

Die meisten Formen von Sabotageverhalten werden in der Kindheit erlernt und durch Wiederholen verstärkt. Obwohl traumatische Erlebnisse jederzeit auftreten können, sind es in erster Linie Kindheitserfahrungen, die unsere späteren Beziehungen beeinflussen. Manche Menschen weisen besondere charakterliche Eigenschaften und biochemische Anlagen auf, aufgrund derer sie leichter an dem Negativen festhalten, das sie in ihrer Kindheit gelernt haben. Am Ende bestimmt die Kombination aus Vorbildern, angeborenen Eigenschaften und persönlichen Erfahrungen, ob ein Erwachsener zu einem Beziehungssaboteur wird oder nicht.

Während Sie dieses Buch lesen und mehr über Sabotageverhalten erfahren, werden Sie feststellen, dass es einfacher ist, dieses an Ihrem Partner zu entdecken als an Ihnen selbst. Dies geht vielen Menschen so. Herauszufinden, dass man selbst derjenige ist, der sich ändern muss, kann unter Umständen ein demütigendes Gefühl hervorrufen. Wenn Sie aber den Mut haben zu sehen, wie Sie Ihre Beziehungen sabotieren, werden Sie im Stande sein, Ihr Verhalten zu ändern. Ihre jetzige und alle zukünftigen Partnerschaften werden von dem Gelernten profitieren.

Wer dieses Buch lesen sollte

Beginnen die meisten Ihrer Beziehungen damit, dass das Positive das Negative deutlich überwiegt, dann aber auf mysteriöse Weise schwindet? Tolerieren Ihre Partner einige Ihrer Eigenschaften immer weniger, obwohl diese zu Anfang kein Problem darstellten? Reagieren Sie jedes Mal überrascht oder verwirrt und können nicht verstehen, was schiefgelaufen ist, wenn eine Beziehung endet, in der doch eigentlich alles so gut zu sein schien?

Wenn Sie hierauf mit „Ja" antworten, dann sabotieren Sie unter Umständen unbewusst Ihre Beziehungen. Dabei spielen weder Ihr Geschlecht oder Alter eine Rolle, noch ob Sie verheiratet, geschieden, ständig Single, homo- oder heterosexuell sind. Ihr sozialer und wirtschaftlicher Status ist ebenfalls ohne Bedeutung. Sind Sie ein Beziehungssaboteur, so greifen Sie in allen wichtigen Beziehungen auf subtile, schädigende Verhaltensweisen zurück, ohne es zu merken. Dieses Buch soll Ihnen dabei helfen zu verstehen, woher Ihre Verhaltensmuster stammen, was Sie tun, um diese aufrechtzuerhalten und wie Sie sie abstellen können.

Wie arbeiten Sie mit diesem Buch?

Kapitel 1 beschreibt die zehn Sabotageverhaltensweisen und hilft Ihnen dabei, Ihr eigenes Verhalten zu analysieren, um Übereinstimmungen festzustellen. Kapitel 2 erklärt jeden der sieben Schritte für Ihren Heilungsprozess. Kapitel 3 bis 12 gehen detailliert auf jeweils eines der zehn Sabotageverhalten ein. Während Sie lesen und Informationen sammeln, werden Sie herausfinden, ob ein spezifisches Verhalten auf Sie zutrifft – und wenn ja, wann dieses entstanden ist und wie Sie es verändern können. In jedem Kapitel finden Sie die sieben Schritte zur Heilung und Übungen, die Ihnen helfen werden, das spezifische Problem zu überwinden.

Kapitel 13 nimmt die sieben Heilungsschritte noch einmal auf und bietet Ihnen zusätzliche Übungen, anwendbar bei allen zehn Sabotageverhalten. Auch bei anderem destruktiven Verhalten, das Sie vielleicht in Ihrer Beziehung entdeckt haben, können sich die Übungen als hilfreich erweisen. In Kapitel 14 finden Sie Antworten auf häufig gestellte Fragen.

Sie können entscheiden, ob Sie die Kapitel chronologisch nacheinander lesen wollen oder direkt zu den jeweiligen Stellen blättern, die Ihnen am relevantesten erscheinen. Ich empfehle Ihnen jedoch auf jeden Fall Kapitel 1 und 2 zu lesen, auch wenn Sie andere überspringen. Die Übungen aus diesem Buch werden sich als sehr nützlich erweisen, ganz gleich, ob Sie sich in einer neuen Partnerschaft oder Langzeitbeziehung befinden oder ob Sie gerade Single sind. Sie können sie allein oder mit Ihrem Partner durchführen. Ihr Geschlecht oder Ihre sexuelle Orientierung spielen für den Erfolg der Übungen keine Rolle.

Ich möchte Sie dazu anhalten, während des Lesens und Übens genau Tagebuch zu führen. Im Laufe der kommenden Monate werden Sie mithilfe des Niedergeschriebenen den Entstehungsprozess Ihrer Verhaltensweisen besser verstehen. Auch die Vision Ihres zukünftigen, neuen Ichs können Sie sich so leichter vor Augen halten.

Alle Übungen sind sehr persönlich, sodass Sie bestimmen, ob Sie sie allein oder mit einem Partner durchführen wollen. Sollten Sie sich für gemeinsames Üben entscheiden, stellen Sie sicher, dass die Person Ihrer Wahl Sie in Ihrem Heilungsprozess auch unterstützt statt Sie zu behindern. Partner, Freunde, Therapeuten und Selbsthilfegruppen können wunderbare Unterstützung leisten, solange sie Sie darin bestärken, Ihr Ziel zu verfolgen. Auf der anderen Seite müssen Sie sich vor jenen in Acht nehmen, die ein Interesse daran haben, dass Sie so bleiben wie Sie sind.

Einige Worte der Ermunterung

Den Selbsthilfeplan und seine sieben Schritte habe ich mit vielen Einzelpersonen und Paaren durchgeführt. Die Erfolgsrate hat sich als sehr hoch erwiesen. Meine Patienten waren nicht nur in der Lage ihr Verhalten zu verändern und erfüllendere Beziehungen aufzubauen, sie entwickelten außerdem eine für sie neue Art von Selbstrespekt und Stolz auf ihre Leistungen. Die erlernten Fähigkeiten erlaubten ihnen, in allen Beziehungsformen effektiver zu agieren. Durch die Erkenntnis, dass sie ihren Partnerschaften möglicherweise selbst geschadet haben, lernten sie das Positive an sich umso mehr zu schätzen.

Sie können entweder selbst einen Schlachtplan entwickeln und Ihr Verhalten und Ihre Beziehungen deutlich verändern oder professionelle Hilfe aufsuchen, um den Prozess zu beschleunigen. Tiefsitzende Verhaltensmuster sind oft schwierig auf eigene Faust zu erkennen und zu korrigieren. Obwohl Sie immer der kompetenteste Experte in Hinsicht auf sich selbst sein werden, können zuverlässige Meinungen Ihnen helfen, auf Kurs zu bleiben.

1. | Was führt zu Beziehungssabotage?

Mit unserem ersten Atemzug beginnen wir, Beziehungen zu anderen zu knüpfen. Die Art und Weise, wie wir berührt werden, ob wir bestätigende oder abweisende Stimmen hören, und die Interaktionen, die wir wahrnehmen, tragen zu einer positiven oder negativen Alchemie bei, die uns zu dem einzigartigen Individuum macht, das zu werden wir bestimmt sind.

Die emotionalen und physischen Interaktionen mit den Bezugspersonen aus unserer Kindheit formen die Grundhaltung und Erwartungen, mit denen wir an unsere späteren Beziehungen herangehen. Als Kinder sind wir kleine machtlose Menschen, in deren Augen die Welt vorbestimmt und unveränderlich ist. Wir wissen nicht, ob unsere eigenen Erlebnisse besser oder schlechter sind, als sie sein sollten. Wir haben keine andere Möglichkeit als uns unseren Weg durch das Labyrinth aus Bestätigung und Ablehnung zu bahnen und für das eigene Überleben zu kämpfen.

1.1 Wann und wo entstehen Verhaltensmuster der Selbstsabotage?

Destruktive Verhaltensmuster können zu jedem Zeitpunkt im Leben eines Menschen entstehen, doch je früher sie beobachtet oder erlebt werden, desto größer ist die Wahrscheinlichkeit der unbewussten Verinnerlichung. Zeigen sich negative Verhaltensmuster aus der Kindheit in den Beziehungen eines Erwachsenen, kann es schwierig werden zu bestimmen, wo und wie sie entstanden sind. Sie sind wie eine Art dreidimensionales Puzzle, in dem ausgerechnet die Teile fehlen, die uns Aufschluss über die Gegenwart geben.

Interaktionen in der Kindheit

Hat ein Kind Glück, dann wächst es in einer Welt mit gut funktionierenden Beziehungen auf, in der es zudem treffende und unterstützende Rückmeldungen darüber erhält, wie seine Charaktereigenschaften das Zusammenleben mit anderen Familienmitgliedern positiv oder negativ beeinflussen. Bedauerlicherweise sind viele Eltern nicht in der Lage, erfolgreiche Verhaltensmuster für Beziehungen vorzuleben, da sie diese selbst niemals erfahren haben.

Idealerweise erhalten Menschen in jeder Entwicklungsphase ihres Lebens die Möglichkeit, mögliche negative Verhaltensmuster aus ihrer Kindheit zu verändern. Sofern verinnerlichte Grenzen sie nicht daran hindern, können sie zusätzliche Informationen aufnehmen und aus den Erfolgen und Misserfolgen jeder neuen Interaktion lernen. Jede neue Möglichkeit kann dazu beitragen, das Gleichgewicht zwischen Zufriedenheit und Kummer zu verbessern.

Ererbte Dysfunktionen

Familiäre Verhaltensweisen und Beziehungsmuster werden von Generation zu Generation weitergegeben. Sofern niemand sie infrage stellt, entwickeln sie sich zu Traditionen, die in immer gleicher Form übertragen werden.

Kindern ist es leider nicht möglich, zwischen dysfunktionalen und funktionalen Interaktionen zu unterscheiden. In ihren Augen sind sowohl positive als auch negative Wechselbeziehungen ein fester Bestandteil des Familienlebens und sie gehen davon aus, dass eine solche Form der Interaktion ein notwendiger Baustein einer jeden erfolgreichen Beziehung ist. Lernen Eltern nicht aus ihren eigenen Fehlern, solange ihre Kinder noch klein sind, geben sie ihre dysfunktionalen Verhaltensmuster an diese weiter.

Als Erwachsene werden diese Kinder ihre Beziehungen höchstwahrscheinlich so gestalten, wie sie es in ihrer Kindheit gesehen und erlebt haben. Vertrautheit übt eine starke Anziehungskraft aus. Sie veranlasst Menschen dazu, Erlerntes auch dann umzusetzen, wenn es sie nicht zufriedenstellt oder sogar schmerzlich ist. Die Partner dieser Menschen bringen zudem ihre eigenen gesunden oder schlechten Erwartungen in eine Beziehung mit ein. Angesichts der Vielzahl an Möglichkeiten, bei denen sich positive und negative Verbindungen kreuzen können, ist es nicht weiter verwunderlich, dass so viele hoffnungsvolle Beziehungen auf lange Sicht ins Wanken geraten und am Ende scheitern.

1.2 Nicht meine Schuld, sondern deine – oder etwa doch nicht?

Ganz gleich, ob sie von Dingen ausgehen, die sie in der Kindheit gelernt haben oder von der Gesellschaft darin bestärkt werden: Die meisten Menschen glauben, dass ihre Beziehungen scheitern, weil sie den falschen Partner ausgesucht oder etwas anders hätten machen sollen. Es ist verführerisch einfach, in die Rationalisierungsfalle zu tappen, die dazu auffordert, jemand oder etwas anderem als sich selbst die Verantwortung zuzuschieben. Es fühlt sich besser an, eine der folgenden Aussagen zu glauben:

- „Mein Partner ist einfach nie für mich da."
- „Ganz gleich, was ich tue oder sage, er ändert sich einfach nicht."
- „Da macht man einen einzigen großen Fehler und schon ist sie auf und davon."
- „Er ist so auf sich selbst bezogen, dass er mich niemals verstehen wird."

Vielleicht versuchen wir unser Verhalten auch mit den folgenden Annahmen zu rationalisieren:

- „Ich kann einfach keinen vernünftigen Partner finden und mache von Anfang an Kompromisse. Wie komme ich bloß darauf, überhaupt eine Chance zu haben?"
- „Niemand hat mehr Langzeitbeziehungen."
- „Männer sind bindungsscheu, und Frauen bleiben nur mit Typen zusammen, die gut für sie sorgen können."

Aber was wäre nun, wenn das Problem bei Ihnen läge? Hatten Sie bereits mehrere Beziehungen, die früher scheiterten, als Ihnen lieb war? Oder befinden Sie sich zurzeit in einer ernsthaften, aber problematischen Langzeitbeziehung, und wissen nicht, was schiefgelaufen ist?

Sabotieren Sie Ihre Beziehungen selbst?

Falls Sie Beziehungen mit dem Vorsatz beginnen, zu lieben und geliebt zu werden, dann alles daran setzen, sie aufrechtzuerhalten, und zum Schluss trotz aller Bemühungen die Beziehung dennoch scheitern sehen, dann könnte Ihr eigenes Verhalten die Ursache sein.

Niemandem fällt es leicht, diese Möglichkeit in Betracht zu ziehen. Neue Beziehungspartner scheuen sich oft davor, Ihnen mitzuteilen, was sie an Ihnen nicht mögen, in der Hoffnung, dass Ihre guten Eigenschaften im Verhältnis zu Ihren negativen überwiegen werden, wenn sie nur lange genug durchhalten. Bei Partnern, mit denen Sie schon länger zusammen sind, haben sich negative Gefühle oft aufgestaut. Der andere teilt sie Ihnen aber nicht mit oder hat resigniert und Ihre Eigenschaften akzeptiert, nachdem Sie sich als unfähig oder unwillig zu Veränderung erwiesen haben.

Was auch immer in Ihrem Fall der Grund sein mag, Sabotageverhalten vergiftet langsam auch solche Beziehungen, die vielleicht funktioniert hätten. Etwas, das unter anderen Umständen toleriert oder sogar akzeptiert worden wäre, löst letztlich eine emotionale „allergische" Reaktion bei dem Partner des Saboteurs aus.

Jeder Mensch braucht Mut, um sich selbst einen Spiegel vorzuhalten, eigene Fehler zu akzeptieren und sich seiner Verantwortung in einer Beziehung zu stellen. Es ist weitaus weniger schmerzhaft, unsere eigenen negativen Reaktionen als berechtigt anzusehen, weil das Verhalten anderer sie in uns ausgelöst hat. Sollten vielversprechende Beziehungen jedoch immer auf die gleiche Weise enden oder Ihre Langzeitbeziehung wieder und wieder ins Schwanken geraten, dann sind Sie höchstwahrscheinlich derjenige, der sich ändern muss.

Die meisten Beziehungssaboteure verhalten sich nicht absichtlich destruktiv. Sie gehen eine Bindung nicht mit dem Ziel ein, ihren Partner zu quälen oder die Beziehung zu zerstören. Tatsache ist, dass die meisten Menschen, mit denen ich gearbeitet habe und deren Beziehungen wiederholt gescheitert sind, großen Kummer deswegen empfinden und sich nicht erklären können, warum sie scheitern.

Einige ernsthafte Beziehungen überleben trotz eines andauernden Sabotageverhaltens der Partner. Die beiden in einer konfliktreichen Liebesbeziehung lebenden Menschen wollen – koste es was es wolle – nicht aufgeben, weil es Dinge gibt, die sie aneinander schätzen. Ihre Beziehung hält zwar, wird aber nie ihr volles Potenzial entfalten, es sei denn, die Partner stellen ihre sabotierenden Verhaltensweisen ein.

Obwohl es viele Arten von destruktiven Verhaltensweisen gibt, sind ihnen einige Eigenschaften gemeinsam:
- Sie werden oft toleriert und am Anfang einer Beziehung von einigen Partnern sogar begrüßt.
- Sie zielen nicht bewusst auf letztendlich verursachte Schäden oder Störungen ab.
- Ihr negativer Einfluss auf eine Beziehung entwickelt sich erst mit der Zeit.
- Sie werden oft verheimlicht und als schwieriges Problem einer Beziehung behandelt.
- Am Anfang einer Beziehung werden sie weitestgehend toleriert, verhindern aber am Ende, dass eine angeschlagene Beziehung wieder in Ordnung kommen kann.
- Auf diese Verhaltensweisen hin angesprochen, wird sich der jeweilige Partner oft im Recht und angegriffen fühlen.

Die folgende Übung wird Ihnen helfen herauszufinden, ob Sie frühere Beziehungen sabotiert haben oder nicht. Es ist ratsam, sich Notizen zu machen oder Ihre Antworten in einem separaten Notiz- oder Tagebuch festzuhalten.

ÜBUNG

Sind Sie ein Beziehungssaboteur?

Um herauszufinden, ob Sie Ihre Beziehungen sabotieren, bewerten Sie auf einer Skala von 1 bis 5 (1 = niemals, 2 = manchmal, 3 = gewöhnlich, 4 = oft, 5 = immer), inwieweit die Fragen zutreffend sind.

1. Wenn Sie alle Ihre Ex-Partner befragen würden, hätten sie ganz ähnliche Beschwerden über Sie?
2. Haben Sie die Bitte Ihres Partners nach Veränderung jemals als unwichtig abgetan?
3. Halten Sie an bestimmten Verhaltensweisen fest, auch wenn sich Ihr Partner deretwegen erkennbar von Ihnen abwendet?
4. Reagierten Sie mit Abwehr und rechtfertigten Ihr Verhalten, wenn Ihre Partner ihre Beschwerden oder ihren Kummer geäußert haben?
5. Gab es eine Person in Ihrer Kindheit, die verletzende Verhaltensweisen rechtfertigte, welche sich negativ auf Sie oder jemand anders auswirkten?
6. Wäre es Ihnen unmöglich, einen Partner zu tolerieren, der in Ihrer Beziehung genau das gleiche Verhalten an den Tag legt wie Sie?
7. Wenn Sie merken, dass eine Beziehung zu scheitern droht, greifen Sie verstärkt auf bestimmte Verhaltensweisen zurück, die bereits in der Vergangenheit nicht funktioniert haben?
8. Wenn Ihr Partner Sie mit Verhaltensweisen konfrontiert, die er nicht an Ihnen mag, versuchen Sie dann den Spieß umzudrehen und den Fokus auf die Fehler Ihres Partners zu richten?
9. Erwarten Sie von Ihrem Partner, dass er Ihre Fehler übersieht, weil Sie andere gute Eigenschaften haben?
10. Beschuldigen Sie Ihren Partner schnell für Verhaltensweisen, die Sie selbst auch an den Tag legen?
11. Fühlen Sie sich nach dem Ende einer Beziehung gewöhnlich im Recht und denken nicht, dass die Schuld bei Ihnen liegen könnte?
12. Glauben Sie, der Grund für das Scheitern Ihrer Beziehungen liegt darin, dass Sie den richtigen Partner noch nicht gefunden haben?

Addieren Sie nun Ihre Punktzahlen. Liegt die Summe zwischen 1 und 24, sind Sie höchstwahrscheinlich kein Beziehungssaboteur. Wenn in Ihrer Partnerschaft einmal nicht alles glatt läuft, distanzieren Sie sich womöglich, was Ihr Partner aber nicht als Grund ansehen sollte, um sich aus der Beziehung auszuklinken. Liegt Ihr Endergebnis zwischen 25 und 36, untergraben Sie womöglich das Vertrauen Ihres Partners und sollten sofort mit der Arbeit an sich selbst beginnen, um sich in eine positivere Richtung zu bewegen. Sollte Ihre Endsumme 36 übersteigen, sind Sie möglicherweise gerade dabei, Ihre derzeitige Beziehung zu sabotieren und sollten deshalb unbedingt einen anderen Weg einschlagen.

1.2 Die zehn häufigsten Verhaltensweisen, die eine Beziehung sabotieren

Die zehn häufigsten, eine Beziehung sabotierenden Verhaltensweisen mögen Ihnen am Anfang einer Beziehung nicht auffallen, geschweige denn irritierend sein. In der von romantischer Liebeslust gesteuerten Phase würden die meisten Menschen sie nicht als gravierende Probleme beschreiben. Über längere Zeit zerstören sie jedoch langsam jede Form von Intimität. Ist der Schaden einmal verursacht, wird die Beziehung vielleicht nicht mehr zu retten sein.

Im Folgenden werde ich kurz beschreiben, wie diese Verhaltensmuster aussehen, um in den weiteren Kapiteln genauer auf jedes einzelne einzugehen.

Unsicherheit: „Wirst du mich ewig lieben?"

Angst, Besitzgier und Eifersucht sind die ständigen Begleiter von Menschen, die sich in ihren Beziehungen sehr unsicher fühlen. Sie erwarten verlassen zu werden und leben deshalb – ob begründet oder nicht, sei dahingestellt – in ständiger Angst und können die positiven Seiten einer Beziehung nie richtig erfahren.

Die Verletzlichkeit ängstlicher Menschen und ihr Bedürfnis nach Bestätigung wirken anfangs oft anziehend auf einen neuen Partner. Eine „frische" Beziehung zu einem ängstlichen Menschen gibt jemandem mit Rettersyndrom das Gefühl, wichtig zu sein; den Wünschen des Partners zu entsprechen macht diese Menschen glücklich. Zu sehen, dass ihr unsicheres Gegenüber sich in ihrer Gegenwart sicher fühlt, dient ihnen als Lohn für ihre Mühen.

Bedauerlicherweise ist es unmöglich, von Hause aus unsichere Menschen aus ihrem andauernden Leidenszustand herauszutrösten. Wenn die Retter-Partner schließlich realisieren, dass sie außer Stande sind, das nicht enden wollende Bedürfnis nach Bestätigung zu befriedigen, fühlen sie sich entkräftet und machtlos und widmen ihre Hingabe möglicherweise anderen Menschen, denen einfacher zu helfen ist.

Sind Sie in Beziehungen zu unsicher?

Beantworten Sie die folgenden Fragen und finden Sie heraus, ob Unsicherheit eine Rolle in Ihren Beziehungen spielt oder gespielt hat:

- Denken Sie mehr darüber nach, ob Ihre Beziehung Bestand haben wird, als dass Sie sie genießen?
- Fällt Ihnen des Öfteren auf, dass Sie sich auf kleinste Veränderungen im Verhalten Ihres Partners fixieren, die auf vermindertes Interesse hindeuten könnten?
- Fühlen Sie sich von engen Beziehungen Ihres Partners zu anderen Menschen bedroht?
- Haben Sie oft das Bedürfnis nach Bestätigung?
- Leben Sie in ständiger Sorge, dass Ihr Partner Sie verlassen könnte?

Sollte Sie auf diese Fragen mit Ja geantwortet haben, dann sabotieren Sie womöglich Ihre Beziehungen, weil Sie zu unsicher sind. Kapitel 3 wird Ihnen dabei helfen, Ihr eigenes Verhalten zu verstehen, und zeigt Ihnen Schritte auf, wie Sie dieses Problem überwinden können.

Der Drang nach Kontrolle: „Ich bestimme, wo's langgeht!"

Menschen, die den Drang verspüren, andere zu kontrollieren, fühlen sich nicht nur dazu berechtigt, sondern geradezu verpflichtet. Sie sind nicht zufrieden, bevor sie das Leben ihrer Partner nicht bis ins Detail bestimmen und glauben ernsthaft, dass einzig und allein sie alles richtig machen können.

Dieses Bedürfnis nach Kontrolle überdeckt unter Umständen die unterschwellige Angst, selbst kontrolliert zu werden. Herrschsüchtige Menschen stammen oft aus Elternhäusern, in denen dominante Eltern sie zu gehorsamer Unterwürfigkeit zwangen. Als Folge davon nehmen sie sich vor, niemals wieder in eine solche Rolle zu geraten. Vielleicht ist aber auch das Gegenteil der Fall: Der Kontroll-Freak war zu Hause der Hahn im Korb und kontrollierte als selbst ernannter Minidiktator seine Familie. Nun hat er selbstverständlich kein Interesse daran, dieses Recht in späteren Beziehungen aufzugeben.

Am Anfang einer Beziehung scheinen kontrollierende Menschen sich perfekt um ihre Partner zu kümmern und ihnen jeden Wunsch von den Augen abzulesen. Ihr großes Interesse daran, alle Aspekte der Beziehung zu bestimmen, verführt das Gegenüber zu hedonistischer Bequemlichkeit. Doch mit der Zeit wird der Preis für diese stillschweigende Übereinkunft offensichtlich: Alle Entscheidungen in Hinsicht auf die Beziehung werden einseitig getroffen und ohne Wahlmöglichkeiten präsentiert.

Es ist einfacher, mit einer dominanten Persönlichkeit zusammen zu sein, wenn sie ihre Macht mit Mitgefühl und Fairness ausübt. Schwieriger ist es jedoch, wenn ihre Vorlieben und Entscheidungen nicht infrage gestellt oder verändert werden dürfen. Am Anfang einer Beziehung zeigt sich die Herrschaft dominanter Partner gewöhnlich als taktvoll und diplomatisch. Ist die Dominanz jedoch etabliert, kann das schnell in eine nicht so leicht zu entmachtende Diktatur umschlagen.

Verspüren Sie den Drang, Ihre Beziehung zu kontrollieren?

Beantworten Sie die folgenden Fragen und finden Sie heraus, ob das Bedürfnis nach Kontrolle eine Rolle in Ihren Beziehungen spielt:

- Fühlen Sie sich nur dann wohl, wenn Sie die Regeln bestimmen?
- Reagieren Sie aufgebracht, wenn Ihr Partner Ihre Entscheidungen infrage stellt?
- Haben Ex-Partner sich darüber beschwert, dass Sie in der Beziehung dominierten?
- Ist es möglich, dass Ihr Partner bestimmt, was Sie tun sollen?
- Wenn es darum geht, in welche Richtung es in der Beziehung gehen soll: Muss es immer dorthin gehen, wo Sie hin wollen?
- Bestrafen Sie Ihren Partner, wenn er oder sie nicht das tut, was Sie wollen?

Die Fähigkeit, Entscheidungen zusammen zu treffen, ist ein wesentlicher Faktor für eine erfolgreiche Beziehung. Kapitel 4 beschäftigt sich eingehend mit dem Bedürfnis nach Kontrolle und der Lösung des Problems.

Angst vor Nähe: „Ich brauche dich, aber auf Abstand"

Jeder Mensch fürchtet sich in gewissem Grade vor zu viel körperlicher oder emotionaler Nähe, da er bei allen intimen Beziehungen einen Teil seiner persönlichen Freiheit einbüßt. Die meisten Menschen umgehen diese Angst, indem sie Partnerschaften schrittweise aufbauen und sich dabei Raum für Abstand lassen, sollten sie diesen benötigen. Wenn das Gleichgewicht zwischen Nähe und Autonomie für beide Partner stimmt, werden sie immer weiter ausloten, wie ihre Verbindung noch vertieft werden kann. Gelingt ihnen dies nicht, leben sie sich schließlich auseinander.

Menschen mit ungewöhnlich starker Angst vor Intimität sehen sich hin und her gerissen zwischen Sehnsucht und der Erwartung einer Katastrophe. Sie sind nicht in der Lage, zwischen einer sich vertiefenden Verbindung und einer emotionalen Falle zu unterscheiden. Dieser innere Konflikt führt dazu, dass sie Nähe zum Partner abwechselnd suchen und ablehnen.

Wenn eine Beziehung immer intimer wird, intensiviert sich die Angst dieser Menschen, ihre Eigenständigkeit zugunsten der Bedürfnisse ihrer Partner einzubüßen – sie flüchten, entweder kurzfristig oder für immer. Sie werden oft als Beziehungsphobiker oder bindungsscheu bezeichnet: Menschen, die andere nur lieben können, solange ihnen ein Hintertürchen zur Flucht offen steht.

Fürchten Sie die Verpflichtungsfalle?

Beantworten Sie die folgenden Fragen und finden Sie heraus, ob die Angst vor Intimität eine Rolle in Ihren Beziehungen spielt:

- Sind Sie nur dann in der Lage, offen und leidenschaftlich zu sein, wenn Sie die Kontrolle haben?
- Ziehen Sie sich aus Beziehungen zurück, sobald sie zu intim scheinen?
- Sind Sie Experte darin, Ihren Partner zurückzugewinnen, nachdem dieser Sie bereits aufgegeben hat?
- Empfinden Sie anfangs den ehrlichen Wunsch nach Nähe, fühlen sich dann aber nach einiger Zeit überraschenderweise gefangen?
- Sagen Ihre Partner Ihnen, dass sie Ihren Liebesbekundungen nicht mehr trauen?

Kapitel 5 beschäftigt sich eingehend mit der Angst vor Nähe und der Lösung des Problems.

Der Drang zu gewinnen: „Fordere mich heraus, wenn du dich traust!"

Ein verbaler Schlagabtausch in einer Beziehung kann viel Spaß machen. Der Reiz, eine Meinungsverschiedenheit zu gewinnen oder seinen Standpunkt klarzumachen, kann die Leidenschaft ankurbeln. Beide Partner können die Diskussion dazu verwenden, die Sichtweise des anderen besser zu verstehen – vorausgesetzt, beide nehmen an dem Spiel teil. Muss jedoch immer ein Partner aufgeben und der andere zwanghaft gewinnen, ist das Ergebnis eher destruktiv.

Menschen, die zwanghaft gewinnen müssen, fällt es – ungeachtet des Einsatzes – sehr schwer nachzugeben, sobald sie sich in einer wettbewerbsähnlichen Situation befinden. Sie sind gewöhnlich schlechte Verlierer und verwandeln sich schnell vom Freund zum Feind, wenn sie mit ihrer Meinung am Ende nicht triumphieren. Angetrieben von ihrem Zwang, immer das letzte Wort zu haben, diskutieren sie unaufhörlich weiter, bis ihr Gegenüber sich geschlagen gibt.

Nach dem Schlagabtausch verhalten sie sich, als sei nichts geschehen und sind beleidigt, wenn ihre Partner kein Interesse mehr an Kontakt mit ihnen zeigen. „Das war doch bloß eine kleine Meinungsverschiedenheit", argumentieren sie. „Warum stellst du dich so an?"

Zwanghafte Gewinner suchen sich gerne Konkurrenten aus, die sich freiwillig auf einen Schlagabtausch einlassen oder schnell aufgeben. Ihre Partner haben nur drei Optionen: kämpfen, eine Niederlage akzeptieren oder das Schlachtfeld räumen.

Ist Ihnen Gewinnen wichtiger als liebevoll und fürsorglich zu sein?

Beantworten Sie die folgenden Fragen und finden Sie heraus, ob der Drang zu gewinnen eine Rolle in Ihren Beziehungen spielt:

- Ist es Ihnen möglich, sich elegant zurückzuziehen, wenn Ihr Partner einmal die Oberhand in einer Auseinandersetzung gewinnt, oder müssen Sie unbedingt das letzte Wort haben?
- Wie weit gehen Sie in dem Versuch zu beweisen, dass Sie Recht haben und Ihr Partner Unrecht?
- Setzen Sie Intimität aufs Spiel, nur um Ihren Standpunkt zu vertreten?
- Sind Sie ein schlechter Verlierer?
- Fällt es Ihnen leicht, sich Ihrem Partner nach einer Auseinandersetzung wieder nah zu fühlen?

Die Wunden und Narben unnötiger Auseinandersetzungen zerstören am Ende die Liebe in jeder Beziehung. Kapitel 6 beschäftigt sich eingehend mit dem Drang zu gewinnen und mit der Lösung des Problems.

Pessimismus: „Wenn du keine Erwartungen hast, kannst du nicht enttäuscht werden"

Wir werden nicht als Pessimisten geboren, sondern lernen diese Haltung als Kinder von unseren Eltern. Manche Familien kämpfen, um über die Runden zu kommen, oder haben schwere Verluste erlitten. Entwickelt sich angesichts solcher Umstände eine Einstellung, nach der die Erwartung von etwas Positivem lediglich mehr Enttäuschung nach sich zieht, ist das nur verständlich.

Andere Menschen sind der Ansicht, dass Pessimismus ehrenvoll ist und dass man allein mit einer solchen Haltung der Realität ins Gesicht sehen kann, ohne töricht zu wirken. Manche halten Optimismus sogar für einen Aberglauben: Wer sich dazu hinreißen lässt, auf ein gutes Ende zu hoffen, wird mit Sicherheit Negatives heraufbeschwören. Und dann sind da leider noch jene dysfunktionalen Familien, die ihr eigenes Leid ausdrücken, indem sie selbst die Träume zerstören, die hätten wahr werden können.

Sollten die Kinder aus pessimistischen Familien auch noch eine Depression entwickeln, tragen sie eine doppelte Last. Die Kombination aus einer negativen Umgebung in der Kindheit und einer biochemisch bedingten Depression ist eine unglaubliche Bürde.

Misstrauen und Pessimismus wirken äußerst anziehend auf Optimisten, die aufblühen, wenn sie Freude ins Dunkle bringen können. Pu der Bär und sein ewig trauriger Freund I-Aah, der Esel, sind ein großartiges Beispiel für ein solches Duo. Doch selbst der hartnäckigste Cheerleader kann nicht für immer mit einem Partner zusammenbleiben, der einfach nicht an eine hoffnungsvollere Zukunft glauben will.

Können Sie nicht daran glauben, dass etwas gut ausgeht?

Beantworten Sie die folgenden Fragen und finden Sie heraus, ob Ihr Pessimismus eine Rolle in Ihren Beziehungen spielt:

- Tun Sie die Zuneigung Ihres Partners oft als unaufrichtig ab, weil Sie nicht daran glauben, dass sie anhalten wird?
- Haben frühere Partner sich beschwert, dass es absolut unmöglich ist, Ihnen ihre Zuneigung zu beweisen?
- Weigern Sie sich, an einen positiven Ausgang zu glauben, weil Sie der Überzeugung sind, Ihnen könnte ein solcher niemals widerfahren?
- Fühlen Sie sich in Gegenwart von zu viel Fröhlichkeit und Freude unbehaglich?
- Sind Sie immer wieder mit Partnern zusammen, die generell hoffnungsvoller sind als Sie?

Wenn Sie nicht von Ihrem Pessimismus ablassen, werden Sie am Ende selbst den optimistischsten Partner vertreiben. Kapitel 7 beschäftigt sich eingehend mit Pessimismus und der Lösung des Problems.

Der Drang, im Mittelpunkt zu stehen: „Schenkt mir eure ungeteilte Aufmerksamkeit!"

Menschen, die immer im Mittelpunkt stehen müssen, lenken auf unangemessene Weise die allgemeine Aufmerksamkeit auf sich selbst. Ob in einer Gruppe oder in Gegenwart einer Einzelperson nehmen diese Menschen gesellschaftliche oder zwischenmenschliche (non-)verbale Hinweise nicht wahr und erkennen folglich nicht, wann es anderen zu viel wird. Zudem zeigen sie wenig Interesse an der Meinung oder den Gefühlen anderer.

Der Grund, warum Menschen dieses Verhalten entwickeln, kann Vernachlässigung oder allzu große Nachsicht im Kindesalter sein. Diese Aussage gilt allerdings mit Einschränkungen, da solche Erfahrungen nicht immer notwendigerweise den Drang nach Aufmerksamkeit hervorrufen. Manchen Menschen ist es schlichtweg nicht möglich, sich länger auf eine Unterhaltung zu konzentrieren, wenn sie nicht im Mittelpunkt stehen. Auch wenn sie diese unangemessenen Ansprüche nicht bewusst und willentlich stellen: Sie können ihr Verlangen nach einer einseitigen Interaktion nicht unterdrücken. Ihre Partner haben es gewöhnlich schwer, zu Wort zu kommen. Leute, die im Mittelpunkt stehen müssen, sind äußerst geschickt darin, jede Unterhaltung auf sich selbst zu lenken.

Sind Sie jemand, der immer im Mittelpunkt stehen muss?

Beantworten Sie die folgenden Fragen und finden Sie heraus, ob das Verlangen, im Mittelpunkt zu stehen, eine Rolle in Ihren Beziehungen spielt:

- Wird Ihnen langweilig, sobald Ihr Gegenüber seine Aufmerksamkeit von Ihnen abwendet?
- Fällt es Ihnen schwer, sich für ein Gespräch zu interessieren, welches nicht direkt mit Ihnen zu tun hat?
- Ertappen Sie sich dabei, dass Sie Situationen verbal an sich reißen?
- Fühlen Sie sich vernachlässigt, wenn Ihr Partner Sie nicht vor alles andere stellt?
- Benehmen Sie sich wie ein trotziges Kleinkind oder ziehen Sie sich beleidigt zurück, wenn Sie Ihren Willen nicht bekommen?

Sind Sie auf der Suche nach einem Publikum oder einem interessierten Beziehungspartner? Kapitel 8 beschäftigt sich eingehend mit dem Zwang, im Mittelpunkt zu stehen, und mit der Lösung des Problems.

Sucht: „Das muss ich einfach haben"

Sollten Sie sich in einer Beziehung mit einem Abhängigen befinden, dann ist die Sucht Ihr direkter Konkurrent. Abhängigkeit ist selbstzerstörerische Verführung, die sich als begehrenswertes Verhalten tarnt. Sie lockt Menschen von den für eine lebendige Beziehung wichtigen Werten und Verhaltensweisen weg. Wenn eine Sucht extrem ist und sich bereits am Anfang einer Partnerschaft sehr deutlich äußert, werden sich Menschen, die ihre Macht erkennen, in dem Wissen abwenden, dass sie unmöglich mit ihr konkurrieren können.

Leider gibt es aber auch einige Formen von Sucht, die in einer noch ganz neuen Beziehung sowohl akzeptabel als auch anziehend wirken. Das süchtige Verlangen wird dann auf den Partner gerichtet, was die Beziehung zunächst intensiviert. Mit der Zeit wandert der Fokus dieser Leidenschaft aber zu anderen Begierden, und der Partner kann das daraus resultierende Gefühl des Verlassen-Werdens nicht länger ertragen. Was am Anfang der Beziehung auf den Partner sehr anziehend wirkte, diese einzig und allein auf ihn ausgerichtete Liebe, entzieht der süchtige Partner langsam und richtet sie nun auf andere Dinge.

Abhängigkeit ist ein intensives Verlangen, das die betroffenen Personen oft zu Taten veranlasst, die sie später zutiefst bereuen. Sie können nicht nur süchtig nach Substanzen, sondern auch nach Beziehungen, materiellen Besitztümern oder sogar Ideologien sein. Eine Sucht kann jeden dazu treiben, seine Werte, Verpflichtungen oder Bindungen beiseite zu schieben, um einem allzu oft in unwiederbringlichem Verlust endenden Weg zu folgen.

Sind Sie süchtig?

Beantworten Sie die folgenden Fragen und finden Sie heraus, ob Sucht eine Rolle in Ihren Beziehungen spielt:

- Wenn sich Ihr Verlangen äußert, halten Sie es geheim?
- Reagieren Sie schnell defensiv, wenn Ihr Partner Sie für Ihre Entscheidungen zur Rede stellt?
- Geben Sie einem Verlangen nach, das Sie davon abhält, die Person zu sein, die Sie sein möchten?
- Zerbrechen Ihre Beziehungen an Ihrem Suchtverhalten?
- Ist Ihr Verhalten selbstzerstörerisch?
- Sind Sie unfähig, das Verhalten abzustellen, welches Ihre Beziehung zerstört, obwohl Sie wissen, dass Sie dadurch Ihren Partner verlieren könnten?

- Bereiten Sie mit Ihrem Verhalten anderen Menschen großen Kummer, sind aber nicht in der Lage aufzuhören?

Liebe kann in einer Dreiecksbeziehung nicht gedeihen. Kapitel 9 beschäftigt sich eingehend mit Suchtverhalten und der Lösung des Problems.

Märtyrertum: „Vielleicht wird auch meine Zeit mal kommen"

Mit einem Märtyrer zusammen zu sein ist wie eine Kreditkarte zu haben, deren negativen Saldo man niemals ausgleichen kann. Märtyrer versuchen, gegenseitige Verpflichtungen zu schaffen, was einer der traurigsten und ineffektivsten Wege ist, jemanden zu manipulieren. Wer seinen Partner dazu animiert, die eigene Großzügigkeit auszunutzen, um dann im Stillen zu leiden, schafft ein Ungleichgewicht, das niemand auf Dauer aushalten kann. Früher oder später erhält der Partner dann einen detaillierten Bescheid über alles, was ihm gegeben wurde, und Anweisungen, wie er sich dafür revanchieren soll.

Märtyrer fürchten sich davor, dass sie niemals genug tun können, um eine Gegenseitigkeit sicherzustellen, die sie in der Zukunft zu brauchen glauben. Immer weiter passen sie sich an und versuchen, allen Bedürfnissen ihres Partners zu entsprechen – ständig darauf hoffend, dass sie eines Tages den Lohn für ihre Mühen erhalten werden.

Menschen, die zu Märtyrern werden, wurden gewöhnlich als Kinder ausgenutzt. Es spielt dabei keine Rolle, ob ihre Bezugspersonen sie misshandelten, vernachlässigten oder sie mit Schuldgefühlen oder Verlassensängsten manipulierten. Die Betroffenen fühlen sich bereits am Anfang einer Beziehung besiegt und machen sich selbst zu Opfern. Als emotionale „Mitgift" opfern sie ihre persönliche Stärke und Selbstbestimmung.

Menschen, die mit Märtyrern eine Beziehung eingehen, fühlen sich zu Anfang oft von deren scheinbar selbstloser Großzügigkeit angezogen. Vielleicht sonnen sie sich sogar in der als bedingungslosen Liebe und Akzeptanz getarnten Aufopferung. Unglücklicherweise erhalten sie früher oder später die Rechnung dafür. Sind die Schulden zu hoch, bleibt dem Partner meist nichts anderes übrig, als die Beziehung zu beenden.

Sind Sie ein Beziehungsmärtyrer?

Beantworten Sie die folgenden Fragen und finden Sie heraus, ob eine Märtyrer-Haltung eine Rolle in Ihren Beziehungen spielt:

- Fühlen Sie sich ausgenutzt und auf ungerechte Weise ausrangiert, wenn eine Beziehung endet?
- Fällt es Ihnen schwer, Ihren Partner um das zu bitten, was Sie glauben verdient zu haben?
- Sind Sie stolz darauf, so wenig von Ihrem Partner zu verlangen?
- Ziehen Sie ausschließlich egoistische und egozentrische Partner an?
- Fragen Sie sich, ob Sie jemals einen Partner finden werden, der sich um Sie kümmert?

Menschen erwarten gewöhnlich nicht, dass sie im Nachhinein für die Annehmlichkeiten einer Beziehung draufzahlen sollen. Kapitel 10 beschäftigt sich eingehend mit dieser Form des Märtyrertums.

Abwehr: „Ich kann nichts dafür!"

Wenn ein Partner sich gegen einen in seinen Augen emotionalen Angriff wehrt, kann er weder zuhören noch lernen oder sich verändern. Nichts ist ihm dann wichtiger, als die in seinen Augen ernste Herausforderung zu beseitigen.

Der Durchschnittsmensch reagiert abwehrend, wenn er sich bedroht fühlt. Es fällt uns schwer, einer für uns wichtigen Person in die Augen zu schauen und ungebetene Kritik zu akzeptieren, ohne unser Handeln zu verteidigen – insbesondere dann, wenn uns die Anschuldigungen als unfair erscheinen. Die meisten Menschen verwirrt oder verunsichert eine solche Situation. Nichtsdestotrotz ziehen sie zunächst das jeweilige Gegenüber, dessen Motivation und die Situation selbst in Betracht, bevor sie reagieren. Chronisch defensive Menschen sind dazu leider nicht in der Lage. Wenn sie glauben, eine Anschuldigung ist in irgendeiner Weise auf sie gerichtet, müssen sie ihr Verhalten einfach rechtfertigen.

Chronisches Rechtfertigen für vermeintliche Angriffe äußert sich auf verschiedene Weisen, die aber alle das gleiche Ziel haben: Der Anschuldigung zu entkommen, indem man sie entkräftet.

Den Spieß umdrehen: „Und was ist mit dir? Du machst das doch auch."

Die Intelligenz des Gegenübers infrage stellen: „Was ist das denn für eine dumme Aussage?"

Eine Ausrede vorbringen: „Das ist nicht fair von dir. Du weißt, wie viel ich heute zu tun hatte."

Dramatisch übertreiben: „Warum erzählst du mir nicht einfach, dass ich völlig wertlos bin und bringst es hinter dich?"

Eine Ausnahme für die Anschuldigung vorbringen: „Es stimmt nicht, dass ich immer vergesse dich anzurufen. Erinnerst du dich noch an vor ein paar Monaten?"

Diskutieren und die Anschuldigung Punkt für Punkt auseinandernehmen, um jeden einzeln zu entkräften: „Das ist nicht mal im Ansatz wahr. Halt dich an die Fakten."

Sich zurückziehen: „Die Anschuldigung ist so lächerlich. Ich will gar nicht erst anfangen, mit dir darüber zu diskutieren."

Als Reaktion auf ein solches Verhalten wird ihr Partner höchstwahrscheinlich versuchen, Ihr entkräftendes Kontra zu widerlegen, was einen Teufelskreis eröffnet. Die jeweiligen Angriffe und Verteidigungen werden von Runde zu Runde härter, bis Sie einander schließlich nicht mehr zuhören. Eine Lösung des Problems wird so unmöglich.

Menschen, die sich ständig angegriffen fühlen, ziehen oft kritisierende und kontrollsüchtige Partner an. Der Tanz aus Anschuldigung und Verteidigung entwickelt sich zu einem Dauer-Nörgeln, das auch von anderen Menschen wahrgenommen wird. Dieser Kreislauf endet erst, wenn ein Partner sich für die Beziehung opfert oder sie beendet, um nicht daran kaputt zu gehen.

Haben Sie das Gefühl, sich ständig verteidigen zu müssen?

Beantworten Sie die folgenden Fragen und finden Sie heraus, ob das Bedürfnis sich zu rechtfertigen eine Rolle in Ihren Beziehungen spielt:

- Ist Ihre erste Reaktion auf Kritik vonseiten Ihres Partners der Versuch, die Aussage anzufechten?
- Ist es Ihnen möglich, sich eine Anschuldigung anzuhören, ohne die Aussage Ihres Partners sofort entkräften zu wollen?
- Können Sie sich in die Lage Ihres Partners versetzen und sich selbst mit dessen Augen betrachten, auch wenn Sie sich dabei kritisiert fühlen?
- Hat Ihr Partner irgendeine Möglichkeit, Kummer vorzubringen, ohne dass Sie sofort Ihre Handlungen verteidigen?

Sie können lernen, den Anschuldigungen Ihres Partners zuzuhören, ohne gleich mit der Sichtweise Ihres Gegenübers übereinstimmen zu müssen. Kapitel 11 beschäftigt sich eingehend mit abwehrendem Verhalten und mit der Lösung des Problems.

Vertrauensbruch: „Ich war damit nie wirklich einverstanden"

Treuebruch oder Verrat ist die schlimmste aller sabotierenden Verhaltensweisen. Menschen, die es sich zur Angewohnheit machen, Versprechen zu brechen, die Vergangenheit umzuschreiben, Abmachungen zu ignorieren oder das Wirklichkeitsverständnis ihres Partners infrage zu stellen, brechen Herzen und zerstören Vertrauen.

Selbstverständlich müssen viele der Übereinkünfte, zu denen die Partner am Anfang ihrer Beziehung kommen, nach einiger Zeit neu verhandelt werden. Menschen verändern sich und Beziehungen wachsen. Wenn ein Mensch einen anderen wirklich liebt, bedeutet das, seinen Partner immer an dem teilhaben zu lassen, was er tut und ihn auch nicht darüber im Dunkeln zu lassen, wer er wirklich ist. Beide Partner sind sich einig, dass es keinen Grund gibt, Dinge voreinander geheim zu halten, die negative Konsequenzen für den jeweils anderen haben könnten. Beide vertrauen einander vollkommen, wenn es darum geht, sich an diese Übereinkunft zu halten.

Vertrauen definieren wir als den Glauben daran, dass etwas Versprochenes in Erfüllung geht oder dass wir eine Erklärung erhalten, sollte dies nicht der Fall sein. Kindern dient Vertrauen als Grundlage, um lieben zu können und sich geborgen zu fühlen. Ständige Enttäuschung oder Ernüchterung führen schnell dazu, dass sie Versprechungen nicht mehr trauen. Je früher ein Kind diese negativen Erfahrungen macht, desto wahrscheinlicher ist es, dass es auch als Erwachsener anderen nicht trauen wird – und dass man ihm später nicht vertrauen kann.

Wenn Vertrauensbrecher enttarnt werden, setzen sie alles daran, nicht Rechenschaft ablegen zu müssen. Sollten sich die Partner in der entsprechenden Situation ihrer Sache nicht vollkommen sicher sein, fallen sie dem Charme des Lügners, der sie wieder Vertrauen fassen lässt, schnell zum Opfer.

Viele Menschen hören nicht auf, ihren unzuverlässigen Partner zu lieben, obwohl sie wissen, dass der nächste Vertrauensbruch bereits vorprogrammiert ist. Zuneigung ist nicht notwendigerweise rational, und wenn die Liebe stark genug ist, lassen sich auch für die schmerzhaftesten Ereignisse logische Erklärungen finden. Sollten die beiden Partner wirklich zusammenbleiben, wird der Kreislauf aus Glaube und Ernüchterung früher oder später seinen Tribut fordern. Vertrauen ist die Basis für alle Aspekte einer Beziehung. Ist es nicht mehr gegeben, sind alle Abmachungen nichtig.

Sind Sie ein Vertrauensbrecher?

Beantworten Sie die folgenden Fragen und finden Sie heraus, ob Vertrauensbruch eine Rolle in Ihren Beziehungen spielt:

- Geben Sie Ihrem Partner die Schuld für ein Beziehungsproblem, auch wenn ganz klar Sie dafür verantwortlich sind?
- Halten Sie Informationen vor Ihrem Partner geheim, die bei Bekanntwerden Ihre eigenen Möglichkeiten einschränken könnten?
- Handeln Sie ständig bewusst auf eine Weise, mit der Sie das Vertrauen Ihres Partners missbrauchen?
- Sind Sie bereit, die Gutgläubigkeit Ihres Partners auszunutzen, indem Sie Unwahrheiten erzählen?
- Würden Sie eine Beziehung zu einer Person aufrechterhalten, die sich genauso verhält wie Sie?

Ob durch Nachlässigkeit oder mit Absicht entstanden – Lügen stricken ein zerstörerisches Netz, sodass letztlich keine Beziehung überleben wird. Kapitel 12 beschäftigt sich eingehend mit Vertrauensbruch und der Lösung des Problems.

1.3 Warum üben Beziehungssaboteure zu Anfang eine so große Anziehungskraft aus?

Es mag seltsam erscheinen, dass es so lange dauert, bis potenziell destruktive Verhaltensweisen zu sabotierenden Kräften werden. Sie sind in den frühen Phasen einer Beziehung kaum zu spüren und können, wie bereits erwähnt, sogar sehr anziehend auf einige Partner wirken. Sobald ihre verführerische Wirkung aber nachlässt, muss sich der ahnungslose Beziehungssaboteur die Frage stellen, warum ein einst akzeptiertes Verhalten plötzlich eine Bürde darstellt.

Sollte Sie sich selbst als Beziehungssaboteur identifiziert haben, dann müssen Sie sich immer vor Augen halten, dass ein neuer Partner Ihr Verhalten zu Anfang zwar attraktiv finden, es Ihnen nach einiger Zeit aber übelnehmen kann. Wenn Sie diese Entwicklung verstanden haben, sind Sie in der Lage, bei Problemen sofort einzugreifen und deren negative Auswirkungen zu minimieren oder sogar ganz zu verhindern.

Alle zehn Formen von Beziehungssabotage haben jeweils eine für den Partner zunächst anziehend wirkende Seite:

Unsicherheit: Unsichere Menschen freuen sich über Trost und Bestätigung und ziehen oft Menschen an, denen es gefällt, gebraucht zu werden.

Der Drang nach Kontrolle: Der Kontroll-Freak schenkt seinem Partner volle Aufmerksamkeit.

Angst vor Nähe: Menschen, die sich vor Intimität scheuen, wirken anziehend, da sie immer ein wenig unnahbar und unerreichbar wirken.

Der Drang zu gewinnen: Wetteifrige Menschen stellen eine Herausforderung dar. Es kann Spaß machen, mit ihnen zu interagieren.

Pessimismus: Pessimisten ziehen Menschen mit einem Helfersyndrom magnetisch an.

Der Drang, im Mittelpunkt zu stehen: Menschen, die immer im Mittelpunkt stehen müssen, geben zaghaften Partnern die Zeit, die diese brauchen, um sich mit einer Situation anzufreunden und zu interagieren.

Sucht: Menschen mit Suchtverhalten geben ihren neuen Partnern das Gefühl, aufregend und begehrenswert zu sein.

Märtyrertum: Märtyrer, die sich gern in der Opferrolle sehen, vermitteln ihren neuen Partnern das Gefühl, geschätzt zu sein, indem sie ihnen jeden Wunsch von den Augen ablesen.

Abwehr: Defensive Menschen wirken anziehend auf potenzielle Partner, die Gefallen daran finden, Auseinandersetzungen eskalieren zu lassen.

Vertrauensbrecher: Vertrauensbrecher ziehen Menschen an, die erwarten enttäuscht zu werden, aber immer daran glauben, eines Tages eine Person zu finden, die sie nicht hintergeht.

Sie erkennen sich möglicherweise in mehr als einer der oben genannten destruktiven Verhaltensweisen wieder oder lieben einen Menschen, der sie aufweist. Symptome überschneiden sich teilweise, und die Typenbeschreibung überdeckt in einigen Fällen komplexere tiefergehende Probleme.

Im Laufe der folgenden Kapitel werden Sie in die Lage versetzt, sowohl Ihre eigenen Verhaltensmuster als auch die der Menschen, die Sie geliebt haben oder lieben werden, besser zu erkennen. Ungeachtet ihrer zerstörerischen Wirkung auf die Innigkeit einer Beziehung können alle Sabotageverhalten geheilt werden. Sie müssen großen Mut aufbringen, um herauszufinden, wer Sie wirklich sind. Wenn Sie jedoch bereit sind, destruktive Verhaltensweisen abzulegen, können Sie mit größerer Zuversicht und mehr Erfolg an alle Ihre zukünftigen Beziehungen herangehen.

2. | Der Heilungsprozess

Eine über einen langen Zeitraum beibehaltene Verhaltensweise zu verändern ist nicht einfach. Für eine solche Transformation müssen Sie Ihre Vergangenheit hinter sich lassen, ohne zu wissen, was die Zukunft bringen wird. Sie werden sich um einiges zuversichtlicher fühlen, wenn Sie bei diesem großen Schritt auf einen sinnvollen Heilungs-Plan vertrauen können.

2.1 Der Sieben-Schritte-Plan

In diesem Kapitel werden wir Ihnen die sieben Schritte zur Heilung vorstellen. Sie werden einen Überblick über die notwendigen Veränderungen erhalten, um zu der Person zu werden, die Sie gerne sein möchten. Die folgenden Kapitel zeigen Ihnen, wie Sie die einzelnen Schritte richtig anwenden und die zehn häufigsten Sabotageverhalten überwinden. Auch wenn Ihnen alles zunächst als schwer zu bewältigen erscheint, werden Sie sofort kleine Erfolgserlebnisse bemerken, die Sie für den Rest des Weges auf Kurs halten werden.

Schritt 1:
Beobachten Sie Ihr Verhalten, ohne sich zu verurteilen

Um mehr darüber herauszufinden, wie Sie Ihre Beziehungen bislang sabotiert haben, müssen Sie Ihr Verhalten beobachten, ohne sich zu Selbstkritik oder negativen Selbstgesprächen verleiten zu lassen. Bei (stillen) negativen Selbstgesprächen wiederholen Sie kritisierende Bemerkungen Ihrer Eltern, die Sie als Kind verinnerlicht haben. Es ist möglich, dass Sie, ohne es zu bemerken, diese kritisierenden Bemerkungen auch weiterhin verwenden, wenn Sie mit sich unzufrieden sind. Dabei handelt sich um Aussagen wie die folgenden:

- „Du bist so ein Idiot."
- „Du machst ständig Sachen, die dein Leben zerstören."
- „Warum kannst du einfach nicht lernen?"
- „Niemand wird dich jemals mögen, wenn du dich so benimmst."
- „Du wusstest, dass das, was du getan hast, falsch war. Warum hast du nicht aufgehört?"

Wenn Sie eine Handlung bereuen, ist es kontraproduktiv, auf dieses Weise mit sich selbst zu reden. Sie versuchen, sich vor einer inneren Autorität zu verteidigen und jeder Ansatz, anders zu handeln, wird Ihnen so sehr schwer fallen. Wenn Sie mutig genug sind, sich Ihrem negativen Verhalten zu stellen, dann müssen Sie sich auch darin unterstützen, an einer Veränderung zu arbeiten. Selbstkritik wird lediglich Ihren Selbstheilungsprozess verlangsamen.

Wenn Sie einmal genau Ihrem inneren Dialog lauschen, werden Sie feststellen, dass er sich nach Ihren Eltern anhört, wie sie Sie in Ihrer Kindheit zurechtgewiesen haben. Sollte ein Elternteil auf Ihre Fehler mit Enttäuschung, Ärger, Ungeduld oder Scham reagiert haben, dann ertappen Sie sich höchstwahrscheinlich dabei, dass Sie diese Bemerkungen als Erwachsener im Geiste wiederholen.

Um Ihr Verhalten zu verändern, müssen Sie die destruktiven inneren Dialoge beenden. Versuchen Sie, eigene beziehungsschädigende Handlungen aus Ihrer Vergangenheit einfach zu beobachten, ohne sich selbst innerlich zu verurteilen. Sie werden den Heilungsprozess um einiges beschleunigen, wenn Sie negative Verhaltensweisen in Bezug auf Ihre Beziehungen objektiv betrachten, ohne sich selbst niederzumachen.

Bitten Sie um Hilfe

Sollten Sie sich derzeit in einer Beziehung mit einem Partner befinden, der Sie immer noch liebt und Ihnen vertraut, dann sollten Sie ihm unbedingt mitteilen, dass Ihnen Ihr Verhalten nun bewusst ist und Sie entschlossen sind, es zu verändern. Allein diese Botschaft wird Ihnen die Zeit und Unterstützung sichern, die Sie für eine Veränderung benötigen.

Wann immer Sie sich genieren oder sich selbst aufs Schärfste verurteilen wollen, bemühen Sie sich, diese Gefühle und Gedanken loszulassen. Versuchen Sie sich zu bremsen, wenn Sie den Drang spüren, Ihre Handlungen abzustreiten oder zu rationalisieren. Dies ist der beste Zeitpunkt, so viele Informationen wie möglich über sich selbst zu sammeln. Lassen Sie nicht zu, dass Ihr Lernvermögen beeinträchtigt wird.

Sollten Sie Single sein, rufen Sie sich die Beziehungen ins Gedächtnis, die Ihnen wichtig waren, und analysieren Sie sie, als liefen sie in diesem Augenblick ab. Denken Sie daran: Lassen Sie Ihre Selbstanalyse niemals zu einem Gefühl von Peinlichkeit oder Scham werden.

Die folgenden Fragen können Ihnen bei Ihrer Selbstfindung helfen:

- Welche Ihrer Handlungen hat Ihren Partner ständig geärgert, verletzt oder entfremdet?
- Welche Ziele verfolgten Sie mit Ihren Handlungen?
- Welche Ergebnisse erzielten Sie gewöhnlich – und was wollten Sie eigentlich erreichen?
- Wünschten Sie, dass Ihre Beziehungen anders abgelaufen wären? Wenn ja, wie?
- Wie fühlten Sie sich, wenn Sie wiederholt ein Verhalten zeigten, von dem Sie wussten, das es in der Vergangenheit zu negativen Resultaten geführt hatte?
- Was taten Sie, um eine Verbesserung herbeizuführen?
- Sind Sie in der Lage, diese vergangenen Interaktionen Revue passieren zu lassen, ohne dabei Ihre Partner oder sich selbst zu verurteilen?

Schritt 2:
Identifizieren Sie die Wurzel Ihres Verhaltens

Nachdem Sie das Ihre Beziehungen sabotierende Verhalten objektiv beobachtet und identifiziert haben, sind Sie in der Lage, seinen Ursprung zu erkunden. Beginnen Sie damit, Ihre derzeitigen Verhaltensweisen in die Vergangenheit zurückzuverfolgen. Stellen Sie sich dies als eine Reise entlang den Wurzeln eines Baumes vor, die Sie bis zu dessen tiefstem Ursprung führt. Während Sie dem Verlauf der Wurzeln folgen, werden Sie sehen, wie Ihre Erfahrungen negative Verhaltensweisen im Laufe Ihres Lebens hervorgebracht und verstärkt haben.

Die Verhaltensmuster, die Sie in Ihren Beziehungen an den Tag legen, haben sich auf der Basis Ihrer angeborenen Persönlichkeitsmerkmale entwickelt. Sie gehen aber auch auf Beziehungen zurück, die Sie selbst beobachtet haben sowie auf Ihre eigenen Erfahrungen. Um die Wurzel Ihres destruktiven Verhaltens zu finden, müssen Sie sich an alle traumatischen Ereignisse und Interaktionen erinnern, die möglicherweise den Auslöser enthalten.

Irrationales Verhalten wiederholen

Menschen wiederholen für gewöhnlich kein erfolgloses Verhalten, es sei denn, die treibende Kraft liegt in bewussten oder unbewussten Lehren aus der Kindheit. Wurde Ihnen als Kind beispielsweise für Verhalten A immer Konsequenz B angedroht, diese aber niemals in die Tat umgesetzt, dann glaubten Sie wahrscheinlich schnell nicht mehr an die Existenz der Strafe. Sollten Ihre Bezugspersonen nun aber darauf bestanden haben, dass Sie auch weiterhin das Unwahrscheinliche fürchteten, akzeptierten Sie deren Gründe dafür möglicherweise und dachten, diese seien logischer als Ihre eigenen. Die meisten Kinder haben Angst davor, Ihre Bezugspersonen zur Rede zu stellen und deren Anerkennung und Zustimmung zu riskieren. Kinder, die die irrationalen Aussagen Ihrer Bezugspersonen kontinuierlich akzeptieren, haben als Erwachsene oft Schwierigkeiten, ihren eigenen Erfahrungen zu trauen.

Welchen Schaden solch aberwitzige Auslegungen der Wahrheit verursachen, hängt von der individuellen Persönlichkeit eines Kindes ab. Manche Kinder sind von Natur aus glücklich, widerstandsfähig und aufgeschlossen. Sie schütteln die Enttäuschung eines gebrochenen Versprechens einfach ab und setzen Ihren Weg mit unerschütterlicher Hoffnung fort. Andere haben leider nicht so viel Glück, sind von Geburt an eher unsicher und haben eine recht niedrige Frustrationstoleranz. Auf ständig unerfüllte Erwartungen reagieren sie, indem sie sich entweder verzweifelt an unwahrscheinliche Zukunftsvisionen klammern oder ganz aufhören, an Versprechungen zu glauben.

Jeder Mensch ist einzigartig und durch eine Kombination verschiedener Faktoren zu dem geworden, was er ist. Diese persönliche Mischung aus Genetik, Modellierung und Lehren der Eltern wird anschließend durch die Lebenserfahrungen der jeweiligen Person verändert. Auf Grundlage aller dieser Komponenten entwickeln sich die Rollenvorstellungen, nach denen wir uns in einer Beziehung richten und die einzuhalten wir von anderen erwarten. Wenn wir unsere alten Muster nicht infrage stellen, bestimmt unsere Vergangenheit unsere Zukunft.

Stellen Sie sich die folgenden Fragen, um an die Wurzel Ihres destruktiven Verhaltens zu gelangen:

- Welche Aspekte Ihres negativen Verhaltens sind erlernt und welche beruhen eher auf Ihrer Persönlichkeit?
- Hat sich Ihre Umgebung positiv oder negativ auf Ihre Entwicklung ausgewirkt?
- Was haben Ihre Bezugspersonen von Ihnen erwartet?
- Welche Arten von Beziehungen haben Sie in Ihrer Umgebung beobachten können?
- Gibt es Traumata aus Ihrer Vergangenheit, die Sie in der Gegenwart beeinflussen könnten?
- Auf welche Weise wurden Sie versorgt und behütet beziehungsweise niedergemacht?
- Wann zeigten sich bei Ihnen zum ersten Mal negative Verhaltensweisen in Beziehungen?

Schritt 3:
Die Auslöser identifizieren

In diesem nächsten Schritt sollen Sie herausfinden, was Ihr destruktives Verhalten auslöst. Emotionale oder physische Auslöser – in Form eines einfachen Satzes, dem Klang einer Stimme, einer Geste oder eines Gesichtsausdruckes – rufen Ereignisse aus der Kindheit in Erinnerung und erwecken die Vergangenheit zum Leben. Es spielt dabei keine Rolle, ob Sie sich bewusst sind, worauf Sie reagieren, oder nicht. Sogar eine Umgebung, die Sie an ein früheres traumatisches Ereignis erinnert, kann das Geschehen in Ihrer Beziehung beeinflussen.

Auslöser für negatives Verhalten entstehen in der Kindheit und werden mit jeder Wiederholung eines negativen Ereignisses verstärkt. Gewohnheit ist ein hartnäckiger Schleier, unter dem Sie möglicherweise nicht einmal erkennen, wann eine Ihrer alten Verhaltensweisen ausgelöst wird. Eine unbewusste Erinnerung triggert destruktives Verhalten in Ihrer gegenwärtigen Beziehung, bevor Sie realisieren, dass Sie besser hätten reagieren können.

Auslöser erkennen

Manchmal löst eine Kombination aus verschiedenen Ereignissen eine negative Reaktion aus. In diesem Fall können die Trigger sowohl offensichtlich als auch subtil und schwierig zu erkennen sein. Wenn Sie sich in Ihrer Beziehung bei destruktivem Verhalten ertappen, verfolgen Sie Ihre Schritte zurück und versuchen Sie, sich an die Ereignisse vor Ihrer negativen Reaktion zu erinnern. Sie müssen Stunden oder vielleicht sogar Tage in die Vergangenheit blicken, um den Anfang der Ereigniskette zu finden, die letztlich zu Ihrem Sabotageverhalten führte.

Sobald Sie verstehen, wie sich die Ereigniskette zusammensetzt, versuchen Sie sich daran zu erinnern, wann in Ihrem Leben Sie sich erstmalig so gefühlt haben. Fühlen sich gegenwärtige und vergangene Situation ähnlich an? Erinnern Sie sich bitte daran, wo Sie waren, welche Personen sich dort befanden und wie Sie sich damals fühlten. Je mehr Details Sie sich ins Gedächtnis rufen können, desto mehr wird Ihnen die Erinnerung helfen.

Die folgenden Fragen sollten Sie sich stellen: Auf welche Weise ähneln vergangene Situationen der gegenwärtigen? Können Sie Gemeinsamkeiten zwischen der Beziehung zu Ihrem jetzigen Partner und zu einem aus Ihrer Vergangenheit feststellen? (Achtung: Je weiter die Beziehung in der Vergangenheit liegt, desto größere Auswirkungen kann sie haben.) Es hat sich als sehr hilfreich erwiesen, die eigenen Beobachtungen in einem Tagebuch festzuhalten, um sich zu einem späteren Zeitpunkt mit ihnen zu befassen, nachdem Sie ausreichend Möglichkeit hatten, mit Ihren Entdeckungen zu arbeiten.

Der wichtigste Hinweis darauf, dass in Ihnen gerade destruktive Verhaltensweisen ausgelöst werden, ist die Intensität und Qualität der Emotion, die Sie fühlen. Sehr intensive Gefühle, die der Situation unangemessen erscheinen, weisen oft auf traumatische Kindheitserfahrungen hin. Schenken Sie diesen Gefühlen Ihre volle Aufmerksamkeit, um herauszufinden, ob sie Ihnen womöglich dabei helfen, sich notwendige Erinnerungen ins Gedächtnis zu rufen.

Das Ziel ist, den genauen Zeitpunkt festzustellen, an dem Ihr destruktives Verhalten begann. Sobald Sie das entsprechende Ereignis in Ihrer Kindheit identifiziert haben, sind Sie in der Lage, Ihre Reaktionen vorauszusehen. Dies gibt Ihnen die Zeit, ein alternatives Verhalten zu wählen. Je früher Sie die Auslöser erkennen, desto größer ist Ihre Chance, ein destruktives Verhaltensmuster durch ein positives, effektives zu ersetzen.

Wenn Sie fühlen, dass ein negatives Verhalten in Ihnen ausgelöst wird, sollten Sie sich die folgenden hilfreichen Fragen stellen:

- Wann haben Sie sich schon einmal so gefühlt?
- Was passierte zu diesem Zeitpunkt?
- Wie fühlten Sie sich?
- Was wurde von Ihnen erwartet?
- Wie sah das Ergebnis aus?
- Inwieweit ähnelt die gegenwärtige Situation der aus Ihrer Vergangenheit?
- Was löste Ihrer Meinung nach in der Gegenwart Ihr negatives Verhalten aus?

Schritt 4:
Finden Sie heraus, wann Sie am anfälligsten sind

Die Prüfungen, die uns das Leben stellt, können sehr verschieden sein. In Phasen, in denen alles gut zu laufen scheint, sind wir widerstandsfähiger, verfügen über bessere Ressourcen und haben mehr Zeit, über verschiedene Wahlmöglichkeiten nachzudenken. Ein Auslöser, der eine ganze Kette von destruktiven Verhaltensweisen in Gang setzen kann, wenn wir müde sind, unter Druck stehen oder uns fürchten, provoziert uns in einem ausbalancierten Zustand nicht. Eine Ereignissequenz, die gestern das Fass zum Überlaufen gebracht hätte, löst in uns heute vielleicht lediglich leichte Gereiztheit aus. Um Ihr Versprechen an sich und die Person, die Sie lieben, zu halten, müssen Sie erkennen lernen, wann Sie für negative Reaktionen am anfälligsten sind.

Womöglich haben Sie unbewusst einen Partner gewählt, der Sie an jemanden aus Ihrer Vergangenheit erinnert. Sollte Ihre emotionale Reaktion auf Ihren derzeitigen Partner Ihren früheren Erfahrungen ähneln, verhalten Sie sich möglicherweise automatisch genauso wie damals. Es ist auch denkbar, dass Ihr negatives Verhalten nur dann aktiviert wird, wenn jemand anders versucht, Ihnen Ihren Partner auszuspannen und dadurch ein Eifersuchtsszenario aus Ihrer Kindheit zum Leben erweckt. Bestimmte Orte oder Wetterverhältnisse, bekannte Musikstücke oder eine spezielle Szene aus einem Film oder Fernsehprogramm kann Sie in einen Zustand versetzen, in dem Sie anfälliger für Ihre Trigger sind. Seien Sie daher nicht überrascht, wenn der Grund für ein negatives Verhalten Ihnen in dem Augenblick trivial erscheinen mag. Er weist oft auf sehr viel tiefer sitzende Ursachen hin.

Wodurch werden Auslöser aktiviert?

Manche Menschen sind naturgemäß anfälliger für Trigger als andere. Auch der Charakter spielt hierbei eine entscheidende Rolle. Von Natur aus widerstandsfähige Menschen reagieren auch unter Stress weniger stark.

Doch ungeachtet Ihres Wesens kann Ihre derzeitige Verfassung die Reaktion auf Auslöser verstärken oder abmildern. Wenn Sie beispielsweise mit mehreren Verlusten oder Forderungen gleichzeitig konfrontiert werden, erhöht sich automatisch Ihr Adrenalinspiegel und Sie reagieren in einer Situation negativ, die Sie sonst nicht so stark gereizt hätte. Depression und Stress können ebenfalls Einflussfaktoren sein. Immer wenn Sie das Gefühl haben, „jeden Moment zusammenzubrechen" oder dass „eine einzige Sache mehr das Fass zum Überlaufen bringen wird", dann ist Ihre Toleranzschwelle im Hinblick auf Enttäuschungen und Herausforderungen sehr niedrig.

Sobald Sie aber herausgefunden haben, wann Sie am anfälligsten sind, wird es Ihnen möglich sein zu kompensieren. Zu wissen, wann die eigenen Reserven sich dem Ende neigen und die Bedürfnisse ihren Höchststand erreicht haben, kann den entscheidenden Ausschlag zwischen Erfolg und Misserfolg geben.

Die eigene Reaktionszeit verlängern

Beantworten Sie die folgenden Fragen und finden Sie heraus, wie Sie Ihre eigene Reaktionszeit verlängern können:

- Was geschieht gewöhnlich in Ihrem Leben, wenn Sie für Trigger anfälliger scheinen?
- Erinnert Sie Ihr Partner an eine Person aus Ihrer Kindheit?

- Wenn ja, auf welche Weise?
- Welche Ihrer Charaktereigenschaften steuert Ihr Reaktionsvermögen?
- Rufen Trigger-Situationen ähnliche Gefühle in Ihnen hervor? Wenn ja, auf welche Weise?
- Gibt es etwas, das Ihr Partner tun könnte, um Ihre Reaktion zu verändern?
- Wie alt fühlen Sie sich, wenn Sie auf einen Auslöser reagieren?

Schritt 5:
Suchen Sie nach einer neuen Zukunftsvision und finden Sie alternative Verhaltensweisen

In den Schritten 1 bis 4 haben Sie herausgefunden, welche Verhaltensweisen Sie verändern möchten, welchen Ursprung sie haben und wo Ihre Schwachstellen liegen. Das ist die Grundlage für Ihre Transformation. In den Schritten 5 bis 7 sollen Sie nun die Person definieren, zu der Sie werden möchten. Außerdem gilt es sicherzustellen, dass Sie an diesem Ziel festhalten und es auch erreichen.

Tief verwurzelte Reaktionen zu verändern kann sehr schwierig sein, denn die Mischung aus angeborenen Wesensmerkmalen und Lebenserfahrungen kann eine stark bremsende Wirkung haben. Manche Menschen sind sogar so sehr daran gewöhnt, in Beziehungen zu scheitern, dass sie ihre Situation als unveränderlich ansehen. Sollten Sie zu diesen Personen zählen, dann müssen sie unbedingt einen alternativen Weg festlegen, damit Ihnen der jetzige nicht länger als Ihre einzige Möglichkeit erscheint.

Drei entscheidende Verpflichtungen

Eine Veränderung kann einsetzen, sobald Sie sich zu den folgenden drei Dingen verpflichtet haben:
1. Machen Sie sich klar, was Sie zurücklassen.
2. Legen Sie fest, wer Sie sein möchten.
3. Fassen Sie einen Plan, der definiert, wie Sie Ihr Ziel erreichen und Ihr neues Verhalten beibehalten können.

Es ist in jedem Fall einfacher, die Vergangenheit hinter sich zu lassen, wenn man sich auf die Zukunft freut. Nichtsdestotrotz kann es manchmal schwerfallen, den Kurs zu halten, wenn die Behaglichkeit und Bequemlichkeit alter Gewohnheiten locken. Halten Sie deshalb den Blick stets auf Ihr Ziel gerichtet, um sich nicht entmutigen zu lassen. Die Übungen in den folgenden Kapiteln werden Ihnen dabei helfen, sich auf

Ihre persönlichen destruktiven Verhaltensweisen zu konzentrieren. Vorab erhalten Sie an dieser Stelle bereits einige allgemeine Richtlinien.

Ihr erster Schritt sollte sein, Menschen zu finden, denen Sie als positive Rollenmodelle für beziehungstechnische Herausforderungen nacheifern können. Indem Sie diese neuen Vorbilder beobachten, können Sie Ihr früheres negatives Verhalten mit einer erfolgreicheren Variante vergleichen.

Bei Ihren Veränderungsversuchen wird sich Ihre Vergangenheit weiterhin einmischen. Wann immer Sie feststellen, dass Sie in alte Verhaltensweisen zurückfallen, hat es sich als hilfreich erwiesen, in Gedanken in die Kindheit zu reisen. Stellen Sie sich dabei statt Ihrer realen Bezugsperson und deren destruktiven Lehren einen Betreuer vor, den Sie sich als Kind gewünscht hätten. Einige Betroffene wissen ein solch verinnerlichtes Elternteil als Vorbild zu nutzen. Ein bereitwilliger und positive Unterstützung bietender Partner kann genauso eine Hilfe sein wie ein Therapeut, der Ihnen hilft, gewohnte Reaktionsmuster loszulassen und neue zu etablieren.

Während Sie sich durch die Aufgaben der einzelnen Kapitel arbeiten, werden Sie beginnen, Ihre eigenen persönlichen Ziele zu definieren und einen Plan zu fassen, mit dem Sie diese erreichen können. Halten Sie sich dabei immer vor Augen, dass Sie aus einer Welt tiefsitzender Verhaltensmuster in unbekanntes Territorium vordringen.

Die vierte Verpflichtung

Sobald Sie Ihre persönliche Zukunftsversion kreiert haben, müssen Sie sich zu Selbstdisziplin und Geduld verpflichten. Es braucht Übung, um neue Verhaltensweisen beizubehalten und gegen alte Muster anzukämpfen – besonders wenn Letztere durch traumatische Erlebnisse entstanden. Die emotionalen Furchen destruktiven Verhaltens sind tief und verführen zu Wiederholung. Ihr neuer Weg dagegen ist noch nicht markiert. Daher müssen Sie an jeder Kreuzung achtgeben und die Richtung wählen, in die Sie gehen wollen.

Für jede der zehn destruktiven Verhaltensweisen, die wir in diesem Buch behandeln, gibt es Alternativen. Selbst wenn Sie sich derzeit in einer durch hartnäckige Gewohnheiten geprägten Beziehung befinden, werden Sie sofort nach Beginn Ihrer „Reise" positive Veränderungen feststellen.

Fragen, die Ihnen die Richtung weisen

Notieren Sie die Antworten auf die folgenden Fragen in Ihrem Tagebuch, denn diese richtungsweisenden Fragen werden Sie sich ab sofort täglich aufs Neue stellen. Es empfiehlt sich deshalb, das Tagebuch dann immer griffbereit zu haben, um Ihre Antworten vergleichen können.

1. Welche Verhaltensweisen werden Sie ablegen?
2. Zu welcher Art von Person möchten Sie werden?
3. Auf welche Ressourcen werden Sie zurückgreifen, um dieses neue Bild von sich, diese Vision zu kreieren?
4. Wie wollen Sie Ihren Fortschritt messen?
5. Sind Sie geduldig mit sich selbst und unterstützen Sie sich selbst bei dieser schweren Arbeit?

Schritt 6:
Suchen Sie sich Unterstützung

Die wenigsten Menschen sind von Natur aus Einzelgänger. Besonders in unserer Kindheit sind wir auf andere angewiesen. Durch den Austausch mit diesen für uns wichtigen Menschen wird unsere Persönlichkeit geformt und es entstehen Muster, die sich im Laufe des Lebens einschleifen. Um ein tief verankertes destruktives Verhalten zu verändern, brauchen Sie emphatische, unterstützende Menschen, die Ihre neue Lebensweise begrüßen. Jene, die sich in Gegenwart Ihrer alten Persönlichkeit wohler fühlen, sollten Sie hingegen meiden.

Während des Veränderungsprozesses – weg von alten Verhaltensmustern hin zu neuen – werden Sie sich oft unsicher fühlen. In diesen Momenten benötigen Sie als beobachtende Begleiter unvoreingenommene, liebevolle Menschen, die Sie auf Kurs halten. Es ist wichtig, dass diese Personen Sie und Ihr Verhalten möglichst objektiv beurteilen können. Ohne Beschwichtigungen, Nachsicht oder Kritik sollen sie Sie an die Versprechen erinnern, die Sie sich gegeben haben. Sollten Sie sich derzeit in einer Beziehung befinden, dann ist Ihr Partner hoffentlich gewillt, Ihnen zu helfen. Wenn Sie Single sind oder mit jemandem liiert, der zu ärgerlich oder enttäuscht ist, um Ihnen zu helfen, müssen Sie an anderer Stelle Unterstützung suchen.

Während Sie daran arbeiten, eine Verhaltensweise zu verändern, sollen Personen Ihres Vertrauens als Beobachter dienen und aufpassen, dass Sie ehrlich mit sich selbst sind. Es sollten Menschen sein, die um die Ursachen Ihres Verhaltens wissen und Ihnen helfen können, Trigger zu erkennen und Sie an Ihre derzeitigen Schwachstellen erinnern. Idealerweise sollte alles, was Sie von nun an sagen oder tun, Sie dem gewünschten neuen Verhalten näher bringen.

Kriterien für die Auswahl von Beobachtern

Die Sie unterstützenden Personen sollten zu den folgenden Dingen in der Lage sein:
- Sie sollten Ihren Entschluss unterstützen.
- Sie sollten Ihnen erlauben, Ihren eigenen Weg zu finden.
- Sie sollten ehrlich bleiben.
- Sie sollten Sie an die Versprechen erinnern, die Sie sich selbst gegeben haben.
- Sie sollten objektiv bleiben.
- Sie sollten ihre eigenen Bedürfnisse hintenanstellen.

Schritt 7:
Das Ziel im Auge behalten

Selbst wenn Sie noch so entschlossen Ihre hartnäckigen Verhaltensprobleme angehen, werden Sie sich sicher ab und an bei einem Rückfall ertappen. Die Person, die Sie werden möchten, steckt noch in der Entwicklungsphase, während Ihre alte Persönlichkeit an bekannten Verhaltensmustern festhält. Seien Sie in einer solchen Situation geduldig und nachsichtig – getreu dem Motto: Es kommt nicht darauf an, wie oft man hinfällt, nur darauf, dass man wieder aufsteht.

Die neuen Verhaltensweisen werden mit der Zeit immer selbstverständlicher werden. Verlassen Sie sich auf Ihre Unterstützungsgruppe, die Sie davor bewahren soll, aufzugeben und das Ziel aus den Augen zu verlieren. Bestrafen Sie sich auf keinen Fall für vorübergehende Rückschläge.

Der sabotierende Partner

Das vielleicht am wenigsten verständliche aber zugleich wahrscheinlichste Hindernis auf Ihrem Weg zum Ziel ist die Reaktion Ihres derzeitigen Partners. In den meisten Fällen reagieren Lebensgefährten hoffnungsvoll auf positive Veränderungen, doch gelegentlich verstärken deren eigene destruktive Verhaltensprobleme die Ihren, wodurch Sie sich gegenseitig Schaden zufügen. Sollten Sie immer die gleiche Art von Partner gewählt und Ihre Beziehungen niemals funktioniert haben, dann ist die Wahrscheinlichkeit groß, dass Ihr derzeitiger Partner Sie bewusst oder unbewusst sabotiert.

Sollten Sie sich stets Lebensgefährten aussuchen, die Sie auf die gleiche Weise verletzen, deutet dies darauf hin, dass Sie unterbewusst versuchen, eine symbolische Verbindung zu einer Person aus Ihrer Vergangenheit aufzubauen. Sie glauben möglicherweise, dass Sie durch mehr Einfluss auf gegenwärtige Ereignisse solche aus der Vergangenheit verändern könnten. Etwas Vertrautes wirkt wie ein Magnet und ist äußerst verlockend, selbst wenn es Sie in die falsche Richtung lenkt.

In einigen Fällen finden sich zwei Partner, die einander als Vertreter der Elternteile aus der Kindheit dienen. Dies kann entweder zu gegenseitiger Heilung führen, wenn beide Personen sich der überschneidenden Funktionsstörung bewusst sind, oder in einem kompletten Desaster enden, sollten beide Partner ihre alten negativen Verhaltensmuster verstärken.

Den Kurs halten

Um auf dem richtigen Kurs zu bleiben, sollten Sie sich zu den folgenden Zielvorgaben verpflichten:

1. Richten Sie Ihren Fokus stets auf das Idealbild der Person, die Sie werden möchten. Bestrafen Sie sich jedoch auf keinen Fall für eventuelle Rückfälle.
2. Wenden Sie sich an die Personen, die Sie zur Unterstützung auserkoren haben, sobald Sie einen Rückfall fürchten.
3. Stellen Sie sicher, dass Ihr Partner Ihre Veränderungsbemühungen nicht sabotiert.
4. Belohnen Sie sich für Erfolge.
5. Drücken Sie ein Auge zu, wenn Sie Ihrem Plan nicht immer hundertprozentig folgen.

Kriegswunden und Heldentum

Misserfolge aus der Vergangenheit lassen Sie unter Umständen vor erneuten Versuchen zurückschrecken. Doch je mehr Sie destruktive Verhaltensweisen durch jene ersetzen, die gute Beziehungen möglich machen, wird auch Ihre Zuversicht auf eine neue positivere Zukunft wachsen. Zuversicht entsteht durch die Kriegswunden aus heldenhaften Schlachten – und solche Schlachten können gewonnen werden. Dazu gehört auch der Glaube, das Unmögliche möglich zu machen. Und Vertrauen. Sie werden auf sich selbst vertrauen und auf die Zukunft, wenn Ihre Bemühungen Früchte tragen.

Machen Sie die Misserfolge Ihrer Vergangenheit zur Basis Ihres zukünftigen Erfolgs. Hierzu einige Richtlinien:

1. Haben Sie den Mut, Ihre Kindheit und Ihre gescheiterten Beziehungen unter die Lupe zu nehmen.
2. Legen Sie fest, welche alternativen Verhaltensweisen Sie anstreben und üben Sie so gewissenhaft wie Sie können.
3. Horchen Sie regelmäßig in sich hinein und stellen Sie sicher, dass Ihr „inneres Kind" sich unterstützt und geborgen fühlt.
4. Halten Sie Ihren Fokus auf das Mögliche gerichtet, auch wenn Sie sich hilflos und verloren fühlen.
5. Stellen Sie sicher, dass Sie stets Unterstützung haben.
6. Stellen Sie sicher, dass Sie von Menschen umgeben sind – von Ihrem Partner und von Freunden –, die sowohl mitfühlend als auch konsequent genug sind, um Sie an Ihre Ziele zu erinnern.

Denken Sie immer an das große Ganze

Während Sie an Ihren eigenen Zielen arbeiten, ist es hilfreich, sich die Beispiele anderer Menschen vor Augen zu halten, die den großen Sprung gewagt und geschafft haben. Denken Sie stets daran, dass es in jeder Beziehung Liebeskummer und Missverständnisse gibt. In eine Partnerschaft bringen stets beide ihre positiven und negativen Päckchen mit. Frisch Verliebte wollen selbstverständlich, dass ihre Liebe ewig währt, und den vielen scheiternden Beziehungen zum Trotz suchen doch die meisten Menschen weiterhin nach dauerhaften Bindungen.

Beziehungssaboteure sehnen sich genauso sehr nach Liebe und Bindung wie andere Menschen auch. Unglücklicherweise wiederholen Sie aber immer wieder negative Verhaltensmuster, selbst wenn diese ihnen ihre Partner entfremden. Doch nicht nur Beziehungssaboteure weisen destruktive Verhaltensweisen auf – jeder von uns hat sie im Repertoire, denn es gibt Momente, in denen solche zutiefst menschlichen Reaktionen angemessen und sogar gerechtfertigt scheinen. Bei Beziehungssaboteuren zeigen sich solche Verhaltensweisen jedoch besonders häufig und heftig; sie sind vorhersehbar und wirken sich durchweg zerstörerisch auf Beziehungen aus.

Damit Sie Ihre Ziele nicht vergessen, sollten Sie die folgenden fünf Gedächtnisstützen an einem Ort platzieren, an dem Sie sie jeden Tag lesen können:

- Mit kleinen Schritten kommen Sie schließlich zum Erfolg.
- Bei Misserfolgen gilt: Versuchen Sie es noch einmal.
- Nehmen Sie sich Paare als Vorbild, von denen Sie wissen, dass sie ähnliche Probleme überwunden haben.

- Glauben Sie an Ihre Fähigkeit, für Ihr „inneres Kind" zu sorgen.
- Seien Sie sich stets bewusst, dass Ihre destruktiven Verhaltensweisen lediglich ein Teil von Ihnen sind und dass Sie selbst mehr sind als dieser Teil.

In den folgenden Kapiteln finden Sie herausfordernde Aufgaben, die Ihnen helfen sollen, Ihre destruktiven Verhaltensweisen abzulegen. Während einige etwas leichter anmuten als andere, sind sie doch alle ein wichtiger Teil des Gesamtprozesses. Manche Übungen gewinnen an Bedeutung, wenn Sie sie mit Ihrer Lebensgefährtin oder einer Freundin durchführen. Bei anderen hingegen fühlen Sie sich unter Umständen wohler, wenn Sie sie im Stillen und allein bearbeiten. Veränderungen Ihrer Verhaltensweisen stellen sich – je nach Übung – sehr früh oder erst Tage oder Wochen nach Beginn des Trainings ein. Und manchmal merken Sie überhaupt keinen Unterschied und Ihr Geliebter oder ein Freund wird Sie auf eine wunderbare Veränderung Ihrer Persönlichkeit aufmerksam machen. Die sieben Schritte dieses Buches werden Sie zum Erfolg führen. Bleiben Sie Ihrem Entwicklungsprozess treu und glauben Sie an den Erfolg.

3. | Unsicherheit: „Wirst du mich ewig lieben?"

Unsicherheit ist das emotionale Erleben erwarteten Verlustes. Unsichere Menschen fühlen sich oft verletzlich, labil und sind sich ihres Wertes nicht gewiss. Die das Gefühl der Unsicherheit begleitende Angst ist unerbittlich und nährt eine verzweifelte Eifersucht. Sie erwarten, dass man sich ihrer entledigt und weil sie gegen diese furchtbare Ahnung vorgehen wollen, verhalten sich diese Menschen oft gerade so, dass die Liebe, die sie so gerne geben und empfangen würden, zerstört wird – genauso wie ihre Selbstachtung.

Sollten Sie Ihre Beziehungen mit Ihrer Unsicherheit sabotiert haben, dann kennen Sie das demütigende Gefühl, als zu bedürftig und klammernd betrachtet zu werden. Nur allzu gut kennen Sie die herablassenden Worte Ihres Partners, wenn er oder sie Ihres unablässigen Bedürfnisses nach Bestätigung wieder einmal überdrüssig ist.

Mit zunehmender Dauer einer Beziehung vertrauen unsichere Menschen immer weniger auf ihren Selbstwert anstatt sich sicherer zu fühlen. Je ernster die Beziehung wird, desto mehr haben sie Angst, ihren Partner an jemand anders zu verlieren. Während diese Angst immer stärker wird, intensiviert sich auch ihr Unsicherheitsverhalten, was dazu führt, dass sie ihren Partner über kurz oder lang vertreiben. Die Köpfe und Herzen unsicherer Menschen sind voll mit der Erwartung von Verlust, was unablässige Selbstzweifel auslöst:

- „Wird mein Partner mich für immer lieben?"
- „Was passiert, wenn mein Partner das Interesse an mir verliert?"
- „Ist es möglich, dass ein anderer Mensch mir meinen Partner nimmt?"
- „Wenn ich nicht weiß, wo mein Partner ist: Könnte er vielleicht etwas tun, von dem ich nichts wissen soll?"
- „Muss ich auf eine böse Überraschung gefasst sein, wenn wir nicht alle Geheimnisse teilen?"
- „Wenn wir seit mehr als einer Woche nicht mehr miteinander geschlafen haben: Heißt das, dass mein Partner kein Interesse mehr an Sex mit mir hat?"
- „Ist unser Streit von gestern Abend der Anfang vom Ende unserer Beziehung?"

Sollten Sie an dieser Art von Ängsten leiden, sind Sie unter Umständen zu einem „Beziehungsschnüffler" geworden, der wie besessen jedes Detail aus dem Leben seines Partners wissen muss, um die eigene Unsicherheit zu mildern. Wenn Sie Ihren Partner dann auch noch mit jedem fragwürdigen Fund herausfordern und zu kontrollieren versuchen, sind Sie auf bestem Wege, ihn zu vertreiben.

Doch nicht nur Ihnen geht es so, dass Unsicherheit die Beziehungen dominiert. Viele Menschen sehen sich außer Stande, dieses destruktive Verhalten abzustellen. Oft werden sie sich des wachsenden Unmutes Ihrer Partner erst dann bewusst, wenn es fast zu spät ist. Zu Beginn ist eine Beziehung von überschwänglicher Liebe und Bestätigung gekennzeichnet, was die Unsicherheit für eine Weile in den Winterschlaf versetzt. Mit abnehmender Hingabe kommen bei unsicheren Menschen jedoch oft quälende Erinnerungen wieder hoch und sie fürchten, zurückgewiesen zu werden. Mit einem wachsenden Bedürfnis nach Bestätigung entwickelt sich die Angst vor dem Verlassen-Werden schließlich zu einer selbsterfüllenden Prophezeiung.

Es gibt Hoffnung

Die gute Nachricht ist, dass Sie Ihre Unsicherheit ungeachtet ihres Ursprungs besiegen können. Sie können lernen, Ihre Angst zu kontrollieren und das Verhaltensmuster zu verändern, das Sie bisher daran gehindert hat, die Liebe zu bekommen, die Sie verdienen. Künftig wird Ihr Glaube an Ihre eigene Wertigkeit und die Dauerhaftigkeit von Liebe Ihr Selbst bestimmen. War bislang Ihr größter Feind Ihre Angst vor Verlust, so werden nun Sie selbst Ihr wichtigster Freund sein.

3.1 Die sieben Schritte zur Heilung

Um Ihr destruktives Verhalten abzulegen, müssen Sie zuerst besser verstehen, wo es entstanden ist. Außerdem müssen Sie lernen, die Fähigkeiten einzusetzen, die Ihnen bei Ihrer Heilung helfen werden. Die folgenden sieben Schritte zur Heilung und die begleitenden Übungen sind hierfür Ihr Heilungsplan.

Schritt 1:
Beobachten Sie Ihr unsicheres Verhalten, ohne sich zu verurteilen

Der erste Schritt zur Heilung besteht für Sie darin, Ihr selbstschädigendes Verhalten zu erkennen. Dabei kann es nötig sein, sich an schmerzhafte und beschämende Situationen zu erinnern, in denen Ihre Unsicherheit das Problem war. Sollten sich in diesem Prozess Verlegenheit oder Selbstkritik einstellen, denken Sie bitte daran, dass Selbstverurteilung Ihre Lernfähigkeit beeinträchtigt. Ihr Ziel in diesem ersten Schritt muss sein, sich an das vergangene Verhalten zu erinnern und gleichzeitig ein neutraler, mitfühlender Beobachter zu sein.

ÜBUNG

Von außen betrachtet

Diese Übung wird Ihnen dabei helfen, sich an die Momente zu erinnern, in denen Sie Bestätigung brauchten und Ihrem Partner damit anscheinend eine Last auferlegten. Denken Sie daran, sich zu beobachten, ohne Ihre Handlungen zu kritisieren. Sobald Sie in Versuchung geraten, sich selbst zu kritisieren, versuchen Sie, diese Emotion durch Mitgefühl zu ersetzen.

Rufen Sie sich eine bestimmte Situation ins Gedächtnis, in der Sie sich nicht mehr sicher waren, ob Ihrem Partner Ihre Beziehung noch wichtig genug war – eine Situation, in der Sie Bestätigung brauchten. Notieren Sie den Dialog soweit in Ihrem Tagebuch, dass das Wesentliche zum Ausdruck kommt. Folgend ein Beispiel:

SIE: Ich mache mir Sorgen, wenn du abends zu spät nach Hause kommst, ohne Bescheid zu sagen.

IHR PARTNER: Ich kann doch nicht immer daran denken anzurufen. Warum bist du so unsicher?

SIE: Mir geht es einfach besser, wenn ich weiß, dass es dir gut geht.

IHR PARTNER: Du machst dir bloß Sorgen, weil du denkst, ich würde etwas aushecken. Du musst mich in Ruhe lassen.

SIE: Kannst du mir nicht einfach sagen, dass alles okay ist? Warum muss ich mich schlecht fühlen?

IHR PARTNER: Du kannst nicht erwarten, alles was ich tue kontrollieren zu können.

Schreiben Sie so viele Dialoge dieser Art auf wie Ihnen möglich ist – sowohl aus vergangenen als auch bestehenden Beziehungen. Notieren Sie nach jedem Dialog die Antworten auf die folgenden Fragen:

- Wie fühlten Sie sich, als Sie Ihren Partner konfrontierten?
- Was taten Sie, als Sie die gewünschte Bestätigung nicht erhielten?
- Was war die Folge?
- Wie haben Sie selbst Ihre Reaktion empfunden?
- Was hat Ihr Partner über Sie gedacht?

Wenn Sie sich für Ihr unsicheres und ängstliches Verhalten kritisieren: Gelingt es Ihnen, sich von solchen Selbstverurteilungen frei zu machen? Um die obigen Fragen objektiv zu beantworten, kann es hilfreich sein, Ihre Gefühle niederzuschreiben und sie so von der Selbstevaluierung zu trennen. Versuchen Sie, sich während der Ausführung der Übung auf das Gelernte zu konzentrieren anstatt auf negative Gefühle, die Sie sich selbst gegenüber vielleicht hegen mögen.

Mit Angst umgehen

Das erneute Durchleben der Dialoge kann in Ihnen die gleiche Angst auslösen, die Sie in der tatsächlichen Situation empfunden haben. Wenn Unsicherheit auftritt, ist auch immer Angst zugegen. Ihr Körper produziert dann Adrenalin, um mit Ihrer Angst umzugehen. Die folgenden körperlichen Symptome weisen auf Angst hin:

- Herzklopfen
- Übelkeit
- Kribbeln in Händen und Füssen
- Schluckbeschwerden
- Schwitzen
- Zittern
- Kälte- oder Wärmegefühl
- Brustschmerzen
- ein Gefühl, außerhalb des Körpers zu sein

Diese körperlichen Symptome als normale Reaktion auf einen erwarteten Verlust einzuordnen, kann Ihnen dabei helfen sich auf Ihr Ziel zu konzentrieren. Je nachdem, wie unsicher Sie sich fühlen, können Ihre Symptome leicht bis sehr deutlich ausgeprägt sein. Wann immer Sie sich an etwas Entsprechendes erinnern oder eine neue, ähnliche Erfahrung machen, tauchen wiederholt die Symptome in allen möglichen Kombinationen auf.

ÜBUNG

Welche Angstsymptome sind typisch für Sie?

Erinnern Sie sich bitte noch einmal an die Dialoge aus der vorigen Übung und beschreiben Sie kurz die entsprechende Situation. Notieren Sie dann alle Angstsymptome, die aufgetreten sind.

Hier ein Beispiel:
Es war zwei Uhr nachts und mein Partner war nicht nach Hause gekommen und hatte auch nicht angerufen. Ich fühlte, wie mein Herz anfing zu rasen – so, als ob ich gleich ohnmächtig würde. Ich begann zu schwitzen und konnte nicht mehr atmen. Ich konnte nicht aufhören zu weinen und fühlte mich wackelig auf den Beinen.

Fragen Sie sich, ob Ihre körperlichen Reaktionen gewöhnlich die gleichen sind, wenn Sie sich unsicher fühlen. Es ist möglich, Angstsymptome zu kontrollieren, wenn Sie sie früh genug erkennen. Sie werden in der Lage sein, mit Ihrer Angst selbstbewusster umzugehen.

Die verlässlichste Methode, Angst zu mindern, ist zu lernen, die eigene Atmung zu kontrollieren. Das Dreieck zwischen Schultern und Solarplexus ist der körperliche Sitz Ihrer Angst. Bei Unsicherheit entsteht dort und in Ihrer Kehle negative Spannung. Zudem führt der erhöhte Adrenalinspiegel zu einer beschleunigten Atemfrequenz.

Um in einer Krisensituation richtig atmen zu können, empfiehlt es sich, die richtige Atemtechnik dann zu üben, wenn Sie sich nicht bedroht oder gestresst fühlen. Je gründlicher Sie das richtige Atmen trainieren, desto besser werden Sie es kontrollieren können, wenn es darauf ankommt.

ÜBUNG

Wie Atemtechniken Ihre Angstsymptome lindern können

Stellen Sie sich die Energie, die sich um Ihr Herz herum konzentriert, einmal bildlich vor und versuchen Sie, diese unterhalb Ihres Bauchnabels sinken zu lassen. Atmen Sie tief ein, um danach die Luft vollkommen aus Ihrem Körper strömen zu lassen. Atmen Sie erst wieder ein, wenn Ihr Körper danach verlangt. Entspannen Sie Ihre Schultern, Hände und Füße. Fühlen Sie, wie die Muskeln in Ihrem Körper beginnen sich zu entspannen? Lassen Sie Ihren Bauch hervortreten, wenn ein Atemzug den unteren Teil Ihrer Lungen füllt. Atmen Sie tief, behutsam und rhythmisch, so als ob Sie etwas genießen, das Sie ruhig und gelassen werden lässt.

Lehren Sie Ihren Körper, dass Sie Ihre Atmung beherrschen und dass Sie deren Rhythmus in Situationen kontrollieren, in denen es notwendig ist, Unsicherheit abzuwehren.

Schritt 2:
Identifizieren Sie die Wurzel Ihrer Unsicherheit

Um herauszufinden, wann Ihr unsicheres Verhalten seinen Anfang genommen hat, müssen Sie zu den Situationen zurückgehen, in denen Sie sich zum allererstem Mal unsicher gefühlt haben. Diese frühen Erfahrungen sind der Auslöser und immer noch der Treibstoff Ihrer heutigen Unsicherheiten und der dazugehörigen Verhaltensmuster. Gelingt es Ihnen, sie in der Vergangenheit zu lindern, können Sie auch deren Einfluss auf Ihre Beziehungen in der Gegenwart verändern.

Des Weiteren müssen Sie auch die Möglichkeit in Betracht ziehen, dass Sie erblich bedingt stärker zu ängstlichen Reaktionen neigen und für diese anfälliger sind. Diese Tendenzen wurden durch entsprechende Resonanz in Ihrer Familie verstärkt oder abgeschwächt. Sollten Sie in Ihrer frühen Kindheit eine der folgenden Ängste oder Sorgen gespürt haben, wird es Ihnen als Erwachsener möglicherweise ein wenig schwerer fallen, sich selbst beruhigen zu lernen:

- Sich von der Familie oder engen Freunden zu trennen fiel Ihnen sehr schwer, selbst für Dinge, die Sie gerne taten.
- Sie beschäftigten sich übermäßig stark mit potenziellen Katastrophen.
- Es schien, als müssten Sie ständig getröstet und bestätigt werden.
- Sie hatten Angst davor, weit von den Menschen entfernt zu sein, die Sie Ihrer Meinung nach beschützen konnten.
- Sie konnten mit unerwarteten Ereignissen nicht umgehen.
- Sie mochten keine Überraschungen.
- Es fiel Ihnen sehr schwer, eine Sache abbrechen und schnell zur nächsten übergehen zu müssen.
- Sie entwickelten komplizierte Rituale, um für sich ein Gefühl der Kontrolle zu haben.
- Sie machten sich große Sorgen, wenn Sie wussten, dass die nahe Zukunft etwas Negatives bringen würde.

Kinder, die von Geburt an überängstlich sind, aber in einer Familie aufwachsen, die darauf geduldig und liebenswürdig reagiert, lernen mit größerer Wahrscheinlichkeit, ihr Gefühlsleben vor ihrer Angst zu schützen. Da Sie sich als ängstlichen und unsicheren Beziehungssaboteur identifiziert haben, ist in Ihrem Fall davon auszugehen, dass Sie ohne diese Art von familiärer Unterstützung aufgewachsen sind. Stattdessen wurden Sie möglicherweise von Ihren Bezugspersonen für berechtigte Ängste oder Sorgen gehänselt, erniedrigt oder bedroht. Sehen Sie sich nun als Erwachsener in Ihren Beziehungen ähnlich bedroht, haben Sie das Gefühl, Ihren Ängsten ausgeliefert zu sein.

Ängstliche Kinder, deren Unsicherheit nur bestärkt und bestätigt wird, sind nicht in der Lage, einen inneren Fürsprecher zu entwickeln, auf den sie sich als Erwachsener in entsprechenden Situationen verlassen könnten. Sollten Sie das Gefühl haben, dass Ihre Angst und Unsicherheit Ihre Beziehungen als Erwachsener gefährden, ist es an der Zeit, diesen Fürsprecher jetzt zu entwickeln, damit er Ihnen dabei hilft, die Kontrolle zurückzuerlangen.

ÜBUNG

Einen inneren Fürsprecher entwickeln

Das Ziel dieser dreiteiligen Übung ist es, den inneren Fürsprecher zu entwickeln, der Ihnen als Kind zur Seite hätte stehen sollen.

Teil 1: Rufen Sie sich eine Ihrer ersten Angst einflößenden Herausforderungen ins Gedächtnis. Wählen Sie eine Situation, in der Sie aufgeregt und ängstlich waren und sich nicht selbst beschützen konnten. Versuchen Sie, sich an so viele Details und Gefühle wie möglich zu erinnern. Nehmen Sie sich Zeit hierfür und beantworten Sie dann die folgenden Fragen schriftlich in Ihrem Tagebuch:

- Um welche Herausforderung handelte es sich?
- Wie fühlten Sie sich?
- Was taten Sie? Wurden Sie von den Menschen aus Ihrem Umfeld unterstützt oder im Stich gelassen?
- Was taten Sie und wie fühlten Sie sich infolgedessen?

Hier ein Beispiel:
Ich war in der dritten Klasse und hatte Angst, in der Pause nach draußen zu gehen, weil ich immer von einem Mitschüler gehänselt und geärgert wurde. Ich kam mir dumm vor und schämte mich. Ich tat, als müsste ich auf den Lehrer warten und konnte den Raum deshalb nicht verlassen. Niemand kam mir zu Hilfe. Ich wusste nicht, was ich tun sollte. Ich wollte nicht mehr zur Schule gehen. Als ich meinen Eltern davon erzählte, sagten sie, ich solle mir von dem Mädchen keine Angst machen lassen und mich gegen es wehren. Doch als ich dies versuchte, schlug es mich. Ich habe selbst heute noch Angst vor Konfrontationen.

Teil 2: Stellen Sie sich nun vor, dass in der gleichen Situation, als Sie die Herausforderung zu meistern versuchten, hinter Ihnen eine Bezugsperson stand. Hätten Sie mit dieser Art von Unterstützung anders reagiert?

Hier ein fiktives Szenario:
Am nächsten Tag kam mein Vater mit mir in die Schule und begleitete mich zum Pausenhof. Dort zeigte ich ihm das gemeine Mädchen und er hielt meine Hand, während wir zu ihm hinübergingen, um es zur Rede zu stellen. Mein Vater gab ihm zu verstehen, dass es mich in Ruhe lassen solle, da er den Vorfall sonst der Schulleitung melden würde. Es schien, als hätte das Mädchen Angst vor ihm. Es sagte, es würde bloß mit mir spielen. Ich fühlte mich in dieser Situation stärker und entgegnete, das Mädchen sage nicht die Wahrheit. Ich hatte plötzlich keine Angst mehr vor ihm. Mein Vater ging einen Schritt zurück und ließ mich die Sache in die Hand nehmen. Ich fühlte mich selbstsicherer als jemals zuvor. Ich würde nicht zulassen, dass dieses Mädchen auch noch andere Kinder herumschubste.

Teil 3: Vergleichen Sie Ihre Gefühle in Teil 1 und Teil 2 dieser Aufgabe. Dieser letzte Teil der Aufgabe ist entscheidend, wenn es darum geht, Ihren imaginären Fürsprecher zu installieren.

Schritt 3:
Die Auslöser Ihrer Unsicherheit identifizieren

Als Auslöser bezeichnen wir Ereignisse, die Erinnerungen an bedeutende Geschehnisse in Ihrem Leben hervorrufen. Das können manchmal Erinnerungen an fortwährend sich ereignende Situationen sein, wie z.B. das Zusammenleben mit einem wütenden, alkoholabhängigen Elternteil. In anderen Fällen beziehen sie sich auf einmalige Erlebnisse wie das traumatische Ende einer Beziehung. Jede Form von Verhalten oder Charaktereigenschaft eines Partners kann als Auslöser fungieren, wenn Sie dadurch an jemanden aus Ihrer Vergangenheit erinnert werden.

Es ist nicht immer möglich, einen Auslöser aufgrund seiner offensichtlichen Ähnlichkeit mit einem Ereignis aus der Vergangenheit zu identifizieren, doch Ihre Körperreaktion ist immer ein eindeutiger Indikator. Löst etwas Ihre Unsicherheit aus, werden Sie sich höchstwahrscheinlich bedürftiger, fordernder, ängstlich, klammernd, gefühlsmäßig leer und unbefriedigt oder besorgt fühlen; so, als hätten Sie die Kontrolle verloren. Obwohl Ihnen Ihr Verstand vielleicht sagt, dass Ihre Abhängigkeit von der Gegenwart Ihres Partners unreif ist, sehen Sie sich außer Stande, anders als unsicher zu reagieren. Ihr Selbstwertgefühl geht in den Keller und Ihr Partner zieht sich zurück, was Ihre Angst nur noch verstärkt. Ihre Gefühle äußern sich vermutlich auch physisch, wodurch Sie noch mehr Schwierigkeiten haben, Ihre emotionalen Reaktionen zu kontrollieren.

ÜBUNG

Stellen Sie eine Verbindung zwischen Ihrem neuen Fürsprecher und der gegenwärtigen Situation her

In der vorigen Übung sollten Sie von Unsicherheit und Angst geprägte Kindheitserinnerungen durch fiktive Szenarien ersetzen, die Ihnen ein positiveres Gefühl geben. So haben Sie gelernt, bedrohlichen Ereignissen mutig und stark entgegenzutreten. Ihr nächstes Ziel soll nun sein, dieses neu erlernte Verhalten auch in der Gegenwart zu zeigen.

Entscheiden Sie sich für eine Beziehung aus Ihrem Erwachsenenleben, in der Unsicherheit zum Scheitern beigetragen hat. Rufen Sie sich ein Gespräch mit Ihrem ehemaligen Partner ins Gedächtnis, in dem Ihre Verlassensangst Sie nicht losließ, und schreiben Sie dieses auf. Notieren Sie im nächsten Schritt einen Dialog, den Sie geführt hätten, wäre Ihr innerer Fürsprecher zur Stelle gewesen.

Hier ein Beispiel für das ursprüngliche Gespräch:

Sɪᴇ: Du sagst mir fast gar nicht mehr, dass du mich liebst.

Iʜʀ Pᴀʀᴛɴᴇʀ: Das sage ich dir die ganze Zeit. Scheinbar kannst du es nicht oft genug hören.

Sɪᴇ: Es kommt mir so vor, als würdest du es immer vollkommen emotionslos sagen.

Iʜʀ Pᴀʀᴛɴᴇʀ: Was willst du eigentlich? Eine Art Drehbuch?

Sɪᴇ: Vielleicht tust du nur so.

Iʜʀ Pᴀʀᴛɴᴇʀ: Nennst du mich einen Lügner?

Sɪᴇ: Bitte sei mir nicht böse. Entschuldige, dass ich es überhaupt zur Sprache gebracht habe.

Und hier das Gespräch, wie es hätte aussehen können, wenn Sie Ihren inneren Fürsprecher an Ihrer Seite gehabt hätten:

Sɪᴇ: Du sagst mir fast gar nicht mehr, dass du mich liebst.

Iʜʀ Pᴀʀᴛɴᴇʀ: Das sage ich dir die ganze Zeit. Scheinbar kannst du es nicht oft genug hören.

Iɴɴᴇʀᴇʀ Fürsprecher: Zweifle nicht an deinem Selbstwert. Sag ihm einfach, wer du wirklich bist, anstatt auf seine Sicht deiner Persönlichkeit einzugehen.

Sɪᴇ: Ich weiß, dass Wörter für mich eine größere Rolle spielen als für dich. Ich liebe es, sie zu hören.

Iʜʀ Pᴀʀᴛɴᴇʀ: Ich bin kein Mensch großer Worte, und das weißt du.

Iɴɴᴇʀᴇʀ Fürsprecher: Akzeptiere seine Selbstbeschreibung einfach und frage ihn ganz direkt, ob sich etwas verändert hat.

Sɪᴇ: Manchmal fällt es mir sehr schwer, dein Verhalten zu interpretieren, und dann frage ich mich, ob sich etwas an deinen Gefühlen mir gegenüber verändert hat.

Iʜʀ Pᴀʀᴛɴᴇʀ: Mach dir keine Sorgen. Alles ist bestens.

Iɴɴᴇʀᴇʀ Fürsprecher: Entspann dich. Alles ist in Ordnung. Sag ihm, wie sehr du seine Bestätigung zu schätzen weißt und biete ihm das, was er braucht.

Sɪᴇ: Jetzt geht es mir viel besser. Ich werde mein Bestes geben, um zu verstehen, dass deine Taten deine Gefühle mir gegenüber ausdrücken. Mir wäre es aber auch sehr lieb, wenn du sie ab und zu in Worte fassen könntest. Worte sind für mich so wichtig. Auf der anderen Seite musst auch du mir sagen, ob ich irgendetwas tun kann, damit du dich noch mehr geliebt fühlst.

Es ist vollkommen in Ordnung, den Partner zu bitten, Ihre Bedürfnisse zu erfüllen, solange Ihr Selbstwertgefühl nicht von seiner Reaktion abhängt. Nun haben Sie hoffentlich einen inneren mitfühlenden Unterstützer, der Ihnen zur Seite steht, falls Ihr Partner dies nicht kann.

Schritt 4:
Finden Sie heraus, wann Sie am anfälligsten für Unsicherheit sind

Bei der Frage, wie sehr Sie auf Auslöser in Form von Erinnerungen reagieren, kommt es auf Ihren derzeitigen Stresslevel und Ihre physischen und emotionalen Ressourcen an. Denken Sie immer daran, dass Unsicherheit stets von Angstgefühlen begleitet wird. Erschöpfung, Krankheit, Verlustgefühle, körperliches und emotionales Ungleichgewicht, Stress am Arbeitsplatz, Mangel an emotionaler Unterstützung – all dies kann Ihre Fähigkeit beeinträchtigen, ruhig zu bleiben, wenn Sie sich von den Handlungen Ihres Partners bedroht fühlen. Je gestresster, erschöpfter, kranker oder einsamer Sie sich fühlen, desto wahrscheinlicher ist es, dass Sie bei dem kleinsten Anschein von Gefahr überreagieren.

Wenn Sie wissen, dass Sie gestresst sind, sollten Sie Situationen, die Ihr destruktives Verhalten auslösen, von vornherein meiden. Um Ihre aktuelle Anfälligkeit für Trigger einzuschätzen, sollten Sie sich regelmäßig mit den folgenden fünf Bereichen der menschlichen Natur auseinandersetzen:

Physisch: Wenn Sie einmal Ihren gesamten Körper durchgehen, fallen Ihnen dann Stellen auf, die sich erschöpft, schmerzhaft oder verletzlich anfühlen?

Emotional: Haben Sie das Gefühl, anderen wichtig zu sein und dass es Menschen gibt, die sich um Sie kümmern? Haben Sie das Gefühl, nicht allein zu sein?

Spirituell: Haben Sie das Gefühl, dass es eine höhere Macht gibt, die Sie unterstützt, wenn Sie es benötigen?

Mental: Sind Sie aufmerksam, nehmen aktiv an Ihrer Umwelt teil und fühlen sich intellektuell herausgefordert?

Sexuell: Sind Sie zu sinnlichen und sexuellen Reaktionen in der Lage, wenn Sie angemessen dazu stimuliert werden?

ÜBUNG

Wie widerstandsfähig sind Sie in diesem Augenblick?

Physisch: „Ich fühle mich heute ungewöhnlich müde. Habe schlecht geschlafen. Bin ein bisschen gereizt."

Emotional: „Ich bin traurig. Heute Abend kann ich nicht ausgehen, weil ich zu viel Arbeit auf dem Tisch habe. Bin enttäuscht."

Spirituell: „Ich wünschte, ich könnte Teil eines größeren Ganzen sein. Dann würde ich mich weniger allein fühlen."

Mental: „Bei der Arbeit lief in letzter Zeit alles wie am Schnürchen. Sehr kreativ."

Sexuell: „Ich fühle mich ein wenig vernachlässigt. Ich würde jetzt wirklich gerne von jemandem, der mich liebt, umarmt werden."

Achten Sie darauf, dass Sie diese Übung eine Zeit lang täglich durchführen. Sie werden sich mit jedem Mal besser kennenlernen und Ihre Reaktionen genauer voraussagen können. Sollten Sie sich einmal nicht so gut fühlen, haben Sie nun die Möglichkeit, Ihr eigener mitfühlender Fürsprecher zu sein und sich vor unnötigen Herausforderungen zu schützen. An Tagen, an denen Ihre körperlichen und mentalen Ressourcen sich dem Ende neigen, sind Sie Ihrer Unsicherheit viel stärker ausgeliefert und anfälliger für die Auslöser, die diese aktivieren.

Immer dann, wenn Sie verletzlich sind, wird es mit der Hingabe an Ihre neuen Ziele ein wenig hapern und ein Rückfall in alte Muster wird wahrscheinlicher. In manchen Situationen reicht es dann schon, wenn Sie sich eine Pause gönnen, bis Sie sich wieder stärker fühlen. Wenn Sie nur an Ihrem Ziel sich zu verändern voll und ganz festhalten, werden Sie dort auch hingelangen. Am Ende wird sich das Üben auszahlen, sodass Sie auch in kritischen Situationen nicht aus dem Gleichgewicht geraten.

ÜBUNG

Unsichere Reaktionen voraussagen lernen

Das Ziel dieser Übung ist, die Momente hervorzuheben, in denen Ihre Bedürfnisse größer sind als das, was Ihr Partner im Stande ist zu geben. Dadurch sind Sie besser darauf vorbereitet, sich um sich selbst zu kümmern.

Rufen Sie sich eine Situation in einer Beziehung ins Gedächtnis, in der Sie niedergeschlagen waren und sich, obwohl Sie das wussten, auf eine Auseinandersetzung mit Ihrem Partner eingelassen haben. Notieren Sie in Ihrem Tagebuch, ob Sie sich zu der Zeit übermäßig gestresst, mäßig gestresst oder gelassen fühlten. Beantworten Sie dann die folgenden Fragen:

- Was geschah vor der Situation?
- Erinnern Sie sich, ob Sie sich zu Beginn der Auseinandersetzung unbefriedigt, gestresst, krank oder erschöpft fühlten?
- Was taten Sie?
- Was spielte sich zwischen Ihnen und Ihrem Partner ab?
- An welcher Stelle hätten Sie die für Ihren Partner abstoßende Auseinandersetzung beenden können?
- Wie hätten Sie die Situation hinauszögern können, um wieder in einen Zustand der Balance zu kommen?

Hier ein Beispiel:

Ich war heute Morgen nicht im Fitnessstudio. Ich hatte mich auf ein Sushi-Essen mit meinem Partner gefreut, doch dann dauerte eine geschäftliche Besprechung viel länger als erwartet. Ich rief meinen Freund an, um zu fragen, ob wir uns später treffen könnten, doch er lehnte ab, da er lieber ins Fitnessstudio gehen wollte. Er würde mich dann später zu Hause sehen. Ich war sehr enttäuscht, sagte aber nichts. Als ich nach Hause kam, versuchte ich, meine Laune zu heben, indem ich eine Freundin anrief. Mein Partner war immer noch nicht da, und ich wurde immer frustrierter.

Ich entschied mich, ein tolles Abendessen zuzubereiten. Doch als mein Freund schließlich nach Hause kam, sagte er, er hätte keinen Hunger und wolle bloß Fernsehen schauen. Ich versuchte, mich mit ihm zu unterhalten, doch er entgegnete, er sei müde. Ich fühlte mich schrecklich. So als sei ich im Weg und unwichtig. Ich fühlte mich wie in meiner Kindheit. Mein Partner verhielt sich genau wie mein Vater, der nie Zeit für mich hatte. Jetzt explodierte ich und begann einen Streit. Mein Partner sagte, ich sei verrückt und er habe keine Lust, sich schon wieder mit einer Irren wie mir zu unterhalten. Ich war am Boden zerstört.

Mir ist jetzt klar, dass ich, anstatt nach der Bestätigung meines Partners zu suchen, selbst ins Fitnessstudio hätte gehen und dann eine gute Freundin anrufen sollen, um Zeit mit ihr zu verbringen. Oder ich hätte ein Bad nehmen und dann früh ins Bett gehen sollen, um mich auszuruhen.

Fragen Sie sich bei der Durchführung der Übung, ob und wann Sie hätten eingreifen und den negativen Ausgang der Situation verhindern können. Je öfter Sie diese Übung wiederholen, desto eher werden Sie sich eine Alternative ausdenken können und damit das Risiko vermeiden, auf Ihr verlust-provozierendes Verhalten einzugehen.

Schritt 5:
Lernen Sie, bei drohendem Verlust selbstsicher und ruhig zu bleiben

Nachdem Sie nun die Ursachen Ihrer Unsicherheit im Hinblick auf vergangene Beziehungen erforscht und identifiziert haben, sind Sie in der Lage, sich in Zukunft besser um sich selbst zu kümmern. Geben Sie sich die folgenden Versprechen:

- „Ich werde alles daran setzen, um von jetzt an vollkommen in der Gegenwart zu leben."
- „Ich werde darauf achten, wie groß mein Widerstandsvermögen ist und wie hoch mein Stresslevel. Ich werde alles tun, um Konflikte zu vermeiden, wenn ich weiß, dass ich zu verletzlich bin, um mich ihnen zu stellen."

- „Ich werde auch weiterhin an meiner Atemtechnik arbeiten und darauf achten, wie ich mich fühle und was ich denke, damit ich meine Selbstbeherrschung nicht verliere."
- „Ich werde herausfinden, welche Auslöser im Hinblick auf meine Beziehungen Unsicherheit in mir hervorrufen."
- „Ich werde mich selbst genauestens beobachten, damit ich solche emotionalen Abstürze voraussagen und vermeiden kann, die meine Partner in der Vergangenheit abgestoßen haben."
- „Ich werde versuchen, mich nur noch mit Menschen zu umgeben, die sich nicht über mich lustig machen, mich unter Druck setzen oder mich kritisieren, weil ich unsicher bin."
- „Ich werde mich an meinen ermutigenden inneren Fürsprecher wenden, wenn mein Partner mir keine Bestätigung geben kann."
- „Ich werde mich nicht kritisieren, wenn ich einmal in alte Verhaltensmuster zurückfallen sollte."

ÜBUNG

Selbstüberprüfung

Nehmen Sie sich jeden Abend ein paar Minuten Zeit, um sich zu fragen, ob Sie sich an die Versprechen an sich selbst gehalten haben. Bestrafen Sie sich jedoch auf keinen Fall, falls Sie nicht bei allen perfekt auf Kurs liegen. Die Selbstüberprüfung dient lediglich dazu sicherzustellen, dass Sie auch an Ihre Ziele denken. Indem Sie so intensiv um sich selbst bemüht sind, werden Sie sich selbst mehr schätzen, was wiederum Ihren inneren Fürsprecher stärkt.

Schritt 6:
Suchen Sie sich Unterstützung, um Ihr Selbstbewusstsein aufzubauen

Sie wissen, wie sehr eine Zurückweisung schmerzen kann, wenn Sie die Bestätigung Ihres Partners am meisten gebraucht hätten. Falls Ihr Partner nicht bereit ist, mit Ihnen an Ihren neuen Zielen zu arbeiten, sollten Sie sich besser Unterstützung bei Ihren Freunden suchen, die Sie verstehen und Ihren Lernprozess nicht als eine Belastung empfinden. Melden Sie sich regelmäßig bei ihnen und berichten Sie, welche Fortschritte Sie mit Ihren Versprechen an sich selbst machen. Wen immer Sie als Unterstützer auswählen: Diese Personen müssen mitfühlend und objektiv sein. Sie sollten Ihnen helfen, ein Gefühl der Sicherheit zu entwickeln. Sie sollten Sie nicht zu Handlungen und Verhaltensweisen verleiten, die Letzteres schwächen könnten.

Es gibt zwei Möglichkeiten, ein starkes Unterstützernetzwerk aufzubauen. Sie können sich zum einen mit Menschen zusammentun, die auf die gleiche Weise gelitten haben wie Sie selbst. Im Internet finden Sie viele Gruppen, die sich mit (Verlassens-) Ängsten in Beziehungen befassen. Vielleicht bietet sogar Ihre Kirchengemeinde eine solche Selbsthilfegruppe an. Oder – das ist die zweite Möglichkeit – Sie wenden sich an Therapiezentren oder niedergelassene Therapeuten in Ihrer Nähe, da diese möglicherweise spezielle Gruppensitzungen zu Beziehungsproblemen anbieten, wo Angst und Unsicherheit thematisiert werden. Da solche Gruppen leider oft Veranstalter, Zeit und Ort wechseln, müssen Sie einfach so lange weitersuchen, bis Sie eine passende gefunden haben.

Schritt 7:
Das Ziel im Auge behalten

Es ist vollkommen normal, dass Sie von Zeit zu Zeit in Ihr destruktives Sabotageverhalten zurückfallen. Die Interaktionen eines ganzen Lebens lassen sich nicht über Nacht verändern. Auch müssen Sie lernen sich zu vergeben, wenn bei Ihnen nicht sofort eine Besserung eintritt. Sowohl Ihre genetische Veranlagung als auch Ihre Lebenserfahrung haben zu Ihrer jetzigen Situation beigetragen, weshalb es nicht verwundert, dass Veränderungen Zeit brauchen.

Während Ihres Heilungsprozesses müssen Sie sich immer wieder daran erinnern, dass Ihre harte Arbeit sich am Schluss auszahlen wird. Sie müssen lernen, auf eine unbekannte Zukunft und Ihre eigenen Fähigkeiten zu vertrauen und daran zu glauben, dass andere Menschen Ihnen bei dem Erreichen Ihrer Ziele behilflich sein können. Sie haben die nötige innere Stärke, um Ihre Unsicherheit abzulegen und im Hier und Jetzt zu leben – anstatt mit der Angst vor einer unvorhersehbaren Zukunft und dem Bereuen einer unveränderlichen Vergangenheit.

4. | Der Drang nach Kontrolle: „Ich bestimme, wo's langgeht!"

Es gibt keine einzige menschliche Interaktion, in der der Wunsch nach Kontrolle keine Rolle spielt. Als Kleinkinder lernen wir bereits, wie wir mit allen uns zur Verfügung stehenden Mitteln andere dazu bringen, nach unserer Pfeife zu tanzen, obwohl wir uns natürlich letztlich der Kontrolle unserer Eltern beugen müssen. In jeder Phase unseres Lebens spielen wir unaufhörlich das Spiel darum, wer am Ende das Sagen hat.

Die Frage nach der Kontrolle ist Teil einer jeden erwachsenen Beziehung. Alle, die wir uns in einer Beziehung befinden, versuchen den Partner auf die eine oder andere Weise zu beeinflussen. Erkennen beide Partner, welches Bedürfnis nach Kontrolle der jeweils andere hat, und helfen sie sich gegenseitig, ihre Bedürfnisse zu befriedigen, schaden solche Konflikte der Beziehung gewöhnlich nicht. Ein Problem entsteht nur dann, wenn ein Partner zwanghaft die Kontrolle haben muss, während der andere mit diesen Machtverhältnissen nicht einverstanden ist.

4.1 Das Zusammenspiel von Macht und Kontrolle in Beziehungen

Das Zusammenspiel von Macht und Kontrolle entscheidet über die Funktionsfähigkeit oder Schwierigkeiten in einer Beziehung. Die Regeln für Macht und Kontrolle zeigen uns nicht nur, wie eine Beziehung funktioniert, sondern auch, wie die jeweiligen Partner über sich selbst und den anderen denken.

In einer partnerschaftlichen Beziehung werden die Regeln gemeinsam aufgestellt und sie können immer neu verhandelt werden. Sind sich beide Partner über Werte, Verhaltensweisen und Prinzipien einig, kann einer von beiden die Kontrolle in einer bestimmten Situation übernehmen, solange beide der Ansicht sind, dass derjenige im Interesse der Beziehung handeln wird.

Hierarchische Beziehungen sind genau gegenteilig strukturiert. Einem der beiden Partner fällt die volle Entscheidungskraft zu, sodass er allein die Regeln bestimmt. Durch Verteilen oder Verweigern von Belohnungen und das Festlegen von Konsequenzen für ein Verhalten übt er die Macht solange aus, bis der andere Partner sich dies nicht mehr gefallen lässt oder die Beziehung beendet. Obwohl die meisten Partnerschaften sich nicht streng in die eine oder andere Kategorie einordnen lassen, suchen sich zu Kontrolle neigende Personen doch immer eine Beziehung, die eher am hierarchischen Ende des Spektrums angesiedelt ist.

Die Selbstsicherheit und Leichtigkeit, mit der kontrollierende Personen das Ruder in die Hand nehmen, wirkt anfangs sehr anziehend auf ihre Partner. Kann der oder die Herrschsüchtige dann auch noch mit Ausstrahlung, Charme, Status oder tollem Aussehen aufwarten, dann gelingt es solchen Menschen oft, ihre Beziehungen zumindest für eine Weile zu kontrollieren. Es gibt allerdings für diesen Typ von Beziehungssaboteur ein Problem: Ab einem bestimmten Punkt sind die meisten Partner es einfach leid, Regeln zu folgen, die nicht zur Diskussion stehen. Sollte der kontrollsüchtige Partner seinen Zwang nicht abstellen können, geht es mit der Beziehung gewöhnlich bergab.

Gründe für den Drang nach Kontrolle über andere

Es gibt sicher viele persönliche Gründe dafür, dass Sie sich entschieden haben, ein kontrollierender Beziehungssaboteur zu sein. Vielleicht ist Ihnen noch nicht einmal klar, dass Ihr Drang, andere zu kontrollieren, am Ende dazu führt, dass Sie verlassen werden. Um Ihr Verhalten zu verändern, müssen Sie herausfinden, was Sie dazu treibt, Ihrem Partner Ihren Willen aufzuzwingen und von ihm zu verlangen, dass er sich Ihnen beugt. Hier einige mögliche Ursachen:

- Sie sind in einer Familie mit hierarchischen Strukturen aufgewachsen und sehen es als Ihre Pflicht an, dieser Tradition zu folgen.
- Sie haben Angst, nicht zu bekommen, was Sie brauchen, wenn Sie nicht alles unter Kontrolle haben.
- Sie sind der Meinung, dass Sie kontrolliert würden, wenn Sie nicht selbst die Zügel in der Hand hielten.
- Sie sollten das Sagen haben, da Sie in Ihren Beziehungen darin am besten sind.
- Sie fürchten, dass Sie für die Fehler des anderen haftbar gemacht werden könnten.
- Sie werden oft dafür gelobt, dass Sie die Kontrolle übernommen haben.
- Sie sind der Meinung, besser für andere sorgen zu können als die meisten anderen.
- Es gefällt Ihnen, sich mächtig zu fühlen und andere zu dirigieren.

Kontrolle und Intimität

Viele Menschen fühlen sich anfangs von mächtigen Persönlichkeiten angezogen, da diese Selbstbewusstsein ausstrahlen – eine Eigenschaft, die verführend sein kann. Ein neuer Lebensgefährte akzeptiert eine untergeordnete Rolle zumeist gerne, um im Gegenzug umsorgt zu werden und sich einem aufregenden Partner hingeben zu können.

Romantische Liebe wird oft als Kombination einer symbolischen Eltern-Kind-Beziehung mit Lustgefühlen zwischen Erwachsenen dargestellt. Verführung und Kontrolle spielen anfänglich im Miteinander einer neuen Liebe eine große Rolle. Der Partner, der den Part des „Eroberten-und-Umsorgten" spielt, wird, wenn es erstmals zu Konflikten kommt, wenig Widerstand zeigen, um dann später gegen die Begrenzungen zu rebellieren, die er anfangs akzeptiert hatte.

Sollten Sie zu den Menschen gehören, denen sich andere zuerst unterordnen, sie dann aber verlassen, waren Sie möglicherweise nicht in der Lage, Ihre Machtposition abzugeben, als Ihr Partner sich größere Entscheidungsgewalt wünschte. Die einst in gegenseitigem Einverständnis erschaffene Machtstruktur verfiel zusehends und endete in einer Dynamik, wie sie zwischen einem irritierenden Elternteil und einem rebellischen Kind zu sehen ist.

Doch Kontrolle zu haben hat auch eine traurige, dunkle Seite. Jene Menschen, die krampfhaft kontrollieren wollen, haben wahrscheinlich nie die zwischen zwei gleichwertigen Partnern herrschende Innigkeit kennengelernt. Sie können jedoch herausfinden, wo Ihr Kontrollzwang seinen Ursprung nahm und Sie können lernen, Ihre Angst davor, jemand anderem ein Mitspracherecht einzuräumen, beiseite zu schieben. Sobald Ihnen dies gelungen ist, werden Sie eine vollkommen andersartige, zuvor nie gespürte Liebe erfahren.

4.2 Die sieben Schritte zur Heilung

Ob sie verletzend sind oder verehrt werden: Machtstrukturen ziehen sich durch Generationen und bleiben solange bestehen, bis man sie erfolgreich identifiziert hat. Sollten Sie selbst eine kontrollierende Persönlichkeit aufweisen, haben Sie höchstwahrscheinlich herrschsüchtiges Verhalten beobachtet oder wurden selbst so behandelt und geben dies nun an Ihre Partner weiter. Um Ihr destruktives Verhalten in Beziehungen zu überwinden, müssen Sie herausfinden, wo es seinen Ursprung nahm und Sie müssen sich Fähigkeiten aneignen, die Ihnen bei der Heilung helfen werden.

Schritt 1:
Beobachten Sie Ihr kontrollierendes Verhalten, ohne sich zu verurteilen

Im ersten Schritt müssen Sie die Beziehungsregeln identifizieren, nach denen Sie heute leben, und herausfinden, wie diese sich in Ihren Partnerschaften gezeigt haben. Während Sie Ihr Verhalten erforschen, versuchen Sie, Ihre Gefühle möglichst neutral zu halten. Das Ziel dieser Übung besteht einzig und allein darin zu beobachten, wer Sie eigentlich sind, ohne Ihr eigenes Verhalten negativ zu bewerten.

ÜBUNG

Was sind Ihre Regeln?

Ihre Regeln sind die „Solltes" in Ihrem Leben. Da Sie in Ihren erwachsenen Beziehungen immer auf der obersten Machtposition bestehen, werden Sie darauf drängen, Ihrem Partner diese „Sollte"-Aussagen aufzuzwingen. Es ist wahrscheinlich, dass Sie für sich selbst als „Wächter der Macht" eigene Regeln aufgestellt haben, und für Ihren Partner ganz andere. Notieren Sie in Ihrem Tagebuch zwei solcher Listen.

Hier ein Beispiel:

Regeln, nach denen Sie leben:
„Gib immer dein Bestes."
„Trage Verantwortung für das, was du dir auferlegt hast."
„Ertrage Schmerz mit Würde."
„Bitte nur dann um Hilfe, wenn es keine andere Möglichkeit mehr gibt."
„Übernimm die Führung, wenn du dafür der Beste bist."
„Gib niemals auf."
„Behalte die Kontrolle über alles, damit nichts schiefgeht."

Regeln für Ihren Partner:
„Tu, was ich sage, außer du hast etwas Besseres anzubieten."
„Pass auf, dass du verstehst, wovon du redest, bevor du meine Entscheidungen anzweifelst."
„Wenn ich mich um dich kümmere, sollst du dich nicht darüber beschweren, wie ich das tue."
„Wenn du einen Fehler machst, diskutiere nicht wegen der Konsequenzen."
„Sei dankbar dafür, dass ich die Verantwortung für unsere Beziehung in die Hand nehme."
„Ich bestimme die Regeln, solange wir zusammen sind."
„Du darfst deine Wünsche äußern, aber ich treffe die endgültige Entscheidung."

Obwohl Ihre persönlichen Regeln sicher von den obigen Beispielen abweichen, werden sich nichtsdestotrotz zwei sehr unterschiedliche Sätze von Regeln für Sie und für Ihren Partner ergeben.

Sollten Sie während dieser Übung feststellen, dass Sie in Ihren eigenen Augen weniger attraktiv erscheinen als Sie es sich wünschen, dann lassen Sie diese Selbstkritik los, ohne das Notierte zu verändern. Regeln können auf mitfühlende und auf einschüchternde Weise durchgesetzt werden. Vielleicht gehören Sie zu den mitfühlenden Diktatoren und nicht zu den einschüchternden. Wie auch immer Ihr Führungsstil aussieht, müssen Sie die existierende einseitige Machtstruktur analysieren, ohne dass Ihnen das, was Sie sehen, peinlich erscheint.

Schritt 2:
Identifizieren Sie die Wurzel Ihres kontrollierenden Verhaltens

Was wir über Macht und Kontrolle lernen, geht auf die natürliche Hierarchie zurück, der wir uns als Kinder unterordnen mussten. Damals haben Sie die einseitige Macht und Kontrolle erlebt, die Eltern automatisch ihren Kindern gegenüber ausüben. Um an die Wurzel Ihres kontrollierenden Verhaltens zu kommen, müssen Sie zu Ihren allerersten Erinnerungen an kontrollierende Interaktionen zurückgehen.

ÜBUNG

Identifizieren Sie die Autoritätsfiguren Ihrer Kindheit

Denken Sie an einen Erwachsenen aus Ihrer Kindheit, der damals Autorität über Sie ausübte. Rufen Sie sich dann einen besonders unangenehmen oder sogar Furcht einflößenden zurechtweisenden Dialog zwischen Ihnen und der Person ins Gedächtnis. Es spielt dabei keine Rolle, ob dieser Dialog einmalig oder wiederkehrend auftrat, solange er Sie signifikant negativ beeinflusste.

Notieren Sie das Geschehen in Ihrem Tagebuch und beantworten Sie folgende Fragen so detailliert wie möglich:

- Wie alt waren Sie?
- Was hatten Sie falsch gemacht?
- Wer war die Autoritätsperson und welche Beziehung hatten Sie zu ihr?
- In welcher Stimmung war die Person?
- Wo waren Sie während des Ereignisses?
- Welche anderen Menschen waren zugegen?
- Welche Konsequenzen hatte das Ganze für Sie?
- Wie fühlten Sie sich?
- Was hätte Ihrem Wunsch nach stattdessen geschehen sollen?

Hier ein Beispiel:

Ich war sechs Jahre alt. Meine Großmutter rief mich zu sich in die Küche. Sie passte auf mich auf, während meine Mutter bei der Arbeit war. Manchmal konnte Großmutter sehr wütend werden, und ich fürchtete mich vor ihr, wenn sie in dieser Stimmung war. Wir waren ganz allein. Ich hatte vergessen, einen Hundehaufen im Garten zu beseitigen, in den sie nun hineingetreten war. Sie hielt mir einen Vortrag darüber, wie verantwortungslos ich gehandelt hatte und dass ich nur an mich selbst dachte. Großmutter erklärte mir, wie wichtig es war, dass ich genau das tat, was sie mir sagte, genau dann, wenn ich sollte. Als Strafe musste ich zwei Stunden ohne Fernsehen in meinem Zimmer ausharren und fünfzig Mal lautlos das Versprechen aufsagen, ihre Anweisungen nie wieder zu missachten. Ich war wütend und hasste die Art, auf die sie mit mir sprach. Ich wünschte mir, meine Mutter wäre dort gewesen, um sich um mich zu kümmern.

Wie fühlen Sie sich, nachdem Sie Ihr eigenes Szenario zu Papier gebracht haben? Hilft es Ihnen zu verstehen, wo Ihre Angst, kontrolliert zu werden, möglicherweise ihren Anfang nahm? Verstehen Sie, warum Sie sich nie wieder auf solch eine Weise kontrollieren lassen wollen?

Erwachsene, die in ihren Beziehungen die totale Entscheidungsgewalt über andere haben, werden von Kindern als allmächtige Wesen gesehen, die tun können, was sie wollen. Die Kinder ziehen für sich den Schluss, dass sie, wenn sie als Erwachsene nicht selbst kontrolliert werden wollen, den dominanten Part in einer Beziehung spielen müssen – ganz so, wie es ihnen in ihrer Kindheit vorgelebt wurde. Die entscheidende Frage an Sie als kontrollierender Saboteur ist, ob Sie die Partner in Ihren Liebesbeziehungen auf die gleiche Weise behandelt haben, wie Sie in Ihrem Erinnerungsszenario behandelt wurden?

Schritt 3:
Die Auslöser Ihrer Kontrollsucht identifizieren

In Ihren derzeitigen Beziehungen finden sich bestimmte Auslöser, die in Ihnen die Angst, kontrolliert zu werden, wecken. Darauf reagieren Sie mit dem Drang, selbst die Kontrolle zu übernehmen, um andere eben daran zu hindern. Im Laufe Ihres Heilungsprozesses werden Sie lernen, die entsprechenden Trigger zu erkennen und anders auf sie reagieren zu können. Zuerst müssen Sie allerdings wissen, welches Ihre Auslöser sind.

ÜBUNG

Verbinden Sie die Vergangenheit mit der Gegenwart

Erinnern Sie sich bitte an eine Unterhaltung mit einem erwachsenen Partner, in der Sie das Gefühl hatten, das Verhalten dieser Person kontrollieren zu müssen. Notieren Sie in Ihrem Tagebuch die Antworten auf folgende Fragen:

Was geschah, bevor Sie das Bedürfnis hatten, die Kontrolle zu übernehmen?
Welches Verhalten Ihres Partners löste Ihre Reaktion aus?
Was taten oder sagten Sie?
Wie reagierte Ihr Partner?
Was taten Sie?
Wie ging es mit der Beziehung weiter?
Wie fühlten Sie sich?
Welche Gefühle hatte Ihr Partner Ihnen gegenüber?

Hier ein Beispiel:
Es war ein ruhiger Sonntagnachmittag und mein Freund und ich sahen uns im Fernsehen eine Sportsendung an. Ich fragte ihn, ob er die Karten für die Vorstellung reserviert hatte, die wir an dem Abend sehen wollten. Er erwiderte, er hätte es vergessen, würde es aber später tun. Ich war sehr verärgert, weil er es versprochen hatte. Ich warf ihm vor, ich wäre ihm egal und er sei vollkommen unzuverlässig. Daraufhin wurde auch er sauer und nannte mich eine Schlampe. Er wäre doch nicht meine Marionette und ich könnte meine blöden Reservierungen selbst machen, da ja eh alles nach meinem Zeitplan geschehen müsse. Ich entgegnete, er hätte kein Recht, sich über mich zu ärgern, wenn doch er den Fehler begangen hatte. Vielleicht könnte er ja mal zur Abwechslung einen eigenen Vorschlag vorbringen. Er erwiderte, er wolle an diesem Abend nicht mehr mit mir ausgehen. Ich fühlte mich im Recht und fand, dass er unrecht hatte und sich entschuldigen sollte. Er sagte, er könne diese Seite an mir nicht ausstehen. Aber ich musste ihm doch zeigen, was er falsch gemacht hatte.

Wenn Sie den Dialog notiert haben, schauen Sie sich an, wann und wie Sie sich wie die Autoritätsperson aus Ihrer Kindheit anhören. Auf welche Weise ähnelten die Reaktionen Ihres Partners denen, die Sie als Kind zeigten? Können Sie Gemeinsamkeiten zwischen den Wortgefechten damals und heute feststellen? Sollten Ihnen die verbalen Ausdrücke und Gefühle bekannt vorkommen, beeinflusst Ihre Vergangenheit mit hoher Wahrscheinlichkeit Ihre gegenwärtigen Beziehungen. Sie sollten sich daher die Auslöser einmal genauer anschauen, die Ihren Drang zu kontrollieren hervorrufen.

Schritt 4:
Finden Sie heraus, wann Sie am anfälligsten für Kontrollsucht sind

Wenn Sie immer die Kontrolle haben müssen, werden Sie dieses Verhalten nicht nur in Liebesbeziehungen zeigen. Vermutlich sind Sie vor allem dann anfällig, wenn Sie sich für ein Ergebnis verantwortlich fühlen oder fürchten, dass eine minder qualifizierte Person Sie kontrollieren könnte. Je eher Sie eine Konfliktsituation erkennen, in der Sie meinen, keine andere Wahl zu haben, als das Geschehen zu kontrollieren, desto früher können Sie Ihre Reaktionsweise verändern.

ÜBUNG

Kontroll-Checkliste

Notieren Sie in Ihrem Tagebuch einige Verhaltensweisen in Kommunikationssituationen, von denen Sie wissen, dass sie automatisch Ihren Drang nach Kontrolle auslösen. Von Ihren Reaktionen können alle Menschen betroffen sein, egal ob sie Ihnen gegenüber einen niedrigeren oder höheren Status einnehmen: Lebenspartner, Vorgesetzte, Familienangehörige, Freunde und Dienstleister. Gehen Sie nach folgendem Muster vor:

„Wenn _____ tut, dann _____ ich _____."

Hier einige Beispiele:
„Wenn meine Freundin vergisst mich anzurufen, dann werde ich furchtbar ärgerlich und sage ihr, dass ich ihr Verhalten nicht mag. Manchmal nehme ich daher ihre späteren Anrufe nicht entgegen, nur um ihr zu zeigen, dass sie so nicht mit mir umspringen kann."

„Wenn mein Chef mir vorwirft, nicht hart genug zu arbeiten, dann habe ich den Eindruck, er weiß gar nicht, wovon er redet. Ich ignoriere ihn daher gewöhnlich und mache, was ich will."

„Wenn meine Mutter den Wunsch äußert, mehr Zeit mit mir zu verbringen, dann sage ich ihr, sie sei zu fordernd und solle sich etwas anderes zu tun suchen. Ich melde mich danach für einen Monat nicht mehr bei ihr, damit sie weiß, wer hier das Sagen hat."

„Wenn mein bester Freund die Karten nicht bekommen kann, die er mir versprochen hat, dann sage ich ihm, dass ich mich nicht auf ihn verlassen kann und solche Sachen von nun an selbst erledige. Wenn ich ihn nicht kontrollieren kann, dann will ich mich auch nicht auf ihn verlassen müssen."

Nachdem Sie Ihre Aussagen in Ihrem Tagebuch notiert haben, suchen Sie nach Schlüsselwörtern, die beschreiben, was Ihr destruktives Verhalten ausgelöst hat. Diese Wörter finden Sie im ersten Teil einer jeden Aussage. Im nächsten Schritt suchen Sie nun nach Schlüsselwörtern, mit denen Sie Ihr Gegenüber beurteilten. Nachdem Ihr Urteil über die andere Person feststand: Wie rechtfertigten Sie Ihre Kontrollübernahme?

Beispiel:
„Wenn meine Freundin vergisst mich anzurufen, dann werde ich furchtbar ärgerlich und sage ihr, dass ich ihr Verhalten nicht mag. Manchmal nehme ich daher ihre späteren Anrufe nicht entgegen, nur um ihr zu zeigen, dass sie so nicht mit mir umspringen kann."

Wiederholen Sie diese Übung so oft wie nötig, um ein Gefühl dafür zu bekommen, welche Auslöser am häufigsten vorkommen und wie Sie gewöhnlich darauf reagieren. So werden Sie die Regeln identifizieren können, die Sie als Kind verinnerlicht haben. Und Sie erkennen, wie Sie Ihr kontrollierendes Verhalten rechtfertigen, sollte jemand diese Regeln brechen.

Schritt 5:
Lernen Sie, Ihr destruktives Kontrollverhalten aufzugeben

Sollten negative Kindheitserinnerungen dazu geführt haben, dass Sie immer die Kontrolle haben müssen, oder sollten Sie einfach von Natur aus eine dominante Persönlichkeit haben, wird es Ihnen sehr schwer fallen, anderen das Ruder zu überlassen, selbst wenn Ihnen dies angemessen erscheinen sollte. Einige Ihrer Verhaltensweisen haben sich in Ihren früheren Beziehungen möglicherweise sogar als passend erwiesen oder wurden geschätzt. Um sich positiv weiterzuentwickeln, müssen Sie zuerst die konstruktiven Seiten Ihres Kontrollverhaltens von denen unterscheiden lernen, die Sie ablegen möchten.

ÜBUNG

Verhaltensweisen unterscheiden

Listen Sie in Ihrem Tagebuch zuerst die Aspekte Ihres kontrollierenden Verhaltens auf, die Ihnen wichtige Menschen als positiv empfunden haben. Das mag sich vielleicht wie ein komischer Vorschlag anhören, ist es aber nicht. Hier einige mögliche Beschreibungen: verantwortungsbewusst, wachsam, übernimmt Führungsverantwortung, wissend, kompetent, autoritär, stark, effektiv, eindrucksvoll, unermüdlich, aufmerksam, fürsorglich.

Anschließend verfassen Sie eine Liste mit den Eigenschaften, die dieselben Personen nicht an Ihrem kontrollierenden Verhalten schätzten. Auch hierzu einige Beispiele: einschüchternd, dominierend, diktatorisch, manipulativ, alles einnehmend, drängend, immer alles bestimmend, unterwerfend, herablassend, distanziert-funktional.

Die Eigenschaften aus der ersten Liste werden gewöhnlich als positiv betrachtet, solange sie in Kombination mit Respekt und Unterstützung auftreten. Menschen mit diesen Charakterzügen stehen Vorschlägen und den kooperativen Führungsstrukturen offen gegenüber. Die Eigenschaften aus der zweiten Liste beschreiben jedoch einen Diktator und wirken sich am Ende zerstörerisch auf jede gute Beziehung aus.

Kreieren Sie nun eine dritte Liste, die die Qualitäten einer Person enthält, die gerne die Führung übernimmt, jedoch nicht sonderlich auf Macht über andere erpicht ist. Einem solchen Menschen ist wichtig, dass der Beste an der Spitze steht, und sollte er selbst dies sein, dann ist er gern dazu bereit. Solch eine Person teilt auch gerne eine Machtposition oder gibt sie sogar ganz ab, sollte sich jemand anders als geeigneter erweisen. Die folgenden Eigenschaften treffen auf diesen Typ zu: Aufnahmefähigkeit, Gegenseitigkeit, Einigkeit, Unterstützung, Harmonie, Wechselseitigkeit, Kooperation, Mitgefühl, Neugier, Interesse, Vernunft, Freundlichkeit, Logik.

Erstellen Sie nun aus den Eigenschaften der ersten und der dritten Liste eine Beschreibung einer Person, die Sie respektieren und zu der Sie aufschauen würden. Sie können weitere Qualitäten hinzufügen, die Sie für wichtig halten. Schaffen Sie eine imaginäre Person, die alle Eigenschaften aufweist. Diese wird ab jetzt Ihr Vorbild und Teil Ihres inneren Dialoges sein. Jedes Mal, wenn Sie sich fragen, ob Ihr Partner sich durch Ihr engagiertes Verhalten zurückgestoßen fühlen könnte, wenden Sie sich an Ihr Fantasievorbild und bitten es um Rat, bevor Sie handeln.

Das Gegenteil von Kontrolle ist nicht das Sich-Unterwerfen, sondern Kooperation. Zwei Menschen in einer gleichberechtigten Beziehung erkennen einander Macht zu, ohne fürchten zu müssen, kontrolliert zu werden. Sie setzen eine Kombination der Eigenschaften aus der ersten und dritten Liste ein, damit sie beide einander jeweils stark führen und zufrieden folgen können.

ÜBUNG

Ersetzen Sie die Autoritätsperson aus Ihrer Kindheit

Ziel dieser Übung ist es, die autoritäre Bezugsperson Ihrer Vergangenheit durch jemanden zu ersetzen, der seine Autorität auf unterstützende und bestärkende Weise anbringt. Kehren Sie noch einmal zum zweiten Schritt in diesem Kapitel zurück, in dem Sie eine verletzende disziplinierende Situation mit einer Autoritätsperson aus Ihrer Kindheit ausgemacht haben. Versetzen Sie sich in das Geschehen zurück und ersetzen Sie diese Person durch sich selbst. Achten Sie darauf, sich immer den Gefühlen des Kindes gewahr zu sein, während Sie ihm die gleiche Lektion erteilen, dieses Mal jedoch in Gestalt Ihres Fantasievorbildes aus der letzten Übung.

Wenn wir einmal bei dem Beispiel der Übung aus Schritt zwei bleiben, könnten Sie nun das Folgende in Ihrem Tagebuch notieren:
Ich passe auf meinen sechsjährigen Enkelsohn auf, während seine Mutter bei der Arbeit ist. Er ist ein wenig faul und vergisst, seine häuslichen Pflichten zu erledigen, aber er ist ein großartiges Kind. Manchmal ärgere ich mich ein wenig, wenn er vergisst, was er versprochen hat. Doch ich versuche, ihm dann zu helfen, sich an sein Versprechen zu erinnern, ohne dass er sich wegen seiner Fehler schlecht fühlt. Sollte ich einmal laut werden, entschuldige ich mich sofort und sage ihm, wie sehr ich ihn lieb habe. Ich beziehe ihn in Entscheidungen über Konsequenzen und Belohnungen mit ein, damit ihm das Erinnern leichter fällt. Er soll wissen, dass er geliebt wird, auch wenn er Fehler macht. So wird er nach und nach seine Lektionen lernen, weil er sich respektiert und umsorgt fühlt.

Inwieweit unterscheidet sich Ihr neuer Dialog von dem aus Schritt zwei? Wie fühlte sich das Kind wohl im zweiten Anlauf? Könnten Sie ähnlich wie hier auch die Autoritätsperson in Ihren derzeitigen Beziehungen ersetzen? Glauben Sie, Sie können sich in diesen Beziehungen nun anders verhalten?

Schritt 6:
Suchen Sie sich Unterstützung, um Ihr destruktives Kontrollverhalten aufzugeben

Von allen Aufgaben wird dieser Schritt Ihnen am unangenehmsten sein. Es fällt Ihnen sicher schwer, sich auf andere zu verlassen, da Sie doch immer die Verantwortung in einer Beziehung getragen haben und Macht und Kontrolle einsetzten, um sie intakt zu halten. Wahrscheinlich haben Sie in Ihrem Leben nur wenige Menschen kennengelernt, mit denen es Ihnen möglich war, Entscheidungsgewalt zu teilen. Vermutlich ziehen Sie gerade Partner an, die nicht mit Ihnen um Kontrolle konkurrieren oder die Sie verlassen haben, wenn Sie sich nicht mehr im Griff hatten. Nun ist es Ihre Aufgabe, Menschen zu finden, denen Sie vertrauen können. Wo beginnen Sie mit der Suche? Auf welche Menschen können Sie hören, ohne dass Ihre Angst, kontrolliert zu werden, ausgelöst wird?

Sie müssen nach Menschen suchen, die in keinster Weise an Macht interessiert sind, die um kooperative Beziehungen bestrebt sind und einander zudem helfen, indem sie Machtpositionen freiwillig teilen. Sollte es einmal nötig sein, für das zu kämpfen, was richtig ist, dann tun sie dies auch, aber immer im besten Interesse der Beziehung.

Dieser Typ Mensch setzt sich oft für gute Zwecke ein. Obwohl es auch in humanitären Organisationen Macht- und Kontrollhierarchien gibt, eint die meisten Aktivisten doch ihr Wunsch, einem übergeordneten Zweck zu dienen. Sie befürworten kooperativen Einsatz sowie das selbstlose Teilen von Macht und Ressourcen.

ÜBUNG

Reale Helden immer vor Augen

Sind Ihnen Menschen bekannt, die schnell eine Verbindung zu anderen aufbauen können und denen bereitwillig gefolgt wird, ohne dass sie dabei Macht oder Kontrolle einsetzen müssten? Vielleicht denken Sie nun an große Friedensförderer wie Gandhi oder Nelson Mandela, religiöse Persönlichkeiten wie Jesus oder philosophische Größen wie Sokrates.

Möglicherweise kennen Sie aber auch einen „normalen" Helden aus Ihrer Nachbarschaft, dessen Taten großen Einfluss auf andere hatten, ohne dass er ihnen seine Meinung aufgedrängt hätte.

Denken Sie über die Menschen nach, die ihre Macht und Kontrolle über andere zu guten Zwecken nutzen. Diese Personen können Sie inspirieren und animieren, die negativen Seiten der Kontrolle und Macht aufzugeben, sich gleichzeitig aber zuzugestehen, Entscheidungen allein zu treffen, wenn Sie und Ihr Partner entschieden haben, dass Sie es sind, der dazu am besten in der Lage ist.

Falls es Ihnen möglich sein sollte, befragen Sie Ihre Vorbilder zu deren Wert- und Beziehungsvorstellungen. Sollten die von Ihnen gewählten Personen nicht zur Verfügung stehen, können Sie imaginäre Dialoge mit ihnen führen, auch mit bereits verstorbenen Menschen aus Ihrer Vergangenheit.

Die obigen Dialoge werden Ihnen dabei helfen, die Auslöser Ihres destruktiven Kontrollverhaltens auf eine neue Weise zu erleben.

Schritt 7:
Das Ziel im Auge behalten

Glauben Sie, dass Sie Ihre Partner inspirieren und positiv beeinflussen können, ohne diese kontrollieren zu müssen? Was müssten Sie tun, um dies zu erreichen? Könnten Sie Ihren Drang nach Kontrolle einsetzen, um etwas in der Welt zu bewegen, anstatt Ihren Partner zu drängen, sich Ihnen unterzuordnen? Wüssten Sie einen Partner zu schätzen, der das Positive an Ihrem Macht- und Kontrollverhalten respektiert, gleichzeitig aber stark genug ist, die eigenen Grenzen zu wahren?

ÜBUNG

Sich neue Ziele setzen

Schauen Sie sich noch einmal die Übung aus Schritt vier an, in der Sie Schlüsselwörter als Auslöser identifiziert haben. Listen Sie diese Wörter auf einer linken Tagebuchseite auf. Die gegenüberliegende rechte Seite bleibt unbeschrieben.

Wenn Sie nun im Laufe des Tages eines dieser Schlüsselwörter hören, notieren Sie daneben, wie Sie sich zu dem jeweiligen Zeitpunkt fühlten und ob Sie in der Lage waren, den Drang nach Kontrolle durch Gemeinschaftsgefühl zu ersetzen.

Beginnen Sie jeden Tag mit zwei solchen neuen Seiten in Ihrem Tagebuch. Wenn Sie es geschafft haben, nicht auf einen Auslöser zu reagieren, geben Sie sich Bestätigung. Streichen Sie die Schlüsselwörter jeweils durch, wenn sie ihre Macht über Sie verloren haben.

Übungen wie diese werden Ihnen dabei helfen, Ihr Ziel im Auge zu behalten und die Hoffnung niemals aufzugeben. Unzählige positive Folgen erwarten Sie, wenn Sie Ihr destruktives Verhalten überwunden haben – auch wenn dies in schwierigen Zeiten vielleicht nicht immer leicht zu erkennen sein mag. Sie werden Partner anziehen, die Ihre Stärken zu schätzen wissen und nicht vor Ihren Schwächen davonlaufen müssen. Wenn Sie einer Vertrauensperson einen Teil der Verantwortung überlassen haben, von der Sie dachten, nur Sie könnten sie tragen, werden Sie sich spürbar erleichtert fühlen. Und – vielleicht die wichtigste Folgen von allen – Sie werden hoffentlich irgendwann die Behaglichkeit genießen, von einem Menschen umsorgt zu werden, den Sie nicht zu kontrollieren brauchen.

5. Angst vor Nähe: „Ich brauche dich, aber auf Abstand"

Für die meisten Menschen bedeuten Nähe und Intimität etwas Positives. Von Kindheit an ist dieses Empfinden wie ein sicherer Hafen, in den man sich vor Einsamkeit und Isolation flüchten kann. Wir haben die Wärme und Geborgenheit menschlicher Nähe von denjenigen erfahren, die uns etwas bedeuteten, und in Zeiten von Trennung haben wir sie vermisst.

Intimität hat viele Dimensionen: Bei einem engen Freund bedeutet sie uns die Gewissheit, als Gleichrangiger vollkommen verstanden, akzeptiert und geschätzt zu werden. In der Beziehung zu einem Kind zeichnet sich Intimität zugleich durch Zerbrechlichkeit und Sicherheit aus; sie bedeutet aber auch Schutz und bedingungslose Liebe. Mit einem Partner teilen wir eine Intimität, die erregend, animierend, leidenschaftlich und zauberhaft sein kann.

Zwei Liebenden ist der Wunsch eigen, miteinander zu verschmelzen. Hierbei handelt es sich im übertragenen Sinn um eine Wiederherstellung des Gefühls der Verschmelzung, die ein neu entstehendes menschliches Wesen in der Sicherheit und dem Schutz des Mutterleibes empfinden muss. Die Liebe zu einem Lebenspartner ist durch den Wunsch motiviert, dieses bedingungslose Umschlossen-Sein wiederzuerlangen. Durch einen hohen Testosteron- und Oxytocin-Spiegel kann diese Verschmelzungserfahrung quasi nachempfunden werden. Die Liebenden geben sich einander freiwillig hin, ohne sich Gedanken über den Verlust der physischen Unabhängigkeit zu machen, die wahre Intimität verlangt.

5.1 Wenn Intimität schmerzt

Bei manchen Menschen aktiviert die Verschmelzung in einer Liebesbeziehung völlig andere Gefühle. Obwohl sie den gleichen Wunsch nach einer intimen Verbindung verspüren, fürchten sie Nähe und wollen umso mehr davonlaufen, je näher sie ihr kommen. Statt der Begeisterung oder sogar Ekstase, die die Bindung an einen anderen Menschen verspricht, empfinden sie Schrecken, Misstrauen, Wut und lähmende Angst.

Obwohl es unzählige Gründe für die Angst vor Nähe gibt, sind die meisten Menschen in früheren Liebesbeziehungen verletzt worden. Treuebruch kann uns in jeder

Phase unseres Lebens widerfahren, richtet jedoch in der Kindheit den größten Schaden an, da wir hier hilflos und am verletzlichsten sind.

Kinder, die missbraucht, vernachlässigt oder deren Gefühlsleben ausgelöscht wurde, kennen Intimität nur in Verbindung mit Schmerz oder Verlust. Als Erwachsene können sie nicht vertrauen oder anderen nah sein, ohne dass sie befürchten, ihre negativen Gefühle wieder zu erleben. Oft zeigen sich diese Emotionen in den ersten Phasen einer Beziehung noch nicht, da die emotionale Distanz zum Partner groß genug ist und ein gewisses Maß an Kontrolle besteht. Doch kommt der Partner zu nah, fürchten diese Menschen zu ersticken. Sie erwarten geradezu, so gefangen erneut verletzt zu werden. Angetrieben von diesen Ängsten stoßen sie ihren Partner weg, um – nun einsam und allein – doch wieder nach der so sehr gefürchteten Nähe zu suchen.

In einigen Fällen entwickeln Menschen, die Intimität fürchten, eine Bindungsphobie und vermeiden Nähe und Langzeitbeziehungen. Sind sie mehrfach gescheitert, äußern sie sich über intime Beziehungen häufig auf folgende Weise:
„Wenn ich mich erstmal auf eine Beziehung eingelassen habe, werde ich sie niemals wieder beenden können, auch dann nicht, wenn ich unglücklich bin."
„Wenn ich den Erwartungen des anderen nicht entspreche, werde ich mich schuldig und hin und her gerissen fühlen."
„Ich könnte noch jemanden finden, der besser für mich ist."
„Ich riskiere, verlassen zu werden."
„Ich werde mich gefangen fühlen."
„Ich werde kontrolliert werden."
„Ich verpflichte mich, so zu sein, wie jemand anders mich haben will."
„Ich werden jemanden verletzen."
„Ich werde vergessen, wer ich wirklich bin."

Alle diese Erklärungen, warum Nähe vermieden wird, haben den gleichen Kern: Die Erwartung und Überzeugung, dass Intimität letztlich zu Ausbeutung führt.

Die Partner von Intimitätssaboteuren

Sollten Sie ein Intimitätssaboteur sein, empfinden Sie am Anfang einer Beziehung möglicherweise gar keine Angst. Sie werden wahrscheinlich sogar sehr kontaktfreudig sein, auf Ihren Partner eingehen und scheinbar wird bei Ihnen alles völlig in Ordnung sein. Doch wenig später fühlen Sie sich wie aus heiterem Himmel in die Enge getrieben und beschuldigen Ihren Partner aus nichtigem Anlass.

Wenn Sie Ihren Partner auf diese Weise weggestoßen haben, reagierte dieser sicher verwirrt oder verärgert. Strengt er sich an, Sie zurückzugewinnen, macht er damit alles nur noch schlimmer. Manchmal kann Zurückweisung die Anhänglichkeit Ihres Partners noch erhöhen, denn die meisten Menschen strengen sich umso mehr an, wenn sie Intimität erwarten und diese ihnen dann plötzlich ohne Begründung entzogen wird.

Sobald Sie Ihren Partner erfolgreich dazu gebracht haben, die Beziehung aufzugeben und Sie zu verlassen, werden Sie höchstwahrscheinlich Ihre gut geölte Zurückgewinnungsmaschinerie einsetzen und für den nächsten Versuch Besserung versprechen. Hat jemand Sie sehr geliebt, war es Ihnen vermutlich möglich, diesen Teufelskreis mehrfach zu durchlaufen. Am Ende wird Ihr Partner jedoch aufgeben, es sei denn, er ist gewillt, Ihr „Zieh-an-Stoß-weg"-Verhalten zu tolerieren.

Bewerten Sie Ihre Fähigkeit, Nähe auszuhalten

Die folgenden Fragen helfen Ihnen dabei herauszufinden, ob Ihre Furcht vor Intimität Ihre Beziehungen zerstört:

- Beginnen Sie Ihre Beziehungen mit dem Wunsch nach Intimität, suchen aber das Weite, sobald Ihr Partner Ihnen zu nahe kommt?
- Beschreiben Sie Ihren Partner mit Wörtern wie „bedürftig", „abhängig", „fordernd" oder „kontrollierend", wenn Sie das Verlangen nach Distanz verspüren?
- Beginnen Sie nach Fehlern an Ihrem Partner zu suchen, wenn dieser eine ernsthaftere Bindung erwartet?
- Suchen Sie in Ihren Beziehungen erst nach Nähe, um diese dann zu zerstören?
- Stellen Sie fest, dass Sie Ihren Partner umso mehr vermissen, je mehr Sie sich emotional von ihm distanzieren?
- Weisen Sie Ihren Partner zurück, sobald Sie sich abhängig von ihm fühlen?
- Umgehen Sie Ihre Angst, indem Sie sich nur mit unerreichbaren, unverfügbaren Personen einlassen oder mit solchen, die Sie einfach verlassen können?
- Stellen Sie die Liebe Ihres Partners oft auf die Probe?
- Empfinden Sie gewöhnlich eine Mischung aus Erleichterung und Trauer, wenn Ihre Beziehungen enden: erleichtert, dass Sie nicht mehr verletzt werden können und traurig, dass Sie wieder einmal die Liebe abgewiesen haben, die Sie eigentlich brauchen?

Sollten Sie sich wirklich eine ernsthafte Langzeitbeziehung wünschen, werden aber von Angst daran gehindert, dann fassen Sie sich bitte ein Herz. Bindungsangst kann besiegt werden. Mit einem Partner, der Ihren inneren Konflikt respektiert und diesen nicht persönlich nimmt, können Sie lernen, klarere Grenzen zu setzen und die Freuden der Nähe zu genießen, ohne fürchten zu müssen, von der Beziehung verschlungen zu werden.

5.2 Die sieben Schritte zur Heilung

Um Ihre Bindungsangst zu besiegen, müssen Sie sowohl die Gründe für Ihr Verhalten respektieren als auch die Herausforderung annehmen, diesen entgegenzutreten. Es braucht Mut und den Glauben an sich selbst, um im Angesicht Ihrer Ängste zu handeln, doch wenn Sie den richtigen Weg gehen, werden Sie Erfolg haben.

Schritt 1:
Beobachten Sie Ihre Bindungsangst, ohne sich zu verurteilen

Als bindungsphobischer Liebender haben Sie sicher viele Partner zurückgewiesen. Diese Verluste geben Ihnen vielleicht das Gefühl, keine Langzeitbeziehungen führen zu können und Sie bedauern, dass Sie so viele Menschen vor den Kopf gestoßen haben. Doch Vorsicht: Wenn Sie Ihr früheres Verhalten betrachten, vermeiden Sie bitte Selbstkritik, da diese Form der Selbstverurteilung Sie lediglich daran hindert, Ihr altes Ich zu verstehen.

ÜBUNG

Trennen Sie Ihren Wunsch nach Nähe von dem Drang davonzulaufen

Entscheiden Sie sich für eine Ihrer Beziehungen aus Ihrem Erwachsenenleben, in der Sie Ihren Partner Schritt für Schritt zu immer mehr Nähe einluden, bevor Sie ihn aus heiterem Himmel zurückweisen mussten. Legen Sie in Ihrem Tagebuch dazu zwei Listen an: Die erste enthält die Dinge, die Sie Ihrem Partner mitteilten, als Sie von der Beziehung noch begeistert waren. Die zweite zählt die Gründe auf, die Sie für Ihren Rückzug aus der zu intensiv werdenden Partnerschaft anführten. Hier zwei Beispiellisten:

Sich näher kommen:
„Ich fühle mich in deiner Gegenwart sehr wohl."
„Es ist so einfach, sich mit dir zu unterhalten."
„Ich liebe es, Zeit mit dir zu verbringen."
„Ich mag deine Freunde sehr gern."

„Ich habe noch nie einen so interessanten Menschen wie dich getroffen."

„Ich liebe die Art, wie du mit mir kuschelst."

„Du verlangst niemals zu viel von mir."

Rückzug

„Du verlangst zu viel."

„Ich habe keine Lust zu reden."

„Ich brauche Zeit für mich. Ich schaffe ja überhaupt nichts mehr."

„Deine Freunde sind zu fordernd."

„Kannst du vielleicht einmal über etwas reden, das mich interessiert?"

„Ich fühle mich eingeengt. Kannst du auf der anderen Seite des Bettes schlafen?"

„Ich komme mit all deinen Ansprüchen nicht mehr mit."

„In letzter Zeit verlangst du zu viel von mir."

Sie schämen sich vielleicht, wenn Sie Ihre beiden Listen miteinander vergleichen. Das ist verständlich. Erforschen Sie nun Ihre Gedanken und Gefühle, ohne sich dabei niederzumachen. Wenn Sie sich einmal Ihre Rückzugs-Aussagen anschauen: War Ihnen seinerzeit innerlich bewusst, dass Sie keineswegs versuchten, sich von Ihrem Partner zu trennen? Fühlten Sie sich lediglich in die Enge getrieben und benötigten Raum für sich? Es ist sehr wahrscheinlich, dass nicht Ihre Beziehung sich verändert hatte, sondern Ihre Fähigkeit, mit Intimität umzugehen, an ihre Grenzen gestoßen war.

Schritt 2:
Die Wurzeln Ihrer Bindungsangst identifizieren

Wenn Sie bereits seit Längerem vor Schwierigkeiten davonlaufen, haben Sie sich wahrscheinlich noch nie Gedanken über die Traumata aus Ihrer Vergangenheit gemacht, die durch gegenwärtige Erfahrungen ausgelöst werden. Wenn Sie erst einmal die Verbindungen hergestellt haben, wird es Ihnen leichter fallen, Ihr Verhalten zu ändern.

Grenzüberschreitungen

Alle Kinder brauchen Nähe. Wenn sie noch klein sind, sehnen sie sich nach schützenden Armen und nach Bestätigung. Wenn Kinder unabhängiger werden, erforschen sie das Unbekannte mit der Gewissheit, dass sie jederzeit in ihren sicheren Hafen zurückkehren können. In einer gesunden Umgebung gedeihen Kinder, weil sie, je nach Bedürfnis, zwischen Bindung und Unabhängigkeit frei wählen können. So werden sie zu Erwachsenen, die sich mit beidem wohl fühlen.

Eltern, die ihre Kinder benutzen, um das eigene Verlangen zu stillen oder Bedürfnisse zu befriedigen, kontrollieren die Wahlmöglichkeiten ihres Nachwuchses und zwingen ihn möglicherweise zu andauernder Intimität oder Isolation. Unfähig zu entscheiden was normal ist, verlieren diese Kinder ihre Fähigkeit, angemessene Grenzen zu setzen und entwickeln sich zu Erwachsenen, die Intimität vollkommen vermeiden, ständig Opfer bringen, um sie zu erhalten, oder unkontrolliert zwischen den beiden Extremen hin und her springen.

Die folgenden emotionalen oder physischen Verhaltensweisen von Eltern verwirren Kinder in Hinsicht auf ihre Grenzen am häufigsten: Forderung nach intensiver Nähe, unangemessene Berührungen, die eigenen Träume oder Wünsche durch das Kind verwirklichen wollen, Gehirnwäsche, Einschränken der Unabhängigkeit, das Kind Pflichten lehren, die nicht seinem Besten dienen. Kommt es zu solchen Grenzübertretungen, lernt ein Kind, dass sein Bedürfnis nach Nähe und sein natürlicher Wunsch nach Eigenständigkeit von jenen kontrolliert oder missbraucht werden, die sich eigentlich um es kümmern sollten.

ÜBUNG

Sind Ihre Grenzen überschritten worden?

Erinnern Sie sich bitte an eine Person aus Ihrer Kindheit, die Ihr Bedürfnis nach Intimität missbrauchte und Sie davon abhielt, auf Distanz zu gehen, wenn Sie sich gefangen fühlten. Hierbei kann es sich um ein Familienmitglied, einen Lehrer, Trainer, Freund oder Babysitter handeln – jeder, der regelmäßig Umgang mit Ihnen hatte. Hinweis: Es ist ratsam, an dieser Stelle eine Beziehung zu wählen, die nicht zu schmerzhaft war. Warten Sie mit Traumata, bis Sie mit der Übung gut vertraut sind. Rekonstruieren Sie nun eine wahre Begebenheit, bei der die gewählte Person ausnutzte, dass Sie noch keine Grenzen setzen konnten und daher hilflos waren. Erinnern Sie sich, ob Sie versucht haben, etwas gegen das Verhalten dieser Person zu unternehmen und wissen Sie noch, was daraufhin geschah? Fragen Sie sich, ob Zeugen des Geschehens die Handlung guthießen oder sie missbilligten.

Sobald Sie die Situation klar vor Augen haben – so, als würde sie in diesem Augenblick ablaufen –, schreiben Sie sie so detailliert wie möglich nieder. Die folgenden Fragen helfen Ihnen vielleicht:
Wie alt sind Sie zu der Zeit?
Wer ist die andere Person?
Was passiert?
Versuchen Sie, in der Situation etwas zu verändern?
Was ist die Folge?
Ist jemand anwesend, der Ihnen helfen könnte?

Wie fühlen Sie sich, als die Person Ihnen nicht hilft?

Was können Sie später noch tun?

Wiederholt sich das Ereignis?

Wird Ihnen gesagt, was Sie tun oder fühlen sollen?

Hier ein Beispiel einer solchen Schilderung:

Ich bin gerade sieben Jahre alt geworden und es ist Sommer. Meine Eltern haben mich zu meiner Tante geschickt, damit sie in Urlaub fahren können. Obwohl es mir nichts ausmacht, sie zu besuchen, verbringe ich ungern viel Zeit mit ihr, weil sie mich nie in Ruhe lässt.

Zu Beginn meines Besuches macht es Spaß, Zeit mit meiner Tante zu verbringen, weil wir tolle Sachen machen. Doch nach einer Weile beginnt sie, wie sonst auch, mir auf die Nerven zu gehen. Sie will, dass wir zusammen essen, ihre Lieblingssendungen im Fernsehen schauen und uns auf dem Sofa zusammenkuscheln. Ich fühle mich erdrückt.

Wenn ich versuche mich davonzustehlen, um alleine zu spielen, folgt sie mir auf dem Fuße. Ich versuche ihr klarzumachen, dass ich allein sein möchte, doch sie beginnt zu schmollen und will nicht mehr mit mir reden. Ich habe Angst, dass sie mich nicht mehr lieben wird und probiere daher, ihren Wünschen nachzukommen. Ich muss zwei Wochen bleiben und am Ende dieser Zeit hasse ich sie.

An meinem letzten Tag bekomme ich einen Wutanfall und sage ihr, dass ich sie nie wieder sehen will. Sie wird sehr ärgerlich und wirft mir vor, schlechte Manieren zu haben und dass ich ihre Liebe nicht zu schätzen weiß. Ich fühle mich schuldig und wütend und will nie wieder zu ihr zurück. Doch gleichzeitig weiß ich auch, dass ich sie vermissen werde, wenn ich nach Hause komme.

Wenn Sie an die Person aus Ihrer Vergangenheit denken, was sind deren Haupteigenschaften? Hier einige mögliche Antworten: lustig, aufregend, liebevoll, besitzergreifend, egozentrisch, zu anhänglich, aufdringlich, zu fordernd, strafend, wütend, belehrend, erzeugt bei Ihnen ein schlechtes Gewissen.

Notieren Sie so viele Eigenschaften wie möglich in Ihrem Tagebuch. Erkennen Sie, wie die positiven Charakteristika Sie in die Beziehung hineinziehen und die negativen Sie zurückstoßen? Fragen Sie sich, ob Sie derzeit Partner wählen, die der Person aus Ihrer Kindheit ähneln. Verhalten Sie sich in Ihrer derzeitigen Beziehung wie die Person, wenn Sie sich Nähe wünschen, Ihr Partner aber nicht?

Sie können diese Übung auch für traumatischere Ereignisse verwenden. Schmerzhafte Erinnerungen bringen intensivere Gefühle mit sich. Wenn Sie sich an das Geschehene erinnern und es verstehen können, wird sich Ihre Fähigkeit zur Selbstheilung verbessern.

Schritt 3:
Den Auslöser Ihrer Bindungsangst identifizieren

Um den genauen Zeitpunkt des Übergangs von Liebe zu Zurückweisung zu bestimmen, müssen Sie wissen, wann Sie sich am meisten nach Nähe oder Distanz sehnen. Auch wenn Ihr Sabotageverhalten scheinbar etwas mit dem Verhalten Ihres Partners zu tun hat, ist Ihr vermeintlich irrationaler Wechsel von „Herzlich willkommen" zu „Mach's gut" sehr viel wahrscheinlicher auf eine in Ihrem Inneren wachsende und für Sie nicht erkennbare Angst zurückzuführen. Wenn Sie sich Ihre früheren Beziehungen einmal genauer anschauen, werden Sie ein Muster erkennen.

ÜBUNG

Verfolgen Sie Ihre früheren Beziehungen

Rufen Sie sich drei ernsthafte Beziehungen ins Gedächtnis. Notieren Sie die Namen Ihrer Partner in Ihrem Tagebuch und beantworten Sie danach für jede Beziehung die folgenden Fragen:

1. Was fanden Sie an der Person besonders anziehend?
2. Was haben Sie unternommen, um der Person nahe zu sein?
3. Wie intim wurde die Beziehung?
4. Wie lange dauerte die Beziehung, bevor Sie sich trennen mussten?
5. Wie veränderten sich Ihre Gefühle Ihrem Partner gegenüber?
6. Wie begründeten Sie die Trennung?
7. Wie brachten Sie Ihren Partner dazu, zu Ihnen zurückzukehren?

Schauen Sie sich nun Ihre Antworten an und vergleichen Sie Ihr Verhalten allen drei Partnern gegenüber. Die erste Frage könnten Sie zum Beispiel jeweils wie folgt beantwortet haben:

PARTNER 1: „Meine Aufmerksamkeit hat ihr geschmeichelt."
PARTNER 2: „Sie mochte meine Direktheit."
PARTNER 3: „Ich war selbstbewusst und hatte die Kontrolle."

Sehen Sie ein Muster? Kommt Ihnen der Ablauf bekannt vor? Fallen Ihnen Ähnlichkeiten zwischen den Beziehungen im Erwachsenenalter und Ihrer Kindheit auf, mit denen Sie sich in der vorangegangenen Aufgabe befasst hatten?

Manchmal sind die Ähnlichkeiten nicht sofort erkennbar. Je öfter Sie die Aufgabe wiederholen, desto schneller werden Sie sie sehen. Am Ende werden Sie dann in der Lage sein, sie auch in Ihren aktuellen Beziehungen früh genug zu identifizieren.

Schritt 4:
Finden Sie heraus, wann Sie am anfälligsten für Bindungsangst sind

Sie können herausfinden, wann Sie sich am meisten vor Nähe fürchten, indem Sie sich drei anfällige Bereiche in Ihren Beziehungen anschauen:

- Welche Auslöser verbinden Sie mit Ihren früheren Partnern?
- Wie bringen Sie Ihre Partner dazu, eine Intimität zu erwarten, die Sie nicht ertragen können?
- In welchen anderen Bereichen Ihres Lebens schaffen Sie Situationen, in denen Sie mehr versprechen als Sie halten können?

ÜBUNG

Identifizieren Sie die drei Bereiche, die Sie anfällig machen

Nennen Sie Ihre Auslöser beim Namen. Erstellen Sie in Ihrem Tagebuch eine Liste mit allen Persönlichkeits-, Verhaltens- und Körpermerkmalen, die jene Partner aufwiesen, die Ihre Angst vor Nähe auslösten. Wie verhielten sich diese Partner, als Sie ihnen nahe waren, und was taten sie, wenn Sie sie zurückwiesen, um sie dann wieder an sich heranzulassen?

Das folgende Beispiel soll Ihnen als Ansatz dienen:
Meine Partner sind gewöhnlich herzlich und umgänglich. Sie sind körperlich und emotional offen und für mich da, wann auch immer ich sie in meiner Nähe haben will. Leider wollen sie über kurz oder lang alle mehr von meiner Zeit. Wenn ich sie um Freiraum bitte, reagieren sie verletzt und fragen mich, was sie falsch gemacht haben. Sie nehmen mein Verhalten persönlich, und ich pflichte ihnen gewöhnlich bei, damit ich Distanz zwischen uns schaffen kann. Ich gebe ihnen zwar nicht gern die Schuld, aber es macht es mir einfacher. Ich will die Beziehung nicht beenden, muss mich aber so verhalten, um meine Partner zum Loslassen zu bewegen. Ich bin ziemlich gut darin, sie zurückzugewinnen, wenn ich nicht allzu lange warte.

Untersuchen Sie Ihr Verhaltensmuster. Sollten Sie fortwährend verführen und den Kontakt abbrechen können und sollte Ihr Partner das Spiel mitspielen, dann trägt er einen Teil der Verantwortung für dieses wiederkehrende Muster. Sie aber sind verantwortlich für etwaige Zweideutigkeiten, die Ihren Partner Vermutungen anstellen lassen. Beschreiben Sie in Ihrem Tagebuch in wenigen Zeilen, mit welchen Absichten Sie eine Beziehung beginnen und mit welchen Gefühlen Sie sie beenden. Ihre Notizen könnten wie folgt aussehen:

Ich habe mein ganzes Leben nach einer Langzeitbeziehung gesucht. Ich bin mir sicher, dass ich mir eine liebevolle, zärtliche Partnerschaft wünsche. Dies teile ich meinen Partnern am Anfang einer Beziehung mit und meine es auch so. Ich lasse sie wissen, dass ich es bisher nie geschafft habe, lange in einer Beziehung zu bleiben, dass sie aber vielleicht die Person sein könnten, die mir hilft, meine Ängste zu überwinden. Wenn sie dann am Ende genug von meiner Unfähigkeit haben, jemandem nahe zu sein, und die Beziehung beenden, fühle ich mich zugleich erleichtert und hundeelend. Einige der Personen wären großartige Langzeitpartner gewesen, wenn ich doch nur gewusst hätte, wie ich solch eine Beziehung erhalte.

Betrachten Sie ähnliche Situationen. Wenn Intimität Ihnen Angst macht, wechseln Sie höchstwahrscheinlich nicht nur bei Ihren Lebenspartnern zwischen Nähe und Distanz. Es ist einfacher, Ihre Verhaltensmuster verborgen zu halten, wenn Sie mit der jeweiligen Person nicht eng verbunden sind. Schauen Sie jedoch genauer hin, werden Sie sie auch hier entdecken. Überprüfen Sie daher jeden Abend, wie viel Nähe Sie gegeben haben und noch in der Lage sind zu geben und fragen Sie sich, wie dies im Einzelnen für jede Ihrer Beziehungen aussieht. Sie könnten in etwa die folgende Beschreibung in Ihrem Tagebuch festhalten:

Ich gebe immer alles in jeder neuen Beziehung, ganz gleich, ob es sich um Arbeitskollegen, Freunde oder Sportpartner handelt. Sobald diese Menschen jedoch erwarten, dass ich auch weiterhin auf dem Niveau gebe oder größere Verbindlichkeiten eingehe, beginne ich mich gefangen und verpflichtet zu fühlen. Es scheint, als ob jeder von mir erwartet, ständig in höchstem Grade zu geben, doch das kann ich nicht. Ich habe mir einige fadenscheinige Ausreden einfallen lassen, um meine Versprechen nicht halten zu müssen. Mir wird langsam klar, dass ich sehr wahrscheinlich viele Menschen enttäuscht habe.

Denken Sie daran: keine Selbstkritik! Es ist mehr als wahrscheinlich, dass Sie einen sehr guten Grund für Ihr Verhalten hatten. Konzentrieren Sie sich auf das, was Sie bisher über sich gelernt haben und auf die Tatsache, dass Sie Ihren Ängsten entgegentreten wollen und zu Veränderungen bereit sind.

Schritt 5:
Lernen Sie, Ihre Angst vor Nähe zu überwinden

Ihr Ziel ist es, eine tragfähige Bindung mit jemandem einzugehen, den Sie lieben und der Sie liebt. Es ist zu hoffen, dass Sie nun besser verstehen, wo Ihre Schwierigkeiten mit Grenzsetzungen begannen. Dies wird Ihnen helfen herauszufinden, warum Sie sich bestimmte Partner aussuchen und sie abwechselnd verführen und zurückstoßen. Mit diesem Wissen können Sie Ihren derzeitigen Partner nun ehrlich von Ihren Verhaltensmustern in Kenntnis setzen und mit ihm zusammen an einer Veränderung arbeiten.

ÜBUNG

Ihr Transformationsfragebogen

Bewerten Sie die folgenden Aussagen zum Thema Veränderung auf einer Skala von 1 bis 5 (1 = überhaupt nicht, 2 = selten, 3 = wenn Sie sich wirklich anstrengen, 4 = einfach, wenn Sie sich Ihres Verhaltens bewusst bleiben, 5 = automatisch).

1. Sie erkennen relevante traumatische Erfahrungen aus Ihrer Vergangenheit.
2. Ihnen ist bewusst, welche Eigenschaften Ihrer Partner Sie anziehen.
3. Sie sind in der Lage, Ihrem Partner mitzuteilen, warum Sie sich vor Nähe fürchten und in der Vergangenheit davor geflüchtet sind.
4. Sie wissen, welche Verhaltensweisen Ihres Partners Ihr Verhalten auslösen.
5. Für Sie sind Beziehungen eher ein sicherer Hafen und nicht so sehr ein traumatisierendes Geschehen.
6. Wenn Sie sich eingeengt fühlen, geben Sie nicht länger Ihrem Partner die Schuld.
7. Sie denken sich keine fadenscheinigen Ausreden mehr aus, wenn Sie sich von Ihrem Partner zurückziehen.
8. Sie sind in der Lage, Ihre eigenen Grenzen zu wahren, wenn Sie einen Partner in Ihre Nähe lassen.
9. Sie hören damit auf, Ihren Partner auf die Probe zu stellen, um zu sehen, wie oft Sie ihn zurückweisen und zurückgewinnen können.
10. Sie müssen nicht länger davonlaufen und können Ihrem Partner mitteilen, was gerade los ist, wenn Ihr destruktives Verhalten ausgelöst wurde.

Addieren Sie Ihre Punktzahlen. Die Endsumme soll Ihnen zur Orientierung dienen. Wiederholen Sie das Bewerten der Aussagen wöchentlich. Erhöht sich Ihre Punktzahl, wie langsam auch immer, sind Sie auf dem richtigen Weg, um neue Arten von Beziehungen aufzubauen und Ihre Ängste zu mindern. Sollte der Wert sinken, fallen Sie möglicherweise immer noch in alte Muster zurück und müssen Ihr Verhalten und Ihr Vorgehen bei der Partnerwahl noch einmal genau überprüfen.

Schritt 6:
Suchen Sie sich Unterstützung, um Ihre Bindungsangst zu überwinden

Da es Ihnen gelingt, Menschen zurückzugewinnen, nachdem Sie sie verletzt haben, müssen Sie viele positive Eigenschaften aufweisen. Wenn Sie nun auf Menschen zugehen und sie bitten, Ihnen bei der Überwachung Ihres Fortschrittes zu helfen, setzen Sie sich der Gefahr aus, diese Personen wie Ihre früheren Partner zu behandeln. D.h. Sie locken sie zunächst als potenzielle Heiler an, fühlen sich dann aber zu verpflichtet, um die Beziehung aufrechtzuerhalten. Seien Sie vorsichtig, niemandem zu schnell zu nahe zu kommen, zumindest so lange nicht, bis Sie sicher sind, dass Sie die Bindung auch beibehalten können.

Ungeachtet dessen, wen Sie sich als Unterstützung aussuchen, sollten Sie die Person ehrlich von den typischen fünf Phasen Ihres persönlichen Beziehungsverhaltens in Kenntnis setzen:

1. Sie setzen all Ihren Charme, Status oder Ihre Anziehungskraft ein, um jemanden dazu zu bringen, Ihnen nahe sein zu wollen.
2. Sie gelangen in eine Grauzone, in der Sie sich eingeengt fühlen und Zweifel bekommen, ob Sie die Beziehung wirklich wollen.
3. Sie finden Fehler an Ihrem Partner und nutzen die Kritik dazu, ihn zu verletzen.
4. Sie benutzen Ihre anfängliche Anziehungskraft dazu, Ihren Partner zurückzugewinnen, nachdem Sie Ihre Grenzen neu gesetzt haben.
5. Sie empfinden Trauer und Reue, wenn Ihr Partner Ihr Spiel nicht länger mitspielt.

Es wird Ihnen leichter fallen, einen Rückfall in alte Verhaltensmuster zu verhindern, wenn Sie jede dieser fünf Phasen offen mit der Person besprechen, die Sie zur Unterstützung auserkoren haben. Diskutieren Sie Ihre Gefühle und wie sich Ihr Verhalten auf diese auswirkt. Einige Menschen üben diesen Dialog zuerst allein mit einem imaginären Partner, da ihnen der Vorgang unter Umständen peinlich sein könnte. Wenn Sie aber eine Person finden können, die Sie gut kennt, trotzdem mag und sich in der Vergangenheit mit Ihrem Verhalten auseinandersetzen musste, wird sie Ihnen als nützlicher Spiegel bei Ihrer Arbeit an sich selbst dienen.

Schritt 7:
Das Ziel im Auge behalten

Obwohl Sie nun in der Lage sind, Ihre destruktiven Verhaltensmuster zu erkennen, werden neue Liebesbeziehungen auch weiterhin Ihren Wunsch nach Nähe und Ihre Furcht, eingesperrt zu werden, auslösen. Sie werden für sich selbst gute Gründe finden müssen, um auf dem rechten Weg zu bleiben.

Angetrieben durch Ihre Angst haben Sie sich in der Vergangenheit sicher mehr auf sich selbst konzentriert als auf die Reaktionen Ihres Partners. Wenn Sie sich aus Ihrem eigenen Teufelskreis der Furcht befreien, können Sie die Angst auch leichter hinter sich lassen. In dieser letzten Übung werden Sie lernen, über Ihre egozentrische Sicht der Dinge hinauszugehen und so Ihrem Partner das zu geben, was Sie schon damals geben wollten, als Ihr destruktives Verhalten sich entwickelte.

ÜBUNG

Im Herzen Ihres Partners leben

Listen Sie in Ihrem Tagebuch die Verhaltensweisen auf, mit denen Sie versuchen, Intimität zu vermeiden. Gehen Sie dabei in der Reihenfolge vor, in der die Verhaltensweisen normalerweise auftreten und fügen Sie jeweils hinzu, wie Sie meinen, dass sich Ihr Partner dabei gefühlt hat.

Hier ein Beispiel:
Sie: Ich ermunterte meinen Partner, mir nahe zu kommen.
Ihr Partner: Ich hatte das Gefühl, dass mein Partner sich eine intime Beziehung wünschte.
Sie: Ich wollte und sehnte mich nach meinem Partner.
Ihr Partner: Die Aufmerksamkeit ermunterte mich und schmeichelte mir.
Sie: Ich drückte meine wachsende Hingabe und Liebe aus.
Ihr Partner: Ich dachte, unsere Liebe würde gedeihen.
Sie: Ich fühlte mich sicher und geliebt.
Ihr Partner: Ich öffnete mein Herz.
Sie: Ich begann mich zu gebunden zu fühlen.
Ihr Partner: Ich spürte einen leichten Rückzug.
Sie: Ich begann nach Dingen zu suchen, die ich kritisieren konnte.
Ihr Partner: Ich fühlte mich beleidigt und beschuldigt für Dinge, die ich nicht getan hatte.
Sie: Ich intensivierte meine frustrierten und enttäuschten Kommentare.
Ihr Partner: Ich begann mich zurückzuziehen und nach Gründen zu fragen.
Sie: Das Drängen auf Antworten bot mir einen endgültigen Grund zur Trennung.
Ihr Partner: Ich fühlte mich zurückgewiesen, verwirrt und verzweifelt.
Sie: Ich fühlte mich erleichtert, aber auch einsam. Deshalb entschied ich mich für einen zweiten Versuch.

> Ihr Partner: Ich liebte meinen Partner noch immer, deshalb nahm ich das Angebot an.
> Sie: Ich begann den Teufelskreis von Neuem.
> Ihr Partner: Ich hoffte, dass es diesmal klappen würde.

Wenn Sie sehen, welche Auswirkungen Ihr Verhalten auf Ihren Partner hat, wird Ihnen das helfen, es mit anderen Augen zu betrachten. Für Ihren Partner zu sorgen gibt Ihnen die Möglichkeit, in der Zeit zurückzugehen und gleichzeitig Ihr inneres traumatisiertes Kind zu heilen. Wenn Sie gelernt haben, Partner zu wählen, die die Tiefe Ihrer Konflikte begreifen und deren Auswirkungen nicht persönlich nehmen, können Sie Beziehungen aufbauen, in denen Furcht zu einem Trittstein zu wiederhergestelltem Vertrauen wird.

6. | Der Drang zu gewinnen: „Fordere mich heraus, wenn du dich traust!"

Beziehungssaboteure mit dem Drang zu gewinnen provozieren ihre Partner zu einem verbalen Schlagabtausch, an dessen Ende sie meist mit einem Pyrrhussieg dastehen. Diese Menschen argumentieren ihre Partner in Grund und Boden, sodass letztere sich schließlich unterordnen oder zurückziehen, was natürlich auf Kosten der Intimität geht. Dieser Typ von Saboteur verliert seine Freunde und Lebenspartner durch sein zwanghaftes, kämpferisches Verhalten. Wann auch immer sie herausgefordert werden, können diese Menschen der Gelegenheit, das letzte Wort zu haben, nicht widerstehen – koste es, was es wolle.

Man kommt leicht in die Versuchung, siegessüchtige Saboteure als egozentrische, selbstgerechte Menschen abzuschreiben, denen es egal ist, dass sie ihre Partner vor den Kopf stoßen. Doch wenn ihnen die Gefühle des anderen nichts bedeuten würden, dann gingen sie triumphierend aus jeder Schlacht heraus und feierten selbstgerecht ihre Siege. Ganz im Gegenteil aber hegen sie gewöhnlich Schuldgefühle ob des Schadens, den sie angerichtet haben, und bitten um Verzeihung.

Die Kindheitserinnerungen dieser Saboteure handeln oft von dominanten Autoritätspersonen, die ihnen beibrachten, dass Wettkämpfe alles im Leben bedeuten. Viele Personen erzählen von Eltern oder älteren Geschwistern, die eine Umgebung schufen, in der Gewinnen die einzige Alternative zur Demütigung war. Sie bekamen den schmerzhaften Spott, den Verlieren gern nach sich zieht, immer und immer wieder zu spüren oder mussten erleben, was es heißt, bezwungen zu werden.

Erwachsenen siegessüchtigen Saboteuren dienen Auseinandersetzungen in ihren Beziehungen oft als Vorspiel zu Intimität. Sie fürchten, dass es ohne Konflikt keine Leidenschaft gibt. Leider wird er mit der Zeit nur allzu häufig zum Ersatz für Leidenschaft.

6.1 Den Kreislauf beenden

Wenn Sie es nicht ertragen können, jemand anderen das letzte Wort haben zu lassen, oder nicht in der Lage sind aufzuhören, Ihren Standpunkt zu verfechten, werden Sie Ihren Partner am Ende zur Unterwerfung zwingen oder ihn aus der Beziehung vertreiben. Welche positiven Eigenschaften Sie zu Anfang der Partnerschaft auch immer gezeigt haben mögen: Ihr Drang, die Gedanken und Gefühle Ihres Partners den eigenen zu unterwerfen, wird diese positiven Aspekte am Ende in den Schatten stellen.

Wenn Ihr Verhalten nach der Auseinandersetzung versöhnlich und verführend ist und Sie von Ihrem Partner erwarten, dass auch er denkt, Sie hätten nichts falsch gemacht, sind Sie Ihrem eigenen siegessüchtigen Verhalten ausgeliefert. Gehen auch Sie davon aus, dass Ihr Partner sich über Ihren Wunsch nach sofortiger Intimität freut, und sind Sie dann überrascht, wenn dies nicht der Fall ist? Fühlen Sie sich auf ungerechte Weise zurückgewiesen, wenn Ihre Gefühle nicht erwidert oder stattdessen als verfrüht oder unangemessen bezeichnet werden? Viele siegessüchtige Beziehungssaboteure nehmen den Rückzug Ihres Partners nach einer Auseinandersetzung als Anlass für einen neuen Streit.

Hoffnung auf Veränderung

Wettstreit und Gewinnen haben Ihren Platz in einer Beziehung, solange beide Partner die Regeln verstehen und Spaß am Spiel haben. Sie können das Miteinander intensivieren, wenn beide Personen im gleichen „Gefühlsteam" spielen. Doch wenn das Gewinnen wichtiger wird als die Beziehung, kann das Ergebnis niederschmetternd ausfallen.

Wenn Sie verstehen, wo Sie gelernt haben, auf Kosten anderer zu gewinnen, kann Ihnen das helfen, Ihre wettkämpferischen Fähigkeiten in positive Beziehungsqualitäten zu verwandeln. Der Schlüssel ist, vom Konzept eines Gewinners und eines Verlierers zu dem zweier Menschen überzugehen, die für dasselbe Ergebnis kämpfen.

Vorsicht!

Wetteifrige Menschen ziehen zumeist Partner an, die nachgeben, zurückschlagen, sich aufopfern oder zurückziehen. In manchen Fällen stellen Sie jedoch einen Magnet für Menschen dar, die ein ahnungsloses Ziel für die eigene Wut suchen. Sollten

Sie in der Vergangenheit regelmäßig gewalttätige Partner gehabt haben, deren Wut schnell eskalierte, wenn Sie mit Ihnen zu diskutieren versuchten, überlegen Sie gut, ob eine solche Beziehung es Ihnen wirklich wert ist. Sie sind möglicherweise auf jemanden getroffen, dem Gewinnen noch viel wichtiger ist als Ihnen.

6.2 Die sieben Schritte zur Heilung

Während Sie nun mit Ihren sieben Schritten zur Heilung beginnen, stellen Sie vielleicht fest, dass auch die notwendigen Übungen Ihr siegessüchtiges Verhalten auslösen. Seien Sie sich stets jeglicher defensiver oder kampflustiger Reaktionen bewusst und versuchen Sie, diese loszulassen, sobald sie auftreten.

Schritt 1:
Beobachten Sie Ihr siegessüchtiges Verhalten, ohne sich zu verurteilen

Der erste Schritt zur Verhaltensänderung besteht darin, erst einmal Ihr typisches Verhalten in früheren Beziehungen zu betrachten. Sie sollen sich jeweils anschauen, wie sich dieses während der Partnerschaft veränderte und wie Ihr Partner damit umging. Sollten Sie den Drang spüren, sich zu verteidigen, müssen Sie versuchen, diesen loszulassen. Da Ihr Ziel ist, so viele Informationen wie möglich zu sammeln, würde das Rechtfertigen Ihrer Taten lediglich die für eine Verhaltensänderung notwendigen Erinnerungen blockieren.

Bestimmte Muster von Auseinandersetzungen oder Diskussionen ziehen sich durch viele Ihrer früheren Beziehungen. Wenn Sie Ihre Erinnerungen durchforsten, werden sie offensichtlich. Konzentrieren Sie sich nicht auf Fehler und bleiben Sie so ehrlich wie Sie können. Lauschen Sie aufmerksam nach eventuellen negativen Gesprächen, die Sie in Ihrem Inneren führen. Diese könnten widerspiegeln, wie man mit Ihnen in Ihrer Kindheit redete.

ÜBUNG

Die drei Phasen einer auseinandersetzungsfreudigen Beziehung

Suchen Sie sich eine Ihrer früheren Liebesbeziehungen aus, deren Ende teilweise durch Ihren kampflustigen Siegesdrang herbeigeführt wurde. Teilen Sie sie dann in drei Phasen ein:

Phase 1: Beschreiben Sie Ihre kampflustigen Auseinandersetzungen zu Beginn der Beziehung.
Phase 2: Beschreiben Sie Ihre Auseinandersetzungen nach der Verliebtheitsphase, als Sie und Ihr Partner sich besser kannten.
Phase 3: Gegebenenfalls beschreiben Sie Ihre Auseinandersetzungen zum Ende der Beziehung hin.

Die folgenden Fragen zu jeder Phase sollen Ihnen als Leitfaden dienen:
- Welche Gefühle empfanden Sie Ihrem Partner gegenüber?
- Wovon handelten die meisten Ihrer Auseinandersetzungen?
- Was taten Sie, um zu gewinnen?
- Wie häufig traten diese Auseinandersetzungen auf?
- Wie lange dauerten sie gewöhnlich?
- Was empfand Ihr Partner Ihnen gegenüber, wenn der Streit vorbei war?
- Welche Gefühle hatten Sie sich selbst gegenüber?

Hier ein Beispiel für Phase 1:
Wir stritten uns nie großartig und wenn, dann kurz und freundschaftlich. Meistens hatten wir viel Spaß zusammen, und mein Partner war so unkompliziert, dass wir wenig Grund zu Auseinandersetzungen hatten. Außerdem mochte ich unsere Konfrontationen, da sie uns gewöhnlich erregten und wir danach tollen Sex hatten. Ab und an wurde er ein wenig fordernd und wollte zum Beispiel Freunde treffen, die ich nicht mochte, doch gewöhnlich konnte ich meinen Willen durchsetzen. Er war selten so gut informiert über Dinge wie ich und gab daher schnell nach, wenn der Streit zu ernst wurde. Es gefiel ihm, dass ich Mumm hatte und so gut Bescheid wusste. Manchmal gab er damit an, dass er in etwas besser war als ich, doch das konnte ich ihm immer ausreden. Er verzieh mir gewöhnlich, da wir uns so nahe standen. Ich fühlte mich schlau und wichtig.

Hier ein Beispiel für Phase 2:
Wir begannen, öfter über unwichtige Dinge zu streiten. Er wurde unpünktlich und vergaß mich anzurufen, wenn er es versprochen hatte. Ich wurde ungeduldig und fühlte mich vernachlässigt. Wir stritten uns darüber, wer was bei einer Feier gesagt hatte oder ob er mir von etwas erzählt hatte oder nicht. Wenn wir eine Auseinandersetzung hatten, sagte ich ihm, ich würde ihm alles glauben, wenn es doch bloß Sinn machte – was es nie tat. Ich musste ihm ständig vorhalten, dass er falsch läge, weil es zutraf. Er begann mir zu erzählen, dass ich ihm niemals zuhörte und immer recht haben müsse. Er lag so daneben. Manchmal stritten wir uns stundenlang über nichts. Zum Schluss sagte er dann, er hätte genug, woraufhin wir zwei Tage

nicht miteinander schliefen. Ich verstand nicht, warum er nicht einfach akzeptierte, dass ich Dingen mehr Aufmerksamkeit schenkte als er.

Hier ein Beispiel für Phase 3:
Er fand immer mehr Gründe, länger zu arbeiten, obwohl er eigentlich Zeit mit mir verbringen sollte. Ich war wütend und ärgerlich. Wir stritten uns ständig darüber, wie sehr er mich im Stich ließ. Er wusste einfach nicht, wie man eine Frau behandelt, und ich musste ihm unaufhörlich erklären, was er falsch machte. Ich wollte doch bloß richtig behandelt werden. Er sagte, ich solle aufhören, ihm Schuldgefühle einzureden, und wurde während unserer Auseinandersetzungen richtig wütend. Danach weigerte er sich stundenlang, mit mir zu reden. Ich war traurig und fühlte mich einsam, wollte jedoch auf keinen Fall nachgeben. Wenn er meine Ausführungen nicht verstand, dann wusste er meine Klugheit auch nicht zu schätzen und verdiente mich nicht.

Beschreiben Sie nun zwei oder drei eigene Ereignisse in Ihrem Tagebuch. Forschen Sie nach Versuchen Ihres Partners, Ihnen etwas mitzuteilen, mit dem Sie nicht einverstanden waren und achten Sie darauf, wie Sie reagierten. Verurteilen Sie sich dabei weder selbst noch rationalisieren Sie Ihr Verhalten.

Erinnern die Auseinandersetzungen Sie an Situationen, deren Zeuge Sie als Kind wurden oder die Sie selbst erlebt haben? Wer spielte die Rolle, die jetzt Sie einnehmen? Welche Stellung hatte diese Person in Ihrer Familie? Wollten Sie es dieser Person gleichtun?

Schritt 2:
Die Ursachen Ihres siegessüchtigen Verhaltens identifizieren

Das zwanghafte Bedürfnis, eine Auseinandersetzung zu gewinnen, erlernen wir in unserer Kindheit. Obwohl Kinder unterschiedlich auf Herausforderungen reagieren, werden sie alle Wetteifer entwickeln, wenn der Einsatz hoch genug ist. Unverhältnismäßig hohe Gewinne oder schreckliche Strafen können jedes Kind zum Kämpfen animieren. Auseinandersetzungen gewinnt man durch Charme, Wut, Selbstgerechtigkeit, Drohungen oder Schuldgefühle. Streitigkeiten können durch gerechte Regeln bestimmt sein oder von vorbestimmten Siegern auf sehr fragliche Weise abgewiegelt werden. Gewinner können entweder gnädig und mitfühlend oder arrogant und höhnisch sein.

Welche Art von Siegesverhalten haben Sie als Kind beobachtet? Welche Belohnung erhielten die Gewinner und welche Strafen mussten die Verlierer über sich ergehen lassen?

ÜBUNG

Gewinner und Verlierer

Erstellen Sie zwei Listen in Ihrem Tagebuch. Notieren Sie in der ersten alle positiven und negativen Eigenschaften, mit denen in Ihrer Kindheit ein Sieger in einer Auseinandersetzung beschrieben wurde. Die zweite Liste soll alle Eigenschaften des ausgemachten Verlierers enthalten. Die Sieger eines Streits könnten Sie beispielsweise als stark, schlau, zäh, hartnäckig, rüpelhaft, direkt, gemein oder egoistisch etc. beschreiben. Auf Verlierer treffen möglicherweise Bezeichnungen wie schwach, verletzlich, inkompetent, unaufmerksam, leicht kontrollierbar, langsam, rebellisch, dumm etc. zu.

Fragen Sie sich, nachdem Sie Ihre beiden Listen vervollständigt haben, welche Eigenschaften am meisten auf Sie zutreffen, wenn Sie mit Ihrem erwachsenen Partner diskutieren. Was halten Sie von solchen Stempeln oder Verhaltensweisen?

ÜBUNG

Die Regeln des Gewinnens

Sie arbeiten bewusst oder unbewusst nach bestimmten in jungen Jahren erlernten Kampfregeln oder Annahmen darüber, wie ein Kampf zu laufen hat. Um herauszufinden, ob Sie immer noch nach diesen Regeln leben wollen, müssen Sie sie zuerst identifizieren.

Hier einige Beispiele:
„Ich darf niemals Schwächen zeigen."
„Wenn mein Partner eine Auseinandersetzung gewinnt, komme ich mir dumm vor."
„Ich bin dafür verantwortlich, wenn mein Partner eine falsche Entscheidung trifft."
„Ich traue den Schwächen anderer Menschen nicht."
„Ich erwarte zu gewinnen, wenn ich recht habe."
„Man kann nicht erwarten, dass andere Menschen wissen, wovon sie reden."
„Ich gewinne gewöhnlich alle Auseinandersetzungen, weil ich recht habe."

Beschreiben Sie Ihre Gewinnstrategie und vergleichen Sie sie mit denen, die früher in Ihrer Familie angewandt wurden. Inwiefern sind diese gleich? Meinen Sie, dass die Streitrituale bei Ihnen zu Hause gerecht waren? Haben Sie sich dazu entschieden, diese zu wiederholen oder befolgen Sie unbewusst das, was Ihnen beigebracht wurde? Welchen Einfluss hatten diese Praktiken auf Ihre Beziehungen?

Nachdem Sie den Ursprung Ihres siegessüchtigen Verhaltens nun besser verstehen, sind Sie bereit für den nächsten Schritt.

Schritt 3:
Identifizieren Sie die Auslöser Ihres siegessüchtigen Verhaltens

Sollten Sie es hassen, eine Auseinandersetzung zu verlieren, und ein selbstgerechter Sieger sein, fassen Sie jede verbale Herausforderung als Auslöser für einen Streit auf. Wenn Sie mit einem Partner zusammen sind, der sich mit Ihnen auseinandersetzt, bis Sie gewinnen, wird Ihre Beziehung mit der Zeit immer mehr durch Streitsucht charakterisiert. Die Nähe zu Ihrem Partner schwindet mit der steigenden Punktzahl auf Ihrer Punktekarte. Am Ende werden die Streitigkeiten häufiger auftreten und die Heilungsphasen länger dauern.

Wenn eine Auseinandersetzung erst einmal begonnen hat, wird es Ihnen schwerer fallen, die Intensität Ihrer Reaktion zu kontrollieren. Sie sind programmiert, schnell und effektiv zu reagieren, um Ihren Vorteil zu wahren. Wenn Sie Ihr Verhalten ändern möchten, müssen Sie lernen, diese automatische Konfrontation zu verlangsamen. Wenn Sie langsamer und nicht ganz so heftig reagieren, können Sie den Streit voraussehen und sich auf ein alternatives Verhalten einstellen.

An die Startlinie herantreten

Die folgenden Faktoren haben Auswirkungen darauf, wie Sie auf Auseinandersetzungen reagieren:

Die Wahl eines Partners: Menschen, die Sie am meisten an jene Person erinnern, die Ihnen als Kind das Kämpfen beibrachte, üben mit hoher Wahrscheinlichkeit die größte Anziehungskraft auf Sie aus. Alternativ dazu könnten Sie sich auch Partner suchen, die den Verlierern aus kindlichen Erlebnissen gleichen. Als Erwachsener, der die Auseinandersetzungen von damals verinnerlicht hat, finden Sie sich in einer der beiden Rollen wieder. Der Schlüssel zur Veränderung liegt darin, die tiefsitzenden Verhaltensmuster aus Ihrer Kindheit zu identifizieren und zu hinterfragen, sowie alternative Handlungsweisen parat zu haben.

Auf dem Spiel stehende Gewinne und Verluste: Als Kind, das in einer siegessüchtigen Familie aufwuchs, gewannen oder verloren Sie Belohnungen, je nachdem, wie gut Sie argumentieren konnten. Welchen Rang Sie innerhalb Ihrer Familie einnahmen, hing sicher davon ab, wie geschickt Sie Ihre Gegner übertrumpften. Je mehr Ihr Partner jemandem aus Ihrer Kindheit ähnelt, desto stärker werden sich Verhaltensmuster zeigen, denen zufolge Sie gewinnen müssen, um Ihren Ruf zu wahren. Wenn Sie sich jedoch bewusst machen, auf welche Weise die Vergangenheit in die Gegenwart hineinspielt, hilft das Ihnen, Ihre automatischen Reaktionen zu verlangsamen.

Der Einfluss Ihres täglichen Lebens: Sollten Sie von Natur aus anfällig für Stress sein oder derzeit unter enormem Druck stehen, werden Sie sich leichter zu dem Ihnen vertrauten Mittel Streit verführen lassen, um Spannung abzubauen. Wenn Sie wissen, wie hoch Ihr derzeitiger Stresslevel ist, werden Sie einschätzen können, wie anfällig Sie für einen Streit sind.

Ihr Urteil über die Aussagen Ihres Partners: Starke negative Neigungen, tiefsitzende Vorurteile oder intensive Abneigungen bringen, wenn Ihr Partner Ihnen nicht zustimmt, Ihren zwanghaften Drang zu gewinnen zum Vorschein. Es ist überhaupt nichts falsch daran, sich leidenschaftlich für Herzensangelegenheiten einzusetzen. Mischt sich jedoch das unbedingte Bedürfnis zu gewinnen hinein, kann sich dies tödlich auf eine Beziehung auswirken.

Wenn es Ihnen gelingt, die eigene Situation anhand der obigen Faktoren einzuschätzen, werden Sie besser in der Lage sein, destruktive Konfrontationen zu vermeiden.

Schritt 4:
Finden Sie heraus, wann Sie am anfälligsten für den Drang zu gewinnen sind

Ihre Reaktionen auf die in der Übung folgenden Aussagen werden Ihre aktuelle Anfälligkeit für den Drang zu gewinnen aufzeigen.

Wie nah unter der Oberfläche liegen Ihre Auslöser?

Bewerten Sie die folgenden Anfälligkeitsindikatoren auf einer Skala von 1 bis 5 (1 = niemals, 2 = manchmal, 3 = normalerweise, 4 = meistens, 5 = so gut wie immer).

1. Wenn Sie herausgefordert werden, hören Sie nicht eher auf, bis Sie die Auseinandersetzung für sich entschieden haben.
2. Ihr Partner erinnert Sie an jemanden aus Ihrer Kindheit.
3. Sie stellen Ihren Partner auf die Probe, um zu sehen, ob er versucht zu gewinnen.
4. Sie werden unruhig und langweilen sich, wenn Sie Ihren Partner nicht zu einem Schlagabtausch bringen können.
5. Sie reagieren sehr stark auf Bestätigung vonseiten Ihres Partners.
6. Nach einer Auseinandersetzung fühlen Sie sich unsicher.
7. Sie sind gereizt und sehr gestresst.
8. Sie haben nicht nur mit Ihrem Partner Auseinandersetzungen.
9. Sie fühlen einen großen Druck auf sich lasten.
10. Sie erhalten nicht die Fürsorge, die Sie benötigen.
11. Sie stimmen nicht mit den Ansichten Ihres Partners überein.
12. Ihr Partner sagt Dinge, die Ihnen nicht gefallen.

Ermitteln Sie Ihre Gesamtpunktzahl. Bei einem Wert unter 30 sind Sie wahrscheinlich in der Lage, sich zu kontrollieren, wenn Ihr Partner etwas Provozierendes sagt. Ein Ergebnis zwischen 30 und 50 sollte Sie zur Vorsicht mahnen. Eine Punktzahl über 50 bedeutet, dass Sie direkt an der Schwelle stehen und eine Auseinandersetzung kaum vermeiden können. Wenn Sie sich dermaßen gereizt fühlen, ist es besser, die Dinge für eine Weile ruhen zu lassen, bis Sie weniger explosiv gestimmt sind.

Sie können diesen Satz Fragen immer dann verwenden, wenn Sie wissen wollen, wie anfällig Sie für Ihren Drang zu gewinnen sind. Der nächste Schritt besteht für Sie darin, eine Alternative zu der Vorstellung, immer gewinnen zu müssen, zu finden.

Schritt 5:
Lernen Sie ein alternatives Verhalten zu Ihrem Sieges-Drang

Wetteifer ist ein so entscheidender Teil Ihrer Persönlichkeit, dass die Stärke, die Sie in Ihren Auseinandersetzungen gesammelt haben, in Ihrem neuen Selbstbild enthalten sein muss. Andernfalls würden Sie sich zu verwundbar fühlen. Ihre Fähigkeiten, im Kampf zu triumphieren, haben Sie entweder aufgrund Ihrer herausfordernden Natur, Prägungen aus der Kindheit oder Ihrer Angst vor Verlust perfektioniert. Es wäre ungerecht, von Ihnen zu verlangen, die positiven Seiten dieser Eigenschaften einfach fallen zu lassen. Da die negativen Seiten Ihren Partner jedoch verletzen, müssen Sie das Gute auf eine effektivere Weise präsentieren. Die nächsten beiden Übungen werden Ihnen dabei helfen.

ÜBUNG

Ihre Kampfstärken

Erstellen Sie in Ihrem Tagebuch eine Liste der wettkampforientierten Eigenschaften, die Sie respektieren und erhalten möchten, wenn Sie das Negative an Ihren siegessüchtigen Verhaltensweisen abstellen. Sie können mit den positiven Adjektiven der ersten Übung von Schritt 2 beginnen und weitere hinzufügen, die Ihnen in den Sinn kommen.

Beschreiben Sie als Nächstes, wie Sie all diese Eigenschaften in Interaktionen mit Ihrem Partner gewöhnlich eingesetzt haben. Fügen Sie auch hinzu, was Ihr Partner daran als positiv oder negativ empfand, wenn Sie so Auseinandersetzungen gewinnen wollten.

Es folgen zwei Beispiele:

1. Direktheit: *Wenn ich meinem Partner nicht zustimme, bin ich schonungslos und direkt. Meine Partner schätzen gewöhnlich die Ehrlichkeit, die meine schonungslosen Aussagen mit sich bringen. Sie haben mir allerdings auch mitgeteilt, dass sie sich unwohl fühlen, wenn mir egal zu sein scheint, wie sich meine Direktheit auf sie auswirkt.*

2. Überzeugung: *Wenn ich meine Meinung voller Überzeugung kundtue, respektieren meine Partner gewöhnlich, was ich zu sagen habe. In einigen Fällen interpretierten sie meine Überzeugung jedoch als Arroganz und teilten mir mit, dass ich unzugänglich sei und Ihnen nicht zuhörte.*

Nachdem Sie Ihre Beispiele vervollständigt haben, erstellen Sie eine separate Liste, in der Sie Ihre wetteifernden Eigenschaften und die Reaktionen Ihres Partners nebeneinander notieren. Verwenden Sie dabei nur die Schlüsselwörter:
direkt = unsensibel
Überzeugung = unzugänglich

Wenn Sie die zweite Liste fertig gestellt haben, können Sie mit der nächsten Übung beginnen.

ÜBUNG

Das Negative in Positives verwandeln

Sprechen Sie ehrlich mit Ihrem Partner über Ihren Entschluss, Ihr siegessüchtiges Verhalten zu verändern, und bitten Sie ihn, seinen Standpunkt darzulegen. Durch Ihre Bereitschaft zuzuhören fühlt sich Ihr Partner vielleicht ermutigt und hat Ideen dazu, wie Sie die positiven Aspekte Ihres Wetteifers bewahren und die negativen ausmerzen können. Im Folgenden werden Ihnen drei mögliche Vorgehensweisen vorgestellt, um auf Ihren Partner im Sinne einer erfolgreichen Beziehung zuzugehen:

1. Beginnen Sie das Gespräch mit einer ehrlichen Begründung für Ihr Verhalten und teilen Sie Ihrem Partner mit, dass seine Gefühle Ihnen wichtig sind: „Ich weiß, dass ich oft schonungslos und direkt bin, aber ich will offen und ehrlich mit dir sein. Wenn ich zu unsensibel wirke, musst du mir Bescheid geben."
2. Formulieren Sie Ihre positive Eigenschaft als Frage: „Bin ich dir zu direkt?"
3. Nehmen Sie die Gefühle Ihres Partners wahr und seien Sie mitfühlend: „Ich sehe, dass du dich zurückziehst und ein wenig ärgerlich wirkst. Ich nehme an, meine Bemerkung war zu schonungslos." Oder: „Du siehst aus, als würde dir etwas nicht behagen. Kommt das davon, dass ich manchmal rede, als wäre ich der einzige Experte hier? Das muss ärgerlich sein."

Sollten Sie den aufrichtigen Wunsch hegen, Ihre positiven Gewinnstrategien zu bewahren, ohne dadurch destruktive Auseinandersetzungen auszulösen, können die obigen Übungen dafür sorgen, dass Ihr Partner im Spiel bleibt. Vielleicht fühlen Sie sich zunächst unbehaglich und ein wenig verletzlich, wenn Sie Ihr neues Verhalten erstmalig zeigen. Auf lange Sicht werden Sie aber sehen, dass es sich lohnt, der Gewinner zu bleiben, ohne den Partner zum Verlierer zu machen.

Schritt 6:
Suchen Sie sich Unterstützung dafür, dass zwischenmenschlicher Kontakt über das Gewinnen siegen kann

Trainieren Sie Ihr neues Verhalten so oft wie möglich und üben Sie mit jedem, der Ihnen helfen will. Der Drang zum zwanghaften Gewinnen ist ganz schön hartnäckig und leicht ausgelöst. Sie müssen sich stets bewusst sein, wie anfällig Sie gerade sind, und sich dann entweder von destruktiven Konfrontationen fernhalten oder Ihr hilfsbereites Gegenüber über Ihren derzeitigen Zustand und Ihre Ziele in Kenntnis setzen.

Frühere oder derzeitige Partner sind unter Umständen zu ärgerlich oder unmotiviert, um Ihnen objektive Hilfe leisten zu können. Möglicherweise sind sie selbst konfrontationswillige Menschen, die ihrerseits sabotierende Verhaltensweisen gezeigt haben, indem sie genau Ihren zwanghaften Drang zu gewinnen auslösten.

Jeder Freund, frühere Partner oder Arbeitskollege, dem trotz Ihrer streitsüchtigen Natur immer noch etwas an Ihnen liegt, wird Ihnen gerne helfen. Alle werden sie die Möglichkeit begrüßen, Sie darin zu unterstützen, künftig auf eine neue kooperative Weise kommunizieren zu können. Wenn Sie es zu weit treiben, müssen diese Menschen Ihnen Bescheid geben dürfen und Sie sollten bereit sein, sich zurückzuhalten und zuzuhören, wenn sie Ihnen wichtige Rückmeldung geben wollen.

Schritt 7:
Das Ziel im Auge behalten

Der Drang zu gewinnen ist in einer Beziehung ein sich selbst verstärkendes Verhalten. Je öfter Sie es zeigen, desto öfter und wahrscheinlicher werden Sie es wiederholen. Siegeshunger ist ein starkes Aphrodisiakum. Wenn es Ihnen auf lange Sicht ernst ist mit einer emotionalen und physischen Bindung zu einem Menschen und wenn Ihnen diese wichtiger ist als das Gewinnen, müssen Sie alternative Verhaltensweisen klar vor Augen haben.

ÜBUNG

Ihre „Wenn-stattdessen"-Liste

Notieren Sie bis zu zehn „Wenn-stattdessen"-Aussagen in Ihrem Tagebuch, die am stärksten auf Ihre destruktiven Verhaltensweisen zutreffen.

Hier einige Beispiele:
*„**Wenn** ich den Drang zu diskutieren verspüre, dann werde ich **stattdessen** zuerst genauer zuhören und um mehr Informationen bitten, bevor ich reagiere."*
*„**Wenn** ich den Drang verspüre, mein überdurchschnittliches Wissen zu beweisen, dann werde ich **stattdessen** zu würdigen versuchen, was ich lernen kann."*
*„**Wenn** ich den Drang verspüre, meinen Partner dazu zu drängen, meine Meinung anzuhören und zu respektieren, werde ich **stattdessen** zuerst fragen, ob er an ihr interessiert ist, bevor ich loslege."*
*„**Wenn** ich den Eindruck habe, dass mein Partner meine Sichtweise unterstützen sollte, dann werde ich es **stattdessen** zu schätzen wissen, wenn er mich bestätigt."*

*„**Wenn** ich fürchte, in der Beziehung unterzugehen, und am liebsten davonrennen würde, dann werde ich meinem Partner dies **stattdessen** mitteilen und um Unterstützung bitten."*

*„**Wenn** ich die Meinung meines Partners verurteilen will, werde ich **stattdessen** versuchen, ihn besser zu verstehen und offener für andere Möglichkeiten zu sein."*

Die aufgezeigten Beispiele sind nur einige der vielen Aussagen, die auf Sie zutreffen könnten. Gehen Sie Ihr Tagebuch noch einmal durch und erstellen Sie Ihre eigene „Wenn-stattdessen"-Liste, um nicht in Ihre alten Muster zurückzufallen.

Bewahren Sie diese Liste an einem Ort auf, an dem Sie sie jeden Tag sehen können. Fügen Sie ihr jede neue Alternative hinzu, die Ihnen im Laufe der Zeit bewusst wird. Nach einer Weile werden Ihnen die Aussagen zum passenden Zeitpunkt ganz von selbst in den Sinn kommen und Sie werden sich darauf freuen, sich rechtzeitig zu erwischen und Ihr Verhalten zu verändern.

7. | Pessimismus: „Wenn du keine Erwartungen hast, kannst du nicht enttäuscht werden"

Pessimisten sind der Ansicht, dass alles Gute im Leben immer von den Kosten überschattet wird. Sie fürchten, dass Ihre Handlungen negative Konsequenzen haben werden und sie nicht in der Lage sind, mit diesen klarzukommen. „Frisch gewagt, ist halb gewonnen" wird zu „Nichts gewagt, nichts verloren". Überzeugt davon, dass die Zukunft nur Enttäuschung mit sich bringt, sehen sie ihre Umwelt durch eine Brille von Argwohn, Misstrauen und Zweifel. Ihre Schutzwälle halten sie dadurch aufrecht, dass sie Hoffnung als sinnlos ansehen, Freude niedrig halten und Möglichkeiten diskreditieren.

Pessimisten leiden an einem Gefühl von Hilflosigkeit und Zukunftsangst, ihr Glas ist immer halbleer. Versuche, sie aufzuheitern, treffen häufig auf ein „Ja, aber", ein „Du verstehst das einfach nicht" oder ein stummes, schiefes Lächeln und schmerzerfülltes Augenrollen. Irgendwo tief in all der Schwermut versteckt sich ein geschlagener Idealist, der verzweifelt an Möglichkeiten glauben will, aber nicht noch mehr Enttäuschung ertragen kann.

7.1 Pessimismus ist erlernt

Kinder werden nicht mit einer negativen Einstellung geboren. Sie können zwar genetisch zu Depression und Ängstlichkeit neigen, sensibler auf Missbilligung reagieren oder weniger widerstandsfähig sein, doch Misstrauen ist eine erlernte Reaktion. Sogar dem von Natur aus optimistischen Kind kann beigebracht werden, Ernüchterung zu erwarten, wenn die Herausforderungen des Lebens zu schmerzhaft sind und Heilung rar ist. Gebrochene Versprechen, unvernünftige Bestrafungen, emotionale und körperliche Entbehrungen oder Missbrauch, mehrfache Verluste, die Unfähigkeit, Bedürfnisse zu befriedigen oder zerstörte Hoffnungen bilden die Grundlage für erlernten Pessimismus.

Eine skeptische und misstrauische Sicht der Zukunft wird oft über Generationen und durch Kulturen weitergereicht und als respektierte Tradition gelehrt. Es scheint besser, sich auf die Möglichkeit von Verlust vorzubereiten, als davon überrascht zu werden.

„Wir setzen uns mit der Realität auseinander."
„Niemand in dieser Familie hat sich jemals zum Idioten gemacht."
„Du sollst den Tag nicht vor dem Abend loben."
„Alles hat einen Haken. Nichts ist umsonst."
„Erwarte nicht, dass dich jedes Mal jemand auffängt, wenn du fällst."

Solche übernommenen misstrauischen Ansichten können nur schwer verändert werden. Pessimisten sind sich oft sicher, dass sie leicht auszunutzen wären, wenn sie eine optimistischere und vertrauensvollere Einstellung hätten. Ihre tiefsitzenden Überzeugungen werden von einem selektiven Fokus auf negative Konsequenzen gestützt.

Misstrauen in Beziehungen

Sollten Sie ein pessimistischer Beziehungssaboteur sein und Ihre Negativität in Ihre Partnerschaften mit einbringen, suchen Sie möglicherweise unbewusst nach der einer Person, die Ihnen die Hoffnung zurückgibt. Dieser Wunsch hat sicher viele optimistische, lebenslustige Menschen angezogen, die versuchten, Ihr Vertrauen zu gewinnen. Doch Sie haben ihrem Bestreben, Ihnen das Positive im Leben zu zeigen, mit großer Sicherheit widerstanden. Das richtige Maß an Gegenwehr vergiftet positive Energie mit der Zeit und andauernder Pessimismus entkräftet auch den engagiertesten Retter.

Spätestens an dieser Stelle haben Sie sicher realisiert, wie viele positive Menschen Sie angezogen und bezwungen haben, und wie Ihr Leben wohl verlaufen wäre, hätten Sie von Ihrer pessimistischen Weltsicht abgelassen. Wenn Sie Ihre Negativität ablegen, werden sich Ihr Leben und Ihre Beziehungen derart verändern, wie Sie es niemals zu träumen gewagt hätten.

7.2 Die sieben Schritte der Heilung

Negativität ist vollkommen heilbar, doch die Dämonen des Pessimismus sind stark. Letztere haben Sie dazu getrieben, sich wiederholt mit negativen Ereignissen zu beschäftigen und mithilfe der Vergangenheit die Zukunft vorauszusagen. Um Ihren Blickpunkt zu verändern, müssen Sie nicht zwangsläufig so tun, als ob Schwierigkeiten nicht existierten. Doch Sie müssen die Erwartung drohenden Unheils durch eine realistischere Form von Hoffnung ersetzen.

Schritt 1:
Beobachten Sie Ihre pessimistischen Verhaltensmuster, ohne sich zu verurteilen

Sollten Sie von vielen Partnern aufgrund Ihrer pessimistischen Einstellung verlassen worden sein, haben diese sicher aufgegeben, nachdem sie vergeblich versucht hatten, Ihnen Hoffnung zu geben. Unglücklicherweise haben diese Trennungen Ihre negativen Erwartungen zusätzlich verstärkt. Obwohl Ihr Pessimismus Sie vielleicht vor Enttäuschungen geschützt hat, enthielt diese Einstellung Ihnen gleichzeitig Vertrauen, Intimität und tragfähige Liebesbeziehungen vor.

Um zu verstehen, wie Sie sich in Ihren Beziehungen verhalten haben, müssen Sie einige Ihrer negativen Verhaltensweisen noch einmal genauer betrachten. Achten Sie darauf, dass Sie dabei nicht in eine destruktive Stimmung geraten. An dieser Stelle ist es notwendig zu beobachten, ohne Urteile über sich selbst zu fällen.

ÜBUNG

Negative und positive Überzeugungen vergleichen

In Ihrer ersten Übung sollen Sie sich einen Fantasiedialog zwischen sich und einem imaginären optimistischen Partner ausdenken. Notieren Sie einige kurze Gespräche in Ihrem Tagebuch, in denen Sie Ihre negativen Ansichten vorbringen und Ihr erdachter Partner mit seinen optimistischen kontert.

Hier ein Beispiel:
SIE: Du musst immer darauf vorbereitet sein, alles zu verlieren, dann bist du nicht so traurig, wenn es passiert.
IHR IMAGINÄRER PARTNER: Leb dein Leben in vollen Zügen, bis dich ein Verlust ereilt.

Sɪᴇ: Nichts läuft jemals so, wie es soll. Warum sollte man da an das Gegenteil glauben? Man wird bloß verletzt.

Iʜʀ ɪᴍᴀɢɪɴᴀ̈ʀᴇʀ Pᴀʀᴛɴᴇʀ: Ich lerne gewöhnlich etwas Wichtiges aus jeder Erfahrung, die ich im Leben mache. Sonst wäre ich nicht die Person, die ich heute bin. Ich will kein Leben voller Reue leben oder Verluste meine Zukunft bestimmen lassen.

Sɪᴇ: Wenn man sein Herz öffnet, wird man bloß verletzt. Ich bin lieber allein, als das noch einmal zu riskieren.

Iʜʀ ɪᴍᴀɢɪɴᴀ̈ʀᴇʀ Pᴀʀᴛɴᴇʀ: Ich weiß, dass ich verletzt werden kann, wenn ich von ganzem Herzen liebe, doch das ist es mir wert.

Sɪᴇ: Es ist besser, das Schlimmste zu erwarten; dann wird man nicht enttäuscht.

Iʜʀ ɪᴍᴀɢɪɴᴀ̈ʀᴇʀ Pᴀʀᴛɴᴇʀ: Ich weiß, dass Enttäuschungen vorkommen. Das hält mich aber nicht davon ab, einen guten Ausgang in Aussicht zu nehmen.

Das Ziel dieser Übung ist es, dass Sie den Unterschied zwischen Ihrer Negativität und dem Optimismus Ihres Partners erkennen. Vervollständigen Sie Ihre eigene Liste und beantworten Sie danach die folgenden Fragen schriftlich in Ihrem Tagebuch:

1. Wenn Ihre Aussagen richtig sind, sind dann die Ihres Partners falsch?
2. Woher stammen Ihre Ansichten?
3. Warum sträuben Sie sich dagegen, Ihr Leben auf eine positivere Weise zu sehen?
4. Blockieren Ihre Zweifel und Skepsis Ihre Offenheit für Alternativen?
5. Was würde wirklich geschehen, wenn Sie einige Ihrer Ansichten ablegten?
6. Sind Sie in der Lage, Ihr negatives Verhalten zu betrachten und Mitgefühl mit sich zu haben, wenn Sie darüber nachdenken, wie Sie zu dem Menschen wurden, der Sie heute sind?

Verstehen Sie besser, warum Sie auch weiterhin an Ihren pessimistischen Ansichten festhalten, nachdem Sie diese Übung durchgeführt haben? Beginnen Sie zu erkennen, wo diese Ihren Ursprung nahmen?

Schritt 2:
Identifizieren Sie die Wurzel Ihres Pessimismus

In einer Familie gibt es gewöhnlich mindestens eine wichtige Person, die einem Kind die Zuversicht raubt. Entweder ist dieser Mensch ein Träger von über Generationen weitergegebenem Pessimismus oder er hat eigene persönliche Verluste erlitten und vertraut nicht länger auf die Zukunft. So sät er die Saat der Hoffnungslosigkeit, als Vorbild oder im direkten Kontakt.

Pessimistische Überzeugungen setzen sich also bereits in jungen Jahren fest, wachsen mit jedem negativen Ereignis und sind hundertprozentig freude-resistent. Pessimistisch wird man durch verschiedenste Erfahrungen.

Dazu gehören:

- wiederholt gebrochene Versprechen,
- unerwartete und unangemessene Strafen,
- einen Verlust zu erwarten oder mögliche Enttäuschungen aufzubauschen,
- Erstarren und Hilflosigkeit bei der Konfrontation mit Herausforderungen,
- keine Möglichkeiten zur Bedürfnisbefriedigung,
- wiederholt zerstörte Hoffnungen auf Veränderung,
- Spott über eine optimistische Haltung,
- der Stolz, negative Ereignisse vorherzusehen und auf sie vorbereitet zu sein

ÜBUNG

Erinnern Sie sich an frühere negative Dialoge

Wählen Sie zwei oder drei Ereignisse aus der obigen Liste aus, die Kindheitserinnerungen in Ihnen auslösen. Rufen Sie sich zu jedem Punkt eine Szene ins Gedächtnis, aus der hervorgeht, wo Sie waren und wer Ihnen Pessimismus vorlebte. Notieren Sie alle Details Ihrer Erinnerung, und achten Sie dabei besonders auf Ihre Gefühle. Wenn möglich, konstruieren Sie einen imaginären Dialog mit der pessimistischen Person. Es folgt ein Beispiel für die Erfahrung, seine Hoffnung auf Veränderung wiederholt zerstört zu sehen:

Ich bin ungefähr acht Jahre alt und sitze mit meiner Großmutter mütterlicherseits zusammen. Sie ist vom alten Schlag und festgefahren in ihren Ansichten und ihrem Verhalten. Ich liebe ihre Geschichten und Weisheiten, doch das Ende gefällt mir nie. Alle Personen in den Erzählungen lernen wichtige Lektionen, bekommen aber nie, was sie wollen. Es gibt zwar keine Hoffnung auf Veränderung, doch die Menschen werden dafür respektiert, dass sie Ungerechtigkeit ertragen und für ihr Martyrium. Ich möchte, dass die Personen bekommen, was sie sich wünschen, und versuche daher, das Ende der jeweiligen Geschichte zu verändern. Meine Großmutter aber schimpft mich aus, weil ich der Wahrheit nicht ins Gesicht sehe und respektlos bin.

Ich: Oma, warum können die Menschen nicht etwas tun, um sich selbst zu helfen?

Oma: Sie haben keine Möglichkeit.

Ich: Man kann immer etwas anderes ausprobieren.

Oma: Du bist sehr naiv. Es können nicht alle das bekommen, was sie sich wünschen. Vielleicht hast du einfach zu viel.

Ich: Ich möchte bloß, dass sie glücklich sind.

Oma: Nicht alle sind glücklich. Du erwartest Dinge, die in der wirklichen Welt nicht existieren.

Ich: Bist du glücklich, Oma?

Oma: Ich akzeptiere mein Leben so wie es ist und beschwere mich nicht.

Verstehen Sie nach dieser Übung besser, woher Ihre pessimistischen Ansichten stammen? Erkennen Sie, auf welche Weise Ihre Hoffnungen und Träume ständig unterminiert wurden? Haben Sie diese Denkmuster mit in Ihr gegenwärtiges Leben gebracht?

Schritt 3:
Die Auslöser Ihres pessimistischen Verhaltens identifizieren

Ihren Pessimismus können Ereignisse, Personen oder Situationen ausgelöst haben. Sie müssen Ihre persönlichen Trigger identifizieren, damit Sie sich Ihrer Reaktionen rechtzeitig bewusst sind und sie verändern können.

Alles, was Sie an unvermeidbaren Verlust im Kindesalter erinnert, kann für Sie ein Auslöser sein. Auch Versagens-Erfahrungen aus der jüngeren Vergangenheit gehören dazu. In Ihrer derzeitigen Beziehung kann Ihr pessimistisches Verhalten sogar dann aktiviert werden, wenn Ihr Partner versucht Sie aufzuheitern, weil Sie niedergeschlagen oder entmutigt sind oder an der Beziehung zweifeln.

Wenn Ihr Partner versucht, Ihnen Hoffnung zu geben, reagieren Sie dann mit einer der folgenden Arten von Gegenwehr?
„Das habe ich schon versucht. Ich weiß, dass es nicht funktioniert."
„Ich bin einfach zu aufgebracht im Moment."
„Du verstehst es einfach nicht. Sonst würdest du einsehen, dass ich diese Sache nicht in Ordnung bringen kann."
„Versuch doch nicht immer, Dinge besser aussehen zu lassen, als sie wirklich sind. Wenn ich unglücklich bin, dann habe ich einen guten Grund dafür."
„Für dich mag das einfach sein, aber ich bin nicht du."
„Deine Vorschläge sind unrealistisch."
„Nicht alle Probleme der Welt lassen sich richten, nur weil du es willst."
„An dieser Situation ist einfach nichts Gutes zu finden. Versuch nicht, sie besser zu machen, als sie ist."
„Lass mich doch in Ruhe, wenn ich dich runterziehe. Ich bin allein besser dran, wenn ich in dieser Stimmung bin."

ÜBUNG

Wie reagieren Sie, wenn Ihr Partner versucht, Ihnen zu helfen?

Denken Sie darüber nach, wie Sie reagieren, wenn Ihr Partner versucht, Ihre Stimmung zu heben. Notieren Sie Ihre Gedanken in Ihrem Tagebuch. Sollten diese von bestimmten Gefühlen begleitet werden, notieren Sie letztere daneben. Schauen Sie sich Ihre Eintragungen jeden Abend kurz an, um sich Ihrer typischen Reaktionen bewusster zu werden.

Denken Sie immer daran, dass Ihr Partner nicht ewig unter Ihrem Pessimismus leiden kann. Sie sollten ihn fragen, wie er sich fühlt, wenn Sie seine Versuche, Ihre Negativität zu mindern, fortwährend abschmettern.

ÜBUNG

Werden Sie Ihr eigener positiver Partner

Die Übung aus Schritt eins, in der Sie sich positive Aussagen Ihres Partners ausdenken sollten, hat deutlich gemacht, wie negativ Ihre automatischen Reaktionen bisher immer waren. Nun sollen Sie selbst zu Ihrem Partner werden. Versuchen Sie sich an so viele negative Aussagen wie möglich zu erinnern, die Sie sich selbst und anderen gegenüber geäußert haben. Ersetzen Sie diese dann durch positive Erwiderungen. Je übertriebener, desto besser – und vielleicht entdecken Sie dabei sogar einen Ansatz zu Humor. Nach einigen Beispielen werden Sie die Mauern, die Sie anderen in den Weg gestellt haben, hoffentlich klar vor Augen haben und bereitwillig niederreißen wollen:

Pessimistische Aussage: Ich bin einfach zu fertig, um irgendetwas zu unternehmen.
Alternative: Es gibt so viele unglaubliche, fröhliche, befriedigende, angenehme und heilende Dinge, die ich unternehmen könnte, um mich besser zu fühlen.

Pessimistische Aussage: Ich will nicht geheilt werden. Wenn ich unglücklich bin, dann aus gutem Grund. Daher sollte ich mich miserabel fühlen dürfen, wenn ich wirklich so denke.
Alternative: Ich bin es wirklich leid, unglücklich zu sein. Ich will nicht nur geheilt werden, sondern mich großartig und positiv fühlen. Ich bin bereit und gewillt, jede Alternative in Betracht zu ziehen, durch die ich mich besser fühlen könnte.

Je mehr Beispiele Sie sich ausdenken können, desto besser. Vielleicht sträubt sich bei dieser Übung etwas in Ihnen und Sie empfinden einen gewissen Widerstand. Die pessimistischen Reaktionen spiegeln Ihre Loyalität den Menschen gegenüber wider, von denen Sie Ihr destruktives Verhalten erlernt haben. Möglicherweise fürchten

Sie sich auch davor, jene Gefühle aufzugeben, die Sie lange Zeit vor Verlust und der dazugehörigen Enttäuschung beschützt haben. Haben Sie Vertrauen: Die Gefühle werden schwinden, wenn Ihnen klar wird, wie unglücklich Ihre „Lehrmeister" wirklich waren.

Schritt 4:
Finden Sie heraus, wann Sie am anfälligsten für Pessimismus sind

Negative Gefühle lösen Depressionen aus, die Ihnen die Sicht vernebeln auf die Dinge, die jenseits des Negativen liegen. Die Depression, besonders wenn ihre Ursache in einem biochemischen Ungleichgewicht liegt, kann wiederum Ihre negativen Gefühle verstärken. Ein kürzlich erlittener Verlust würde zu Ihrer Schwermut beitragen. Krankheit, Verlust Ihres Unterstützungsnetzwerkes und Geldmangel können pessimistische Ansichten ebenfalls verstärken. Bedauerlicherweise spendet Pessimismus in manchen Fällen Trost, wenn Ihr Leben außer Kontrolle gerät und Sie glauben, Sie hätten es nicht besser verdient.

Sie können Ihre pessimistischen Reaktionen dadurch vermindern, indem Sie sich besser um sich selbst kümmern. Bewegung, guter Schlaf und der Verzicht auf „Achterbahn-Lebensmittel" wie Koffein, Alkohol und raffinierten Zucker können schon in nur kurzer Zeit einen entscheidenden Unterschied machen. Auch das Zusammensein mit positiven Menschen hilft, solange Letztere Ihren rebellischen Drang nicht schüren, alle optimistischen Ansichten zu entkräften.

In Hinsicht auf Ihre aktuellen Enttäuschungen müssen Sie sich immer vor Augen halten, dass diese nicht alles im Leben bedeuten. Was heute der Wahrheit entspricht, muss dies nicht auch morgen noch tun und vielleicht sehen Sie nicht alle möglichen Alternativen. Sie sind in der Lage, sich freizumachen und andere Wege zu entdecken.

Ohne sich darüber im Klaren zu sein, verwenden viele Pessimisten unbewusst positive Bewältigungsstrategien. Kinder meiden ganz automatisch den Schmerz und streben nach Vergnügen. Auch wenn die meisten ihrer Hoffnungen zerstört wurden, klammern sie sich nichtsdestotrotz weiter an die verbleibenden. Als Erwachsene entwickeln einige dieser Menschen den Aberglauben, dass Wünsche weniger wahrscheinlich in Erfüllung gehen, wenn sie darauf hoffen. Tief im Innern lassen sie sich durch Verluste jedoch nicht all ihre Freude nehmen, auch wenn sie fortwährend abstreiten, dass etwas Gutes geschehen wird.

Um Ihr pessimistisches Verhalten hinter sich zu lassen, müssen Sie Ihre unter der Oberfläche lauernden Bewältigungsmechanismen aufdecken und erkennen. Diese sind entscheidende Bestandteile Ihres Veränderungsprozesses.

ÜBUNG

Finden Sie versteckte Bewältigungsmechanismen

Notieren Sie in Ihrem Tagebuch, wie Sie sich in der Vergangenheit aus pessimistischen Spiralen befreit haben. Beurteilen Sie danach auf einer Skala von 1 bis 4, wie oft Sie jede Ihrer Bewältigungsstrategien anwenden. (1 = gar nicht, 2 = gelegentlich, 3 = oft, 4 = [fast] immer). Passen Sie die folgende Liste mit Bewältigungsmechanismen nach Bedarf Ihren eigenen Verhaltensweisen an.

Beispiel: Wann immer Sie negativ und pessimistisch in die Zukunft blicken, tun Sie Folgendes:
1. *Sie kümmern sich um Ihr körperliches Wohlergehen.*
2. *Sie arbeiten an Ihrer Spiritualität.*
3. *Sie lenken sich ab, indem Sie etwas Nettes für jemand anders tun.*
4. *Sie sehen Dinge aus einem anderen Blickwinkel und erkennen, dass Sie die Schwere Ihrer Situation übertrieben haben.*
5. *Sie rufen einen guten Freund an, bei dem Sie Ihrem Ärger Luft machen können, ohne dass er versucht, Ihre Stimmung zu ändern.*
6. *Sie halten für einige Zeit Abstand zu allen und priorisieren wirklich Wichtiges.*
7. *Sie besinnen sich auf das, was Sie an Ihrem Leben lieben.*
8. *Sie denken darüber nach, wie Sie mehr Zufriedenheit herstellen können.*
9. *Sie bitten Ihren Partner darum, sich um Sie zu kümmern.*

Das Ziel dieser Übung ist zu erkennen, dass Sie nicht ständig und vollkommen Pessimismus-gesteuert sind. Führen Sie den Test einmal die Woche durch, um zu sehen, wie Sie sich fühlen. Wie oft haben Sie Ihre Bewältigungsstrategien eingesetzt? Eine Aufwärtstendenz ist dabei wichtiger als die individuelle Bewertung. Fügen Sie neue positive Mechanismen immer gleich Ihrer Liste hinzu.

Schritt 5: Alternativen zum Pessimismus entwickeln

In vielen Pessimisten versteckt sich ein Idealist, der an Glück und Freude glauben möchte. Ihre negative Einstellung hat Ihnen in Ihren Beziehungen viel Kummer bereitet, Sie aber auch beschützt. Wenn Sie von ihr ablassen wollen, werden Sie solange schutzlos sein, bis Sie sich wirklich sicher sind, dass Sie mit Ihrem Pessimismus brechen wollen.

Für diesen Veränderungsprozess können Sie sich rüsten, indem Sie immer an die Momente in Ihrem Leben denken, in denen Ihre Angst vor Verlust Sie nicht mutlos machte. Jene Ereignisse waren kein Zufall. Achten Sie also darauf, ihre Bedeutung nicht herunterzuspielen. Versuchen Sie sich an Ihre eigenen Tapferkeitsbeweise zu erinnern und listen Sie diese in Ihrem Tagebuch auf. Zollen Sie Ihrem eigenen Mut Respekt, so wie Sie es bei einer Person tun würden, die Sie sehr lieben.

ÜBUNG

Wann waren Sie tapfer?

Beschreiben Sie drei oder mehr Ereignisse in Ihrem Leben, bei denen Sie sich durch Ihren Pessimismus nicht von etwas abhalten ließen, das Sie wirklich wollten. Finden Sie heraus, was Sie getan haben, um Ihre negativen Tendenzen zu überwinden und trotzdem an Ihrem Vorhaben festzuhalten.

Hier ein Beispiel:
Ich erinnere mich daran, dass ich in der Schule gerne im Tennisteam spielen wollte. Ich wusste, dass ich nicht gut genug war, da ich mich zuvor mit einigen der Spieler gemessen hatte, die alle viel besser waren als ich. Ich malte mir das Szenario mindestens hundertmal im Geiste aus und stellte mir vor, wie ich das Spielfeld als Verlierer verlassen würde. Es wäre einfacher gewesen, sich keine Hoffnungen zu machen, als sich mit der Enttäuschung auseinanderzusetzen, nicht ins Team zu kommen. Doch auf die eine oder andere Weise hatte ich das Gefühl, es einfach versuchen zu müssen.

Der Trainer schien überrascht, als ich auftauchte, doch ich war fest entschlossen, ihm meine Angst nicht zu zeigen. Ich dachte an meinen besten Freund, der als Dreijähriger ein Bein durch Krebs verloren hatte. Ich versuchte mich daran zu erinnern, was mein Großvater mir über „niemals aufgeben" gesagt hatte. Irgendwo hatte ich einmal gelesen, dass man Angst überwinden kann, indem man sie in Kraft verwandelt. Als ich das Spielfeld schließlich betrat, schob ich all meine Sorgen beiseite und spielte so gut ich konnte. Und ich schaffte es ins Team. Ich konnte es kaum fassen. Es fühlte sich großartig an.

Das Niederschreiben von Erfolgserlebnissen wird Sie an Momente erinnern, in denen Ihr Mut Ihren Pessimismus ausschaltete. Bei der Überzeugung, dass Dinge niemals gut gehen werden, handelt es sich um einen Aberglauben, der Ihnen in jungen Jahren beigebracht wurde. Sie wurden programmiert, das Schlimmste zu erwarten. Und sollte stattdessen etwas Positives passieren, haben Sie gelernt, es herunterzuspielen. Wie war es Ihnen möglich, in bestimmten Fällen diese Lehren beiseitezuschieben, der Unsicherheit mit Mut entgegenzutreten und sich nicht geschlagen zu geben?

Bis Sie davon überzeugt sind, dass Ihr Mut Sie nicht verlassen wird, müssen Sie von nun an auf jeden Augenblick achten, in dem Sie trotz der Erwartung eines negativen Endes tapfer waren. Wenn Sie wieder einmal entmutigt sein sollten, erinnern Sie sich an Momente, in denen Sie sich von Ihrem Pessimismus nicht aufhalten ließen.

Schritt 6:
Suchen Sie Unterstützung für Ihre neue Perspektive

Dieser Schritt wird Ihnen am schwersten fallen. Sie sind so lange ein pessimistischer Beziehungssaboteur gewesen, der ständig gegen den Optimismus seiner Partner ankämpft und Letztere dadurch zermürbt. Als Folge haben Sie gleichzeitig Ihre Negativität verstärkt. Sie sind zu einem geschickten Kämpfer geworden, der seine Gegner zu besiegen weiß. Von nun an müssen Sie Ihr Herz bewusst für Menschen öffnen, die Ihnen den Glauben an positive Möglichkeiten zurückgeben können.

Die Menschen, für die Sie sich entscheiden, müssen Ihre neuen Beschlüsse ganz objektiv sehen können, ohne Mitleid mit Ihnen zu haben oder Sie heilen zu wollen. Die Personen müssen verstehen, dass sie keine Verantwortung für Ihr Leid tragen, auch wenn Sie Schwierigkeiten haben sollten, Ihren neuen Weg einzuhalten.

Pessimisten verfügen über ein beachtliches Repertoire an Gesichtsausdrücken und Stimmlagen, die andere Menschen zu Mitleid verleiten. Daher ist es ratsam, mit Ihren Unterstützern fast ausschließlich schriftlich zu kommunizieren. Probieren Sie es per SMS und E-Mail.

Sollten Sie sich in einer Langzeitbeziehung befinden, kann Ihr Partner – wenn Sie auch nur den kleinsten Fortschritt machen – möglicherweise Ermutigungen, Unterstützung und Bestätigung nur schwer zurückhalten. Bitten Sie Ihren Partner, dies zu unterlassen. Es ist wichtig, dass Sie Ihren Triumph über Ihre Negativität selbst spüren. Die übertriebenen Reaktionen Ihres Partners könnten Misstrauen in Ihnen wecken und Sie tiefer in die Verzweiflung treiben, statt hilfreich zu sein.

Schritt 7:
Das Ziel im Auge behalten

Ständig in der Erwartung drohenden Unheils zu leben, kann eine schwere Last auf Ihren Schultern sein. Diese wird sich langsam heben, während Sie Ihre neuen Verhaltensweisen üben. Sie werden dann eine Leichtigkeit des Seins spüren, die ganz wesentlich dafür ist, dass Sie auf dem neuen, richtigen Weg bleiben. Dies wird allerdings einige Zeit in Anspruch nehmen. In der Zwischenzeit werden Sie sich ängstlich und verletzlich fühlen – und trotzdem immer mehr Risiken eingehen.

Sie können Ihre Ängste besiegen, indem Sie übertreiben und diese Übertreibungen mit der faktischen Realität vergleichen. Wenn Sie sich Ihre Vergangenheit einmal anschauen, werden Sie feststellen, dass die meisten Ihrer Ängste und Befürchtungen unbegründet waren.

ÜBUNG

Vergleichen Sie Ihre Erwartungen mit der Realität

Denken Sie jeden Morgen über die Herausforderungen nach, die der neue Tag bringen wird, und malen Sie sich absichtlich die negativsten Folgen aus. Seien Sie so misstrauisch und pessimistisch wie nur möglich. Listen Sie mindestens fünf Dinge in Ihrem Tagebuch auf, die Sie an einem beliebigen Tag in Angriff nehmen wollen, und notieren Sie den schlimmsten Ausgang einer jeden Handlung.

Hier ein Beispiel:
Heute muss ich bei einem wichtigen Meeting eine Präsentation halten. Ich werde nur Dummes von mir geben, falsch gekleidet sein und die anderen Ausschuss-Mitglieder werden sich fragen, warum sie mich überhaupt aufgenommen haben. Ich werde Kaffee auf dem neuen Teppich im Konferenzraum verschütten und meine Präsentation genau dann verpfuschen, wenn mein Chef gerade vorbeigeht.

Nachdem Sie Ihre fünf Erwartungen notiert haben, legen Sie Ihr Tagebuch beiseite und leben Sie Ihren Tag mit dem neuen Optimismus, den Sie hier gelernt haben. Wenn Sie abends nach Hause kommen, notieren Sie, was an dem jeweiligen Tag anstelle Ihrer düsteren Aussichten wirklich geschah:

Ich war auf alles vorbereitet. Meine Präsentation lief besser als erwartet. Ich war zwar nervös, aber das waren die anderen auch, sodass niemand sich darum zu kümmern schien. Ich konnte sie sogar an einigen Stellen zum Lachen bringen. Im Nachhinein hörte ich, dass dies auch meinem Chef zu Ohren gekommen und er von meinem Beitrag begeistert war. Das Ergebnis war vielleicht nicht so gut, wie es hätte sein können, doch auf jeden Fall sehr viel besser als ich angenommen hatte.

Sie werden einige wichtige Unterschiede zwischen den Erwartungen eines Pessimisten und den realistischen Vorhersagen eines Menschen feststellen, der die Zukunft als das Abenteuer sieht, das sie ist.

ÜBUNG

Komplimente akzeptieren

Der letzte Schritt Ihrer Transformation besteht darin, Aufmunterungen und Komplimente zu akzeptieren, ohne in ihnen Versuche zu sehen, Sie zu manipulieren oder auszubeuten. Da Sie in Ihren früheren Beziehungen sicher viele gut gemeinte Gefühle zurückgewiesen haben, werden Sie Zeit benötigen, um zwischen positiven Absichten und eventueller Manipulation unterscheiden zu lernen.

An dieser Stelle kann sich Ihr derzeitiger Partner als wahrer Segen erweisen. Teilen Sie ihm mit, dass Sie Ihre Zweifel ernst nehmen müssen, darüber aber die ehrlichen Worte eines anderen Menschen nicht ignorieren wollen. Wenn Ihr Partner Ihnen ein Kompliment macht, können Sie ihn beispielsweise bitten, Ihnen seine Motivation genauer zu erklären. Sagen Sie ihm auch, dass Sie zu Anfang alles Positive abwehren werden, sich aber um eine bessere Einstellung bemühen. Ihr Unbehagen bei dem Wunsch nach etwas, das vielleicht niemals geschehen wird, ist verständlich. Bitten Sie um Geduld und Verständnis.

Schreiben Sie jeden Abend die Komplimente in Ihr Tagebuch, die Sie an dem jeweiligen Tag bekommen haben. Notieren Sie dann, wie Sie früher darauf reagiert hätten und was Sie heute versuchen anders zu machen. Es kann einige Monate dauern, bis Sie Ihren eigenen Reaktionen vertrauen und Unterstützung und Ermunterung akzeptieren können, doch Sie werden die positive Veränderung auf jeden Fall bemerken.

Denken Sie immer daran, dass Pessimismus eine erlernte Reaktion ist. Ihnen wurde beigebracht, dass Leichtgläubigkeit und ungezügelter Optimismus Sie unvorbereitet in die Katastrophen des Lebens laufen lassen. Einzig der Pessimismus konnte Sie schützen. Hoffentlich haben Sie inzwischen festgestellt, dass er genau das Gegenteil bewirkt und Sie nun frei sind, die Möglichkeiten des Lebens zu genießen, statt seine potenziellen Tragödien zu fürchten.

8. | Der Drang, im Mittelpunkt zu stehen: „Schenkt mir eure ungeteilte Aufmerksamkeit!"

Beziehungssaboteure, die immer im Mittelpunkt stehen müssen, hungern nach der Aufmerksamkeit ihrer Umgebung. Geht es einmal nicht um sie, sind sie nicht mehr mit anderen Menschen in Verbindung und verlieren das Interesse an ihnen. Selbst wenn sie verstanden haben, dass anderen Aufmerksamkeit zu schenken ihnen Vorteile bringen könnte, scheinen sie nicht in der Lage zu sein, das Rampenlicht aufzugeben.

Berühmte oder charismatische aufmerksamkeitsgierige Menschen kommen in den Genuss einer endlosen Reihe sie bewundernder Fans. Alle anderen sichern sich die begehrte Aufmerksamkeit durch Hartnäckigkeit und Forderungen, schüchtern ein, um höfliche Zustimmung zu erlangen. In jedem Fall ist für das Rampenlicht liebende Menschen das Publikum immer eine Geisel, um ihre Selbstsucht zu befriedigen.

Die Ursachen dieses Problems sind nicht immer leicht zu erkennen. In einigen Fällen handelt es sich bei den Betroffenen um Menschen, die als Kinder abgöttisch geliebt wurden und deren „Showeinlagen" bei ihren Familien auf Anerkennung stießen. Wahrscheinlicher ist jedoch, dass aufmerksamkeitsgierige Menschen in ihrer frühen Kindheit keine zuverlässige emotionale Stabilität erfahren haben. Sie mussten um die Beachtung kämpfen und glauben auch heute noch, dass sie sie nur dann erhalten, wenn sie von anderen Aufmerksamkeit einfordern.

Welche Gründe die Betroffenen auch immer haben mögen, sie nutzen andere aus, indem sie unangemessen viel Zeit und Beachtung für sich in Anspruch nehmen. Sie sind nicht in der Lage, vor Publikum zu schweigen, ganz gleich, ob das aus vielen Personen oder nur einer besteht. Scheinbar unersättlich, lassen sie keinen Raum für die Meinungen oder Bedürfnisse anderer.

Wenn Sie den Eindruck haben, Unterhaltungen ständig zu dominieren, anderen das Wort zu nehmen oder den Fokus immer wieder auf sich selbst zu lenken, dann sind Sie möglicherweise ein Beziehungssaboteur, der fortwährend im Mittelpunkt stehen muss. Aufmerksamkeit heischendes Verhalten und wahre Intimität schließen sich gegenseitig aus. Um eine echte Verbindung zu anderen Menschen herzustellen, müssen Sie lernen, das Scheinwerferlicht mit ihnen zu teilen, ohne ihnen dies übel zu nehmen oder sich abgewertet zu fühlen.

8.1 Mögliche Gründe für Ihren Drang, im Mittelpunkt zu stehen

In der folgenden Liste finden Sie mögliche Ursachen für Ihren Drang, ständig im Rampenlicht stehen zu wollen und dabei Nähe zu anderen zu opfern:

- Sie wurden als Kind dazu ermuntert, Ihre Familie zu unterhalten.
- Familienangehörige lebten ihr Leben durch Sie.
- Schweigen in einer Unterhaltung macht Sie nervös. Sie müssen die Lücke füllen.
- Sie fürchten, nicht beachtet zu werden, wenn Sie nicht im Mittelpunkt stehen.
- Die unterhaltsamste Person in Ihrer Familie erhielt die meiste Aufmerksamkeit.
- Von anderen haben Sie oft gehört, dass ein Abend ohne Sie nicht das Gleiche ist.
- Sie sind der Meinung, dass Ihre Beiträge wertvoller sind als die anderer.
- Geselliges Zusammensein macht Sie nervös, sodass Sie nicht still sein können.
- Es fällt Ihnen sehr schwer, die Gefühle anderer zu lesen, und Sie sind verunsichert, wenn Sie nicht die Kontrolle übernehmen.
- Sie übernehmen die Verantwortung dafür, dass Unterhaltungen interessant bleiben.
- Sie sind auf der Suche nach Ihrem verbalen Seelenverwandten, der speziellen Person, die mit Ihnen Schritt halten kann.
- Sie wünschen sich Zuwendung und Aufmerksamkeit und kennen keinen anderen Weg, um dies zu erhalten.
- Sie sind das Kind eines egozentrischen Menschen und haben sein Verhalten angenommen.

Treffen einer oder mehrere dieser Gründe auf Sie zu? Wenn ja, listen Sie sie in Ihrem Tagebuch auf, um Sie nach Bedarf anschauen zu können. Fügen Sie alle anderen Gründe hinzu, die Ihnen zusätzlich einfallen.

Schauen Sie hinter die Kulissen

In Wahrheit sind die meisten Beziehungssaboteure, die immer im Mittelpunkt stehen müssen, selten eingebildet oder zufrieden mit sich. Wenn sie allein sind, durchleben einige von ihnen ihre gesellschaftlichen Interaktionen noch einmal mit Bedauern und Scham. Andere versuchen ihr Verhalten zu rationalisieren und sich davon zu überzeugen, dass ihre Ein-Mann-Show geschätzt wurde und notwendig war. Bedeutende Menschen oder jene, die glauben, bedeutend zu sein halten, ihre Auftritte als Alleinunterhalter möglicherweise für ein Geschenk an die Menschheit.

Auch wenn Ihr Aufmerksamkeit heischendes Verhalten Sie intime Beziehungen zu Menschen, die Sie lieben, gekostet haben sollte: Es gibt Hoffnung für Sie. Langeweile,

Schweigen und Beklemmung sind nicht Ihre einzigen Alternativen. Es gibt andere Daseinsformen, die sowohl Ihre Bedürfnisse befriedigen als auch die Ihrer Mitmenschen.

8.2 Die sieben Schritte zur Heilung

Der erste Schritt in Richtung Veränderung wird sein, die Ursachen Ihres Dranges, im Mittelpunkt zu stehen, zu erkennen und herauszufinden, wie dieses Bedürfnis in Ihren Beziehungen zum Ausdruck kommt.

Schritt 1:
Beobachten Sie Ihren Drang, im Mittelpunkt zu stehen, ohne sich zu verurteilen

Dieser erste Schritt wird für Sie am schwersten sein. Sollten Sie Ihr destruktives Verhalten Ihr ganzes Leben lang gezeigt haben, wird es nicht einfach sein, sich selbst von außen zu betrachten oder die Reaktionen Ihres Partners zu beobachten. Die gute Nachricht ist jedoch, dass, wenn Sie diesen Schritt gemeistert haben, die folgenden sehr viel einfacher sein werden.

In der nächsten Übung sollen Sie so viele Informationen über Ihr Verhalten sammeln wie möglich, ohne Ihr Urteilsvermögen von Ihrer Selbstkritik trüben zu lassen. Sie sollen herausfinden, wie andere sich fühlten, während sie Ihnen bei Ihren „Auftritten" zuschauten. Stellen Sie sich vor, Sie wären eine objektive Kamera, die Sie einfach nur beobachtet und Bilder von der Situation macht.

ÜBUNG

Den unsichtbaren Dialog einfangen

Vergegenwärtigen Sie sich eine Situation mit einem Partner, in der Sie die Unterhaltung an sich gerissen haben. Schreiben Sie Ihre Gedanken in Ihr Tagebuch und beantworten Sie dazu die folgenden Fragen:

- Wo waren Sie?
- Was war der Anlass?
- War die Beziehung zu Ihrem Partner relativ frisch oder waren Sie zu dem Zeitpunkt bereits lange zusammen?
- Können Sie beschreiben, wie sehr oder wenig emotional nah Sie einander zu diesem Zeitpunkt waren?
- Wie reagierte Ihr Partner, als Sie sich in den Mittelpunkt drängten?
- Was war Ihre Reaktion?

Nachdem Sie sich die Ausgangslage klargemacht haben, versuchen Sie, sowohl den gesprochenen Dialog zwischen Ihnen und Ihrem Partner zu rekonstruieren als auch das niederzuschreiben, was jeder von Ihnen wohl gedacht, aber nicht gesagt hat. Geben Sie Ihr Bestes um sich vorzustellen, was wohl im Kopf Ihres Partners vor sich gegangen sein mag.

Hier ein Beispiel:
Mein Freund und ich saßen in einem Restaurant und aßen zu Abend. Der Anlass war das dreijährige Jubiläum unserer ersten Verabredung. Ich glaube, ich hatte größere Erwartungen an den Abend als er. Er sagte nicht viel und schien etwas distanziert. Ich wurde unsicher und nervös, weil ich dachte, etwas sei im Gange. Mein Freund hatte mir zu verstehen gegeben, wie sehr es ihm missfiel, wenn ich anfing, meine Show abzuziehen. Ich versuchte mich ruhig zu verhalten, was mir sehr schwer fiel. Ich wollte nicht, dass der Abend langweilig wurde und hatte das Gefühl, die Einzige zu sein, die etwas Schwung in die Sache bringen konnte.

Iᴄʜ: Bedrückt dich etwas? Du bist so still.

Mᴇɪɴ Pᴀʀᴛɴᴇʀ: Nein, bloß müde.

Iᴄʜ: (Nervosität stellt sich ein. Ich beginne mich unsicher und etwas unwichtig zu fühlen. Suche sein Gesicht nach Zeichen von Verärgerung ab. Denke, es ist besser, die Lücke zu füllen.) Ich war heute mit meinem Chef beim Mittagessen. Er versicherte mir, dass ich die neue Stelle bekomme. Meinst du, das ist eine gute Idee? Ich habe die anderen gefragt und sie denken, ich treffe die falsche Entscheidung. Sie haben die Vermutung, mein Chef könnte Annäherungsversuche starten. Das ist mir schon einmal passiert und ich hatte nicht die geringste Vorahnung. Ich will nicht wieder dumm dastehen. Was denkst du, Schatz?

Mᴇɪɴ Pᴀʀᴛɴᴇʀ: (Denkt: Ich hatte gehofft, wir könnten einfach nur ruhig und gemütlich zu Abend essen. Sie steckt immer in irgendeiner Krise. Das läuft bestimmt wieder auf einen einstündigen Monolog hinaus. Sie ist ein tolles Mädchen, aber es scheint, als könnte sie einfach nicht aufhören zu reden. Vielleicht hört sie schneller wieder auf, wenn ich wenig sage.) Hört sich an, als bräuchtest du mehr Informationen.

ICH: (Denke: Ich sehe, dass er mir kaum zuhört, brauche aber unbedingt seine Aufmerksamkeit in dieser Situation. Ich muss ihm bloß noch ein bisschen mehr über die Sache erzählen. Vielleicht wächst sein Interesse, je länger ich erzähle.) Ich bin wirklich beunruhigt und kann einfach nicht aufhören darüber nachzudenken. Ich muss deine Meinung hören. Du kennst meinen Chef und weißt, wie er arbeitet. Einem Gerücht zufolge hat er es schon einmal bei jemand anders versucht. Ich habe im Internet gesucht und die Informationen sind schrecklich widersprüchlich.

MEIN PARTNER: Okay. (Denkt: Sie wird nicht eher Ruhe geben, bis sie alles durchgekaut hat. Hört sich nach einem langen Abend an. Ich habe keine Ahnung, warum sie nicht versteht, dass mich dies nicht sonderlich interessiert. Ich will sie aber auch nicht verletzen, besonders an unserem Jahrestag nicht. Ich werde versuchen, ihr bis zum Ende zuzuhören.)

In dieser Situation fürchtet sich die Person mit dem Drang nach Beachtung davor, die Aufmerksamkeit zu verlieren, die sie braucht. Sie ist nicht in der Lage, zwischen den Zeilen zu lesen und kann sich nicht vorstellen, wie ihr Partner sich fühlt. Obwohl Ihr Szenario ganz anders aussehen kann, ist das Ziel doch das gleiche: Lauschen Sie Ihrem eigenen inneren Dialog und stellen Sie sich vor, was Ihr Partner denkt, aber nicht sagt.

Es kann schon ausreichen, sich das eigene Verhalten und seine Auswirkungen auf andere bewusst zu machen, um in Ihnen den Wunsch nach Veränderung auszulösen. Schauen Sie sich noch einmal die Listen mit den möglichen Gründen für Ihr destruktives Verhalten an. Dies kann Ihnen bei Ihrer Transformation helfen.

Schritt 2:
Identifizieren Sie die Wurzel Ihres Dranges nach ungeteilter Aufmerksamkeit

Kleinkinder wollen von Natur aus im Mittelpunkt stehen. Wenn sie mehr Beachtung verlangen, als ihnen zusteht, werden sie gewöhnlich zurechtgewiesen. So lernen sie im Laufe ihrer Entwicklung, das Rampenlicht mit anderen zu teilen, denn dies bringt ihnen größere gesellschaftliche Anerkennung. Erfahrungen lehren sie, ihren unangemessenen Drang nach Beachtung zu unterdrücken, denn so werden sie eher akzeptiert und erhalten positive Rückmeldungen.

Erwachsene, die trotz der negativen Reaktionen ihrer Mitmenschen auch weiterhin im Mittelpunkt stehen wollen, haben an irgendeiner Stelle nicht gelernt, wo es angemessene Grenzen gibt. Ganz gleich, ob diese negativen Verhaltensmuster durch Konditionierung, Nachahmung oder Traumata entstanden sind: Sie sind unbewusste Sperren für Veränderungsprozesse. Die Betroffenen sind selbst dann nicht in der Lage, ihr Verhalten zu kontrollieren, wenn sie von liebenden oder frustrierten Partnern darauf angesprochen werden. Wenn sie vor die Tatsachen gestellt werden, versuchen sie womöglich, ihr Verhalten zu entschuldigen:

Ich bin in einer Familie mit sieben Geschwistern aufgewachsen und beide Eltern mussten arbeiten. Wenn du bei uns gehört werden wolltest, musstest du für deine paar Minuten Aufmerksamkeit alle anderen ausschalten. Wenn du erst einmal Beachtung hattest, war es am besten, sie zu halten, weil du nie wusstest, ob du sie jemals wieder bekommen würdest. Du musst mir verzeihen, wenn ich die Aufmerksamkeit an mich reiße. Ich kann einfach nicht anders.

Vielleicht erwidern sie auch:
Mein Vater war ständig auf Reisen. Wenn er einmal zu Hause war, wollte ich seine ungeteilte Aufmerksamkeit. Ich lernte all die Dinge zu tun, die er liebte, damit er mir Beachtung schenkte. Ich konnte nie genug bekommen. Wenn ich jemanden liebe, brauche ich genau das gleiche Maß an Aufmerksamkeit, da ich mich sonst genau so traurig fühle wie damals, als mein Vater uns wieder einmal verließ. Derjenige, der mit mir zusammen sein will, darf dies einfach nicht persönlich nehmen.

Ihre Gründe Ihres Aufmerksamkeit heischenden Verhaltens werden Ihnen immer berechtigt erscheinen, doch wenn Sie daran festhalten, werden Sie niemals die aufrichtige Beachtung und Liebe bekommen, die Sie begehren. Nachdem Sie verstanden haben, warum Sie ständig im Mittelpunkt stehen müssen und wie Sie sich anders verhalten können, werden Sie leichter daran glauben können, dass Ihnen die Liebe mit größerer Wahrscheinlichkeit über den Weg laufen wird, wenn Sie nicht mehr versuchen, sie erzwingen zu wollen. Sobald Ihnen klar geworden ist, dass Sie für die nötige Beachtung nicht einen so hohen Preis wie bisher zahlen müssen, lässt es sich ohne Altlasten aus der Vergangenheit viel leichter in die Zukunft blicken.

Der egozentrische Elternteil

Ein egozentrischer Elternteil ist einer der am weitesten verbreiteten Gründe für den Drang, im Mittelpunkt zu stehen. Sollte gerade dieser Vater bzw. diese Mutter sich am meisten um das Kind kümmern, könnte es als Folge einen reaktiven Selbsterhaltungstrieb entwickeln. Das Kind zeigt Aufmerksamkeit heischendes Verhalten, weil es ständig um das Recht, anerkannt zu werden, kämpfen muss, das ihm der Elternteil emotional nicht zugestehen kann. Wenn es als Erwachsener diesen Drang aufgeben soll, kommt wieder die schreckliche Angst aus der Kindheit hoch, emotional ausradiert zu werden. Sollte diese Beschreibung auf Sie zutreffen, müssen Sie verstehen lernen, welche Auswirkungen das Verhalten Ihres narzisstischen Elternteils auf Sie hatte.

Narzisstische Menschen sehen die Welt durch den Schleier Ihrer eigenen Egozentrik. Die Personen in ihrem Leben werden oft zu Objekten reduziert, die ihre Begierden entweder erfüllen oder behindern. Narzissten werden völlig von ihrer eigenen Wichtigkeit und ihrem aufgeblähten Selbstwertgefühl eingenommen. Ihrer Ansicht nach muss ihnen ganz selbstverständlich Bewunderung und Respekt gezollt werden, ganz gleich, was sie tun. Ihre Erwartungen sollten ihnen von den Augen abgelesen und sofort erfüllt werden – die Gefühle anderer zählen dabei nicht. Sie können sich nicht in die Gefühle anderer hineinversetzen und halten die Bedürfnisse anderer nicht für so wichtig wie die eigenen.

Im Folgenden finden Sie eine Liste mit den Überzeugungen narzisstischer Menschen:
- „Ich bin wichtiger als du."
- „Ich bin so besonders, dass du alles, was ich tue oder sage, als richtig akzeptieren musst."
- „Dein Wert hängt davon ab, ob du mir das Gefühl gibst, unverzichtbar und angesehen zu sein."
- „Deine Aufgabe ist es, mir das Gefühl zu geben, wichtig zu sein."
- „Du solltest meine Bedürfnisse ohne Klagen erfüllen."
- „Du solltest meine Bedürfnisse immer über die deinen stellen."
- „Ich habe Rechte, die du nicht hast."
- „Niemand wird jemals so wunderbar sein wie ich."

Sollte diese Liste von Ansprüchen Sie an einen Elternteil oder eine andere wichtige Person aus Ihrer Kindheit erinnern, haben Sie die Forderungen möglicherweise unbewusst verinnerlicht, statt sich dem Willen des Narzissten zu beugen. Sollten Sie den Eindruck haben, dass Ihr destruktives Verhalten andere Ursachen hat, können Sie die folgende Übung überspringen.

ÜBUNG

Wurden Sie von einem egozentrischen Elternteil aufgezogen?

Notieren Sie den Namen Ihres narzisstischen Elternteils in Ihrem Tagebuch und fügen Sie hinzu, welche Ansichten und welches Verhalten er oder sie von Ihnen erwartete. Schreiben Sie auf, wie Sie als Kind unter der Selbstsucht Ihres Elternteils litten. Fragen Sie sich daraufhin, ob Sie jene elterlichen Erwartungen verinnerlicht und auf andere Menschen angewandt haben.

Während Sie sich an Ereignisse erinnern, wird Ihnen bewusst werden, wie sehr Sie immer noch fürchten, nicht beachtet zu werden. Mit diesem Wissen werden Sie besser verstehen, wie es Ihrem Partner ergeht, wenn Sie ihm gegenüber das Verhalten Ihres Elternteils nachahmen. Für die meisten Kinder, die von Narzissten verletzt wurden, reicht allein dieses Bewusstsein aus, um ihren Drang nach Aufmerksamkeit zu besiegen.

Schritt 3:
Identifizieren Sie die Auslöser Ihres Dranges, im Mittelpunkt zu stehen

Auch wenn es ganz verschiedene persönliche Gründe geben mag, weshalb jemand zu einem Beziehungssaboteur mit dem Drang nach Beachtung wird: Alle reagieren sie auf dieselben Auslöser für dieses destruktive Verhalten. Einige der am häufigsten vorkommenden Trigger sind:

- Mit jemandem zusammen sein, der Beachtung entweder vorenthält oder im Überfluss schenkt.
- Die Annahme, dass jemand nicht an dem interessiert ist, was Sie zu sagen haben.
- Sich Zuneigung wünschen, aber nicht zu wissen, wie diese anders zu bekommen ist.
- In Konkurrenz zu jemand anders stehen, der Aufmerksamkeit besser auf sich zu lenken weiß.
- Sich langweilen und das Bedürfnis verspüren, dies ändern zu müssen.
- Nervosität oder Unsicherheit.
- Die Befürchtung, dass niemand Sie mögen könnte, wenn Sie andere nicht unterhalten.
- Sich ausgestoßen und unwichtig fühlen.

Wollen Sie Ihren Drang, im Mittelpunkt stehen zu müssen, abstellen, dann müssen Sie erkennen, wann dieses Verhalten ausgelöst wird und wie Sie eine Verhaltensänderung herbeiführen können. Die beste Methode ist, sich Ihre frühesten Kindheitserinnerungen ins Gedächtnis zu rufen, an Situationen, in denen Sie sich entweder selbst in den Mittelpunkt drängten oder dies bei einem Familienmitglied beobachteten.

ÜBUNG

Beobachten Sie Ihre eigene Darbietung

Stellen Sie sich vor, Sie wären ein Außenstehender und versetzen Sie sich zurück in Ihre Kindheit. Erinnern Sie sich bitte an einen Moment aus dieser Zeit, in dem entweder Sie oder jemand anders im Mittelpunkt der allgemeinen Aufmerksamkeit stand. Beschreiben Sie die Situation so ausführlich wie möglich in Ihrem Tagebuch. Beantworten Sie dabei die folgenden Fragen:

Was ging dem destruktiven Verhalten voraus?

Wer war anwesend?

Welche Rolle spielten Sie?

Was empfanden Sie?

Ungeachtet, um wen es sich handelte: Wie reagierten die anderen Anwesenden auf die Person im Mittelpunkt?

Hier ein Beispiel:

Ich bin draußen und spiele allein. Meine Mutter bittet mich hereinzukommen, da meine Tante und mein Onkel gekommen sind. Sie hat den beiden bereits mitgeteilt, dass ich etwas Spezielles tun werde, und die Zwei sehen mich erwartungsvoll an, als erwarteten sie eine Vorstellung. Ich weiß, dass meine Mutter mich vorzeigen muss, weil sie das immer macht, wenn wir Besuch haben. Sie spielt Klavier, während ich ein Kinderlied singe. Alle klatschen dann und erzählen mir, wie toll ich bin. Wenn wir fertig sind, sagt mir meine Mutter, ich solle wieder hinaus zum Spielen gehen. Dann bin ich fürs Nächste nicht mehr wichtig für sie. Sie wird mich nicht wieder beachten, bis sie einen Grund dazu hat. Ich bin ihr nur dann wichtig, wenn sie daraus einen Vorteil ziehen kann.

Nachdem Sie Ihr eigenes Szenario aufgeschrieben haben, sollten Sie sich zusätzlich die folgenden Fragen stellen:

- Versuchen Sie auch heute noch, sich auf die gleiche Weise Aufmerksamkeit zu verschaffen, wie Sie es als Kind getan haben?
- Welche Rolle zwingen Sie Ihren Partnern auf?
- Wie fühlen Sie sich und was tun Sie, wenn Sie bekommen, was Sie wollen?
- Was passiert, wenn Sie nicht das bekommen, was Sie wollen?

Ganz gleich, woher Ihr Drang, im Mittelpunkt zu stehen, rührt – Nachahmung, Trauma oder weil Sie Aufmerksamkeit genießen: Sie haben wahrscheinlich noch nie die Freude gespürt, die entsteht, wenn jemand Sie beachtet, ohne dass Sie ihm eine Show geliefert oder ihn zu seiner Reaktion gedrängt hätten. Zu lernen, Ihr Verlangen nach Beachtung aufzugeben, wird Sie in einen Zustand des Glücks versetzen, den Sie nie zuvor gespürt haben.

Schritt 4:
Finden Sie heraus, wann Sie am anfälligsten für Ihren Drang nach Beachtung sind

Wenn Sie lernen, weniger stark auf die Auslöser Ihres destruktiven Verhaltens zu reagieren, können Sie etwas daran ändern, wie Sie Ihrem derzeitigen Partner begegnen. Hierfür legen Sie am besten Ihre Angst vor Bedeutungslosigkeit, die Sie empfinden, wenn Sie nicht im Mittelpunkt stehen, ganz offen.

ÜBUNG

Erforschen Sie Ihre Ängste

Bewerten Sie die folgenden Aussagen über mögliche Ängste auf einer Skala von 1 bis 5. (1 = nie, 2 = selten, 3 = manchmal, 4 = oft, 5 = immer)

1. Wenn Sie nicht so viel Aufmerksamkeit bekommen, wie Sie benötigen, haben Sie Angst, dass Ihr Partner Sie nicht mehr liebt.
2. Sie halten die volle Aufmerksamkeit Ihres Partners für geheuchelt.
3. Sie halten Ihren Partner für gelangweilt, wenn er sich nicht für das interessiert, was Sie sagen.
4. Sie denken, wenn Sie das erwünschte Maß an Zuwendung nicht bekommen, dann sind Sie es wohl nicht wert.
5. Sie reagieren eifersüchtig und es stachelt Ihr Konkurrenzverhalten an, wenn Ihrem Partner eine andere Person interessanter scheint.
6. Sie fürchten, Ihr Partner wird Sie nicht mehr lieben, wenn Sie einmal nicht an dem interessiert sind, was er zu sagen hat.
7. Sie fürchten sofort, dass Ihre Liebe sterben wird, wenn es einmal nicht so gut zwischen Ihrem Partner und Ihnen läuft.
8. Sie reagieren ängstlich oder nervös, wenn Ihrem Partner nicht gefällt, was Sie tun oder sagen.
9. Sie wissen nicht, was Sie sonst tun sollen, wenn Sie nicht im Mittelpunkt stehen können.

Addieren Sie Ihre Punktzahlen. Sollte Ihr Endergebnis unter 20 Punkten liegen, dann fürchten Sie den Verlust Ihrer Mittelpunktposition nicht so sehr, wie Sie vielleicht angenommen hatten. Es ist sehr wahrscheinlich, dass Sie Ihren Drang nach ständiger Beachtung besiegen können, indem Sie sich ihm einfach stellen. Sollte Ihr Endergebnis zwischen 20 und 30 liegen, werden Sie zu einem gewissen Grad von Ihren Ängsten kontrolliert. Eine Endsumme von über 30 bedeutet, dass Ihr destruktives Verhalten jederzeit ausgelöst werden kann und Sie Ihren Triggern immer noch ausgeliefert sind. Ihre Auslöser haben Sie dazu gebracht, sich in Ihren Beziehungen fortwährend in den Mittelpunkt zu drängen.

Schauen Sie sich die obigen Aussagen einmal im Monat an und bewerten Sie sie erneut, um zu sehen, ob Ihre Ängste im Laufe der Zeit geringer werden. Denken Sie auch darüber nach, ob die Antworten, die Sie als Erwachsener geben, Ihre Gefühle als Kind widerspiegeln. Sollte dies der Fall sein, wissen Sie nun, dass Ihre derzeitigen Ängste starke Wurzeln in Ihrer Vergangenheit aufweisen.

Schritt 5:
Lernen Sie, das Rampenlicht mit jemandem zu teilen

Die zwei wichtigsten Lektionen, die ein im Mittelpunkt stehen wollender Mensch lernen muss, ist das Rampenlicht mit jemandem zu teilen und anderen ein guter Zuhörer zu sein. Um dies zu erreichen, müssen Sie daran arbeiten, anderen das gleiche Maß an Unterstützung, Interesse und Anerkennung zu zollen, nach dem Sie Ihr ganzes Leben gesucht haben.

Hier einige simple Richtlinien um sicherzugehen, dass Sie die allgemeine Aufmerksamkeit mit Ihrem Partner teilen:
1. Unterbrechen Sie Ihren Partner nicht, wenn er Ihre Aufmerksamkeit benötigt.
2. Stellen Sie aufrichtige Fragen.
3. Halten Sie sich mit Ratschlägen und Ihrer eigenen Meinung zurück, außer Sie werden danach gefragt.
4. Lernen Sie, sich für das zu interessieren, was Ihr Partner sagt.
5. Das Wohlbefinden und die Zufriedenheit Ihres Partners müssen für Sie oberste Priorität haben.
6. Geben Sie großzügig von dem, was Sie selbst gerne hätten.

Sie werden feststellen, dass Sie diese Richtlinien immer an andere gestellt haben. Nun ist es an der Zeit, die Aufmerksamkeit zurückzugeben, die Sie jahrelang von anderen gefordert haben. Üben Sie täglich mit mindestens einer dafür geeigneten Person, den obigen einfachen Richtlinien entsprechend ein guter Zuhörer zu werden. Trainieren Sie so oft wie möglich, auch wenn es sich nur um eine kurze Unterhaltung handelt.

Wenn Sie in einer festen Beziehung leben, gehen Sie die Richtlinien mit Ihrem Partner regelmäßig durch. Durch die positiven Reaktionen Ihres Partners auf Ihren ehrlichen Wunsch, das Rampenlicht mit ihm zu teilen, werden Sie feststellen, dass es sehr angenehm sein kann, jemand anders den Hauptdarsteller sein zu lassen. Als weiteren positiven Nebeneffekt werden Sie bemerken, dass Sie mehr aufrichtige Beachtung erhalten als jemals zuvor.

Die Vorteile der Nebenrolle

Beurteilen Sie, wie gut Sie die Nebenrolle tolerieren können. Diese Übung wird Sie darin festigen, bevor Sie sich erneut erlauben, die Hauptrolle einzunehmen. Bewerten Sie die folgenden Absichtsaussagen nach einer Skala von 1 bis 4. (1 = stimme nicht überein, 2 = stimme teilweise überein, 3 = stimme größtenteils überein, 4 = stimme voll überein)

1. Es fühlt sich angenehm an, Ihren Partner wichtiger sein zu lassen als sich selbst.
2. Es ist richtig, die Aufmerksamkeit mit anderen Menschen zu teilen, auch wenn diese nicht so unterhaltsam sind wie Sie.
3. Es ist wichtig, anderen Menschen die Zeit zu geben, die sie benötigen, um sich auszudrücken.
4. Verehrung ist nicht gleich Liebe.
5. Es ist toll, anderen Menschen zu helfen, einen guten Eindruck zu machen, auch wenn Sie in dem Moment nicht im Mittelpunkt stehen.
6. Es ist genauso gut, ein guter Zuhörer zu sein wie im Mittelpunkt zu stehen.
7. Sie wollen, dass andere Menschen Sie schätzen, weil Sie ihnen helfen, sich selbst zu schätzen.

Berechnen Sie Ihr Endergebnis. Die aktuelle Höhe der Punktzahl ist weniger wichtig, als das Ergebnis mit der Zeit zu verbessern.

Wiederholen Sie diese Übung wöchentlich, bis Ihre neuen Verhaltensweisen zur eigentlichen Belohnung geworden sind. Notieren Sie alle Gefühle, die Sie während der Durchführung möglicherweise bemerken. Diese können Ihnen dabei helfen, den Ursprung Ihres destruktiven Sabotageverhaltens besser zu verstehen.

Schritt 6:
Suchen Sie sich Unterstützung, um das Rampenlicht zu teilen

Fast jede Person, die sich noch mit Ihnen abgibt, wird Sie gerne bei Ihrem Unterfangen unterstützen. Die Partner, die Ihr Sabotageverhalten nicht tolerieren konnten, haben sich höchstwahrscheinlich von Ihnen getrennt, während Ihre treuen Unterstützer Sie fraglos trotz Ihrer Egozentrik mögen. Wenn Ihr Partner Ihren Entschluss freudig begrüßt, kann er sich als großartige Hilfe herausstellen.

Seien Sie vorsichtig und drängen Sie sich nicht in den Mittelpunkt, wenn Sie anderen über Ihre Veränderungen berichten. Ihre Herausforderung wird es sein, Ihre Freunde, Kollegen und Partner davon zu überzeugen, dass Ihre derzeitigen Absichten nicht bloß von Eigennutz motiviert sind, wie unter Umständen in der Vergangenheit. Diese Personen zweifeln möglicherweise zunächst an Ihnen, werden Sie aber dann in Ihrem Wunsch, Ihr Verhalten für andere zu ändern, bestärken. Vielleicht möchten sie Ihnen auch von all dem angestauten Unmut über Sie berichten. Hören Sie mit offenem Ohr zu und danken Sie ihnen für ihre Rückmeldung. Ehrliche Reflexionen dieser Art helfen Ihnen, Ihrer Sache treu zu bleiben. Hier ein kleiner Leitfaden:

- Erzählen Sie Ihren Freunden, was Sie vorhaben.
- Bitten Sie sie um Beispiele aus der Vergangenheit.
- Achten Sie bewusst darauf, wie viel und wann Sie sprechen. Ihr Publikum muss Ihnen immer bereitwillig zuhören.
- Setzen Sie Ihre Selbstverpflichtung in die Tat um, anderen Menschen Ihre Aufmerksamkeit zu schenken, wenn diese im Mittelpunkt stehen.
- Bitten Sie um angemessenes Feedback bezüglich Ihres Fortschritts.

Schritt 7:
Das Ziel im Auge behalten

Der erste Schritt auf Ihrem Weg zur Heilung war der schwerste, und dieser letzte wird der zweitschwierigste sein. Die Versuchung, andere Menschen zu unterhalten, ist groß, insbesondere dann, wenn Sie gut darin sind. Durch Glück und harte Arbeit werden Sie genauso viel Anerkennung dafür bekommen, anderen Menschen zuzuhören.

ÜBUNG

Überwachen Sie Ihre Interaktionen

Reservieren Sie jeden Abend einige Minuten, um das, was Sie an dem jeweiligen Tag getan haben, noch einmal Revue passieren zu lassen. Notieren Sie alle Interaktionen in Ihrem Tagebuch, bei denen Sie die Möglichkeit hatten, sich in den Mittelpunkt zu stellen – ganz gleich, ob Sie sie ergriffen haben oder nicht. Berufliche Meetings beispielsweise, in denen Ihnen die Leitung zugewiesen wurde, zählen dabei nicht. Wenn Sie über die Geschehnisse des Tages nachdenken, fragen Sie sich, wann Sie die Aufmerksamkeit auf sich gelenkt haben und wann Sie in der Lage waren, sie abzugeben.

Verurteilen Sie sich nicht dafür, gelegentlich vom rechten Weg abzukommen. Fragen Sie sich stattdessen, was Ihr Verhalten auslöste und ob Sie es hätten vorhersehen können. Heben Sie die Situationen hervor, in denen Sie die richtige Entscheidung getroffen haben und loben Sie sich dafür. Durch Ihr neues Verhalten werden Sie ein neues Publikum entdecken, das Ihnen ehrliche Bewunderung schenkt. Die Verbindung zwischen Ihren Qualitäten als Darsteller und Ihrem neuen verletzlicheren und offeneren Selbst könnte sich als große Bereicherung erweisen.

9. | Sucht: „Das muss ich einfach haben"

Jeder Mensch sinniert über die Vergangenheit und fragt sich, was die Zukunft wohl bringen wird. Er versucht seine Lektionen zu lernen und hofft, dass seine Wünsche wahr werden. Wenn jedoch Betrachtungen des Vergangenen und des Zukünftigen Reue und Angstgefühle auslösen, versuchen die meisten, dies zu vermeiden. Sie werden einen Weg finden, fast ausschließlich in der Gegenwart zu leben.

„Aber", sagt da der Süchtige, „was, wenn die Gegenwart ebenfalls mit Trauer, Langeweile, Frustration, Furcht oder Ausweglosigkeit gefüllt ist? Was, wenn keine Atempausen oder Rückzugsmöglichkeiten existieren, um Ruhe zu empfinden? Was, wenn die einzige Fluchtmöglichkeit in bewusstseinsverändernden Vorgängen besteht, die das Leben wieder schön machen und die unumgänglichen Bürden für eine Weile verschwinden lassen?"

Süchtige rationalisieren ihre zwanghaften Entscheidungen oft mit diesen Fragen. Sie haben den Eindruck, dass sie übermäßigem Druck entkommen müssen, da sie andernfalls zu einem Leben verdammt würden, dem es an Spannung und Genuss mangelt.

Am Anfang eines Suchtverhaltens – ob es dazu dient, Schmerzen zu vermeiden oder Gefühle zu intensivieren – steht nicht mit der Absicht, sich oder andere zu verletzen. Mit der Zeit verwandelt sich ein zunächst harmlos erscheinender Drang in Verlangen und Besessenheit und kann eine Beziehung oder sogar ein Menschenleben zerstören.

Der Teufelskreis einer Sucht kann hart sein. Chronisch Abhängige kehren von ihren suchtgetriebenen Ausschweifungen üblicherweise ausgebrannt und voller Schuldgefühle zurück und können nur schwer die Lasten des Alltags tragen. Nach kurzer Zeit sind sowohl die Sucht als auch der Alltag ohne Suchtmittel einfach unerträglich. Der Süchtige wird zum Sklaven seiner Abhängigkeit und ist gefangen. Es gibt für ihn kein Leben mehr ohne Scham und Verlust.

Es gibt viele Formen von Flucht in die Sucht, denen aber einige Dinge gemeinsam sind:
- Sie sind die Triebkraft für besessene Gedanken und zwanghaftes Verhalten.
- Sie fühlen sich dringlich an.
- Sie verführen und verlangen ständige Aufmerksamkeit.
- Sie sprechen nicht auf rationale Argumente an.
- Der Süchtige zahlt emotional, spirituell, körperlich und finanziell einen hohen Preis.

- Durch sie werden Beziehungen und andere Verpflichtungen zu unerwünschten Störungen.
- Mit der Zeit gewinnen sie an Einfluss, wenn sie nicht geheilt werden.
- Für ihre Opfer verschwimmt mit der Zeit die Grenze zwischen Integrität und Unmoral.
- Abhängige durchlaufen einen Kreislauf aus Beschaffung, Befriedigung, Leiden, Rationalisieren, Verlangen und erneutem Missbrauch.
- Sie zerstören mit der Zeit alle Beziehungen.

Abhängige wurden einst als maßlose, unmoralische Menschen betrachtet, die das eigene Vergnügen über andere stellen und wenig Reue für ihre Handlungen zeigen. Aufgrund der Unfähigkeit, ihr Suchtverlangen anderen Dingen unterzuordnen, wurden sie automatisch als nicht vertrauenswürdige Sünder abgestempelt, die es zu verachten galt. Diejenigen, deren Sucht so weit fortgeschritten ist, dass sie chronisch und fest verwurzelt ist, entsprechen oft diesem schlechten Image. Sie zerstören das Leben ihrer Freunde und Familie sowie das eigene. Durchaus gut gemeinte Therapieprogramme waren früher eher erniedrigend und hatten die Absicht, den Abhängigen die Schmerzen fühlen zu lassen, die er anderen rücksichtslos zugefügt hatte.

Zum Glück wird Sucht mittlerweile offiziell als Krankheit anerkannt. Die Auslöser sind wissenschaftlich erforscht und zu ihnen zählen unter anderem Störungen in der körpereigenen Chemie, Nachahmung im Kindesalter, unbearbeitete Traumata, gesellschaftlicher Druck und die Tatsache, dass es so einfach geworden ist, ein Ventil für negative Emotionen und Gedanken zu finden. Ungeachtet ob Alkohol, Drogen, Glücksspiel, Sex, Essen, Arbeit, Einkaufen, Videospiele oder das Internet das bevorzugte Suchtmittel darstellen, wird Abhängigkeit heutzutage als ein lebensbedrohlicher Zwang anerkannt. Die Betroffenen werden zumeist mit Verständnis und Unterstützung therapiert. Viele Menschen sind nun in der Lage, um Behandlung zu bitten, ohne das lebenslängliche Stigma fürchten zu müssen, das früher einmal der Preis dafür war, offen zu seiner Sucht zu stehen.

Es gibt einige Abhängige, die nicht an einer Rehabilitierung interessiert sind. Sie leben ihr Leben und andere Menschen dienen ihnen nur als Mittel, die eigenen Gewohnheiten zu sichern, oder sie stellen Hürden dar, die es zu beseitigen gilt. Die meisten Betroffenen fühlen sich jedoch schrecklich und würden alles dafür geben, sich und die ihnen Nahestehenden von den Dämonen zu befreien, die sie kontrollieren. Sie bitten um Hilfe und empfinden es als demütigend, wenn sie ihre Sucht nicht abstellen können. Einige leiden stumme Qualen und sind nicht in der Lage, ihr Verlangen zu kontrollieren, das langsam all das zerstört, was ihnen lieb und teuer ist.

In den vielen Jahren, die ich mit Abhängigen arbeite, habe ich die Macht zwanghaften Verlangens kennengelernt und die guten Absichten derjenigen verstanden, die in der Sucht gefangen sind. Ich habe oft (hilflos) mitansehen müssen, wie diese Personen schworen, von ihrer Sucht abzulassen, es aber nicht schafften. Andererseits kann ich von vielen Menschen berichten, die siegreich aus diesem Kampf hervorgegangen sind und danach anderen helfen konnten.

Sollte Ihre Sucht Ihnen Ihre Beziehungen geraubt haben, hören Sie unbedingt damit auf, sich selbst scharf zu kritisieren oder sich zu schämen. Sie müssen die Hilfe wahrnehmen, die Ihnen von allen Seiten angeboten wird. Die Lösung für Ihr Problem liegt darin, die Verantwortung für die Menschen zu übernehmen, die Sie verletzt haben, und ihnen so gut wie möglich bei ihrer Heilung zur Seite zu stehen. Sie müssen tief in sich hineinschauen und dort die physische, emotionale und spirituelle Leere finden, die Sie verletzlich gemacht hat. Durch diese Leere wurden Sie zum Opfer einer Welt, in der Sie niemals Ihr richtiges Zuhause finden werden. Wenn Sucht zu Ihrem treuesten Gefährten geworden ist, wird sich jeder Partner, den Sie lieben, am Ende über Ihre Schwäche ärgern oder zu einem unglücklichen Retter ohne Aussicht auf Erfolg werden.

9.1 Die sieben Schritte zur Heilung

In einer Beziehung mit einem abhängigen Saboteur kommt Ihr Partner in dem Dreieck „Sie, Ihre Sucht, Ihre Partnerschaft" immer erst an dritter Stelle. Abhängigkeiten sind starke Konkurrenten, die zumeist den Sieg davontragen und den Partner hilflos in ihrem Sog zurücklassen. Wenn Sie erst einmal in der Lage sind, ein Leben frei von suchtgetriebenen Ausflüchten zu führen, werden Sie auch die Innigkeit einer Partnerschaft genießen können.

Schritt 1:
Beobachten Sie Ihr Suchtverhalten, ohne sich zu verurteilen

Die meisten Abhängigen beginnen jede neue Runde ihres Suchtkreislaufes mit dem festen Vorsatz, ihre Zwänge dieses Mal aufzugeben. Am Ende fallen sie ihnen dann doch wieder zum Opfer und müssen den Teufelskreis mit dem Gefühl der Scham und Erniedrigung von Neuem beginnen.

Um den Prozess der Heilung zu beginnen, müssen Sie die Stimmen in Ihrem Inneren zum Schweigen bringen, die Ihre Versuche auf irrationale Weise immer wieder bestätigen und Sie für Ihre Niederlagen bestrafen. Sie müssen sich ebenfalls von allen Entschuldigungen, Erklärungsversuchen, Verteidigungen und Versprechen freimachen, mithilfe derer Sie Ihre angeschlagenen Beziehungen aufrechterhalten haben. Achten Sie bei der Durchführung der folgenden Übungen darauf, objektiv zu bleiben und nicht in Selbsthass zu verfallen oder Ihr Verhalten zu rechtfertigen.

ÜBUNG

Ihr innerer Dialog

Notieren Sie zwei Dialoge in Ihrem Tagebuch, die Sie mit sich selbst geführt haben. Der eine wird Ihr Versprechen-Monolog sein, und der andere Ihr Rationalisierungs-Monolog.

Hier ein Beispiel für einen Versprechen-Monolog:
10:00 Uhr: Nie wieder Alkohol. Die Feier letzte Nacht hat gereicht. Ich weiß nicht einmal, wie ich nach Hause gekommen bin. Mein Auto steht nicht hier, also muss meine Freundin mich wohl gefahren haben. Ich fühle mich schrecklich. Ich kann mich nicht daran erinnern, was passiert ist, nachdem ich mich im Badezimmer der Gastgeber übergeben hatte. Ich hasse mich selbst, wenn ich mich wie ein Idiot verhalte. Wen ich wohl diesmal beleidigt habe? Mein Verhalten zerstört mein Leben. Jetzt ist es an der Zeit, ernsthaft aufzuhören. Ich rufe nachher meinen Sponsor bei den Anonymen Alkoholikern an und gehe zu einem Meeting. Ich werde meinen Arzt anrufen und mich komplett durchchecken lassen. Ich werde ins Fitnessstudio gehen und eine ordentliche Entgiftungskur beginnen. Ich schaffe das. Diese Droge kontrolliert mich nicht. Ich brauche bloß ein bisschen Schlaf.

14:00 Uhr: Ich sollte vielleicht besser erst die Präsentation für die Arbeit fertig stellen. Außerdem brauche ich was Ordentliches zu essen. Das verdammte Telefon klingelt auch die ganze Zeit. Das ist hundertprozentig meine Freundin, die mich bloß wieder zusammenstauchen will. Dieser Druck beginnt mich fertig zu machen. Ich schaffe es auf keinen Fall, heute Nachmittag zu einem Meeting zu gehen, aber morgen ganz sicher. Ich könnte jetzt ein Glas vertragen, weiß aber, dass das falsch wäre. Vielleicht beruhige ich mich, wenn ich mir ein Spiel im Fernsehen anschaue.

17:00 Uhr: Ich bekomme ja doch nichts geregelt. Der Tag ist so gut wie gelaufen. Ich sollte vielleicht besser meine Freundin zurückrufen, sonst wird es vollkommen unmöglich sein, mit ihr zu reden. Ich kann jetzt keine Vorträge gebrauchen. Ich fühle mich schlechter als heute Morgen. Vielleicht sollte ich besser etwas essen.

Hier ein Beispiel für einen Rationalisierungsmonolog, der, wie in diesem Fall, typischerweise einem Versprechen-Monolog folgt:

18:00 Uhr: Ich fühle mich sehr zittrig und habe Bauchschmerzen. Was habe ich mir dabei gedacht, einfach so von heute auf morgen aufzuhören? Ich könnte einen Krampfanfall oder so etwas bekommen. Ich brauche jetzt ein Bier, nur um mich ein wenig zu beruhigen. Ich kann ganz sicher nach einem aufhören, da ich nicht bei einer Feier bin und meine Freunde mich nicht in Versuchung führen. Ein Bier wird mir helfen zu entspannen, damit ich die Präsentation fertig stellen kann. Ich werde morgen früh als erstes zu einem Selbsthilfegruppemeeting gehen und mir dort Unterstützung sichern. Auf diese Weise gehe ich den Entzug sinnvoller an.

18:30 Uhr: Ich fühle mich viel besser. Ein wenig Alkohol ist eine tolle Sache. Ich kann mich auf die Arbeit konzentrieren. Ich werde meine Freundin anrufen, damit sie mir hilft. Sie kennt sich mit den Details aus.

20:00 Uhr: Furchtbarer Streit. Ich habe ihr gesagt, dass sie mich in Ruhe lassen soll. Ja, ich hatte ein, zwei Bier – und? Was ist so schlimm daran? Ich war weder unausstehlich noch bin ich aus den Latschen gekippt. Sie hat kein Recht, mir zu sagen, was ich tun soll. Möglicherweise ist sie der Grund, weshalb ich trinke. Wenn ich die Beziehung beenden würde, ginge es mir vielleicht besser. Dieser Tag ist gelaufen. Ich trinke noch ein Bier und gehe dann schlafen. Ich werde mich meinem Problem morgen widmen. Schließlich habe ich noch mein ganzes restliches Leben Zeit, mit dem Trinken aufzuhören.

Wenn dieser Abhängige und seine Freundin in einen Streit um seine Alkoholsucht geraten, wird sie höchstwahrscheinlich von dem Standpunkt seines Versprechen-Monologs aus argumentieren, während er mit seinem „Ich konnte nicht, weil"-Rationalisierungs-Monolog kontert. Wenn dieser Süchtige seine beiden inneren Monologe zusammenschweißt, sie nach außen kehrt und zum Dialog mit seiner Partnerin werden lässt, dann wird er es vermutlich wirklich hinbekommen, sich seine unterstützende Freundin zum nörgelnden Feind zu machen – einen Feind, der dem Abhängigen als Rechtfertigung für seine Flucht in die Sucht dient.

Entstehen aus Ihren internen Denkprozessen externe Auseinandersetzungen mit Ihrem Partner, wenn Sie Ihr Suchtverhalten rationalisieren? Sollte dies der Fall sein, zeigen Sie das klassische Verhaltensmuster eines Abhängigen.

Vielleicht erleichtern Sie Ihr Gewissen, indem Sie Ihren Partner in Auseinandersetzungen in eine bestimmte Rolle drängen? Sie werden dieses erfolglose Verhaltensmuster solange weiter anwenden, bis Ihr Partner die Beziehung beendet oder sich weigert, Ihr Spiel noch länger mitzuspielen.

Schritt 2: Identifizieren Sie die Wurzel Ihres Suchtverhaltens

Ihr Suchtverhalten ist keine angeborene Reaktion auf Stress. Sie mögen zwar mit einer Anfälligkeit für seelischen Druck, einer unzureichenden Produktion von Glückshormonen in Ihrem Gehirn, zwangsneurotischen Zügen oder hedonistischen Neigungen zur Welt gekommen sein, und es ist richtig, dass jede dieser Tendenzen Sie leichter anfällig für eine Sucht macht. Suchttypische Verhaltensweisen werden in der Kindheit erlernt und später auf gleiche Weise an die eigenen Kinder weitergeben. Wie ein roter Faden ziehen sie sich dann von Generation zu Generation durch eine Familie. Selten finden Sie einen Abhängigen, dessen Vorfahren nicht die gleichen Symptome hatten. Je früher Ihnen die entsprechenden Verhaltensweisen vorgelebt wurden, desto wahrscheinlicher werden Sie sie als automatische Reaktionen verinnerlicht haben. Die folgenden Übungen werden Ihnen helfen herauszufinden, auf welche Weise man Ihnen Ihr Suchtverhalten beigebracht hat.

ÜBUNG

Wer waren Ihre abhängigen Vorbilder?

Es gehören immer zwei Personen dazu, um das Dreieck aus Süchtigem, Partner und der Sucht selbst zu formen. Daher müssen Sie sich zwei Personen aus Ihrer Kindheit in Erinnerung rufen: Die eine lebte ein Suchtverhalten vor, die andere war ihr Partner.

Notieren Sie in Ihrem Tagebuch den Namen des abhängigen Negativvorbildes, in welcher Beziehung diese Person zu Ihnen stand und um welche Sucht es sich handelte. Schreiben Sie danach den Namen des Partners der abhängigen Person auf sowie dessen Beziehung zu Ihnen und seine Reaktion auf das Verhalten des Süchtigen. Erstellen Sie eine Liste aller positiven und negativen Charaktereigenschaften der beiden Personen. Dabei wird Ihnen auffallen, dass Sie Ihr abhängiges Negativvorbild entweder liebten und verehrten oder aber diese Person nicht leiden konnten und fürchteten – oder eine Kombination aus beidem. Sie werden erkennen, wie diese Person die Macht hatte, ihre Familie zu kontrollieren und alle Mitglieder zu hilflosen, sich der Situation anpassenden Figuren zu degradieren.

Hier ein Beispiel:
Abhängiges Negativvorbild: Mutter
Sucht: kaufsüchtig, Bekleidung
Eigenschaften: schön, stilvoll, egozentrisch, unzugänglich, hinterhältig,
geheimniskrämerisch, leicht provozierbar, sexy, gesellig
Partner der Süchtigen: Vater
Reaktion auf die Sucht: hilfloser Märtyrer
Eigenschaften: hart arbeitend, nachtragend, in die Märtyrerrolle gedrängt, machtlos, liebenswürdig, frustriert, besorgt, zieht sich schnell in sich zurück

Nachdem Sie die Liste für beide Rollen-Vorbilder fertig gestellt haben, sind Sie bereit für die nächste Übung.

ÜBUNG

Beobachten einer Interaktion

Vergegenwärtigen Sie sich eine wiederkehrende Auseinandersetzung zwischen Ihren beiden Rollen-Vorbildern. Versuchen Sie sich ins Gedächtnis zu rufen, wann es normalerweise dazu kam, was gesagt wurde und wie ein solcher Streit ausging. Waren gewöhnlich andere Menschen anwesend? Es ist von großem Vorteil, wenn Sie sich an Teile des damaligen Dialoges erinnern.

Im Folgenden ein Beispiel mit den Rollen-Vorbildern aus der vorhergehenden Übung:
Meine Mutter und mein Vater hatten immer dann Auseinandersetzungen, wenn er nach Hause kam und feststellen musste, dass sie immer noch nicht vom Einkaufen zurückgekehrt war. Meine älteren Schwestern waren gewöhnlich oben in ihren Zimmern und hatten Freundinnen zu Besuch. Ich war die einzige Person, die die Auseinandersetzungen mit anhörte. Folgendermaßen spielte es sich ab: Meine Mutter kommt zur Tür rein und sieht wunderschön aus, ihre Augen leuchten und sie trägt mehrere Päckchen unter dem Arm. Mein Vater sitzt an seinem Schreibtisch und arbeitet. Mutter stellt die Päckchen neben der Tür ab, kommt herein und gibt meinem Vater einen langen, verführerischen Kuss. Doch er reagiert nicht darauf. Und dann beginnt der Streit.

MUTTER: Was ist los? Freust du dich nicht, mich zu sehen?
VATER: Wie viel Geld hast du ausgegeben?
MUTTER: Schatz, sei mir nicht böse. Es war doch alles runtergesetzt. Ich habe den Mädchen etwas gekauft und dir auch. Es ist gar nicht so viel.
VATER: Niemand in diesem Haus braucht noch mehr zum Anziehen. Besonders du nicht. Wie viel hast du ausgegeben?
MUTTER: Du musst mir immer den Spaß verderben. Du bist so geizig.
VATER: Ich kann deine Gewohnheiten nicht finanzieren.
MUTTER: Willst du nicht, dass ich schön aussehe?
VATER: Das nützt mir nichts, wenn ich im Grab liege.
MUTTER: Ich bin dir egal.
VATER: Vergiss es einfach.

Beschreiben Sie im Anschluss, was Sie empfanden, als Sie dem Streit zusahen.

Hier ein Beispiel:
Mir wurde jedes Mal regelrecht übel, wenn die beiden sich stritten. Meine Mutter hatte vier Kleiderschränke voll mit Anziehsachen, die meisten sogar noch mit Preisschild. Ich wusste, dass mein Vater recht hatte, aber ich wollte genauso schön sein wie meine Mutter. Ich verstand nicht, warum er sie nicht einfach davon abhielt, so viel Geld auszugeben. Er wurde jedes

Mal wütend, unternahm aber nichts dagegen. Er beschwerte sich lediglich. Als Folge sprachen sie dann tagelang nicht miteinander.

Nachdem Sie alles notiert haben, müssen Sie sich fragen, ob Sie Verhaltensmuster erkennen, die Sie selbst in Ihren Beziehungen an den Tag legen.

Sie können die obige Übung mit anderen Vorbild-Paaren aus Ihrer Gegenwart und Vergangenheit durchführen und für andere Formen von Sucht. Bedenken Sie auch, dass die Abhängigkeit vom Internet, z.B. Onlinepornographie, Videospiele und Onlineshopping, in den letzten zehn Jahren sehr zugenommen hat. Diese Abhängigkeit ist nicht so offensichtlich wie Drogen- oder Alkoholsucht, doch ihre Auswirkungen auf Beziehungen sind nicht minder zerstörerisch.

Schritt 3 und 4:
Identifizieren Sie die Auslöser Ihrer Sucht und finden Sie heraus, wann Sie am anfälligsten sind

Die Auslöser Ihres Suchtverhaltens sind immer aktiv, wenn Ihr Verlangen sehr stark ist. Ihre Anfälligkeit kann dabei von Woche zu Woche oder Tag zu Tag variieren. Wenn Sie wirklich entschlossen sind, Ihr Verhalten zu ändern, werden die folgenden Fragen Ihnen dabei helfen, Ihre Auslöser und Ihre derzeitige Anfälligkeit festzustellen:

1. Was bewirkt, dass Sie mit größerer Wahrscheinlichkeit dem Muster Ihres Suchtverhaltens folgen?
2. Wie lange leben Sie schon mit diesem Verhaltensmuster?
3. Was haben Sie für Ihre Sucht bereits geopfert?
4. Auf welche Weise erinnert Sie Ihre derzeitige Beziehung an Ereignisse aus Ihrer Kindheit?
5. Welche Alternativen haben Sie ausprobiert, um Ihr Suchtverhalten zu verändern?
6. Wie genau können Sie voraussagen, wann Sie wieder in Ihr Suchtverhalten verfallen werden?
7. Finden Sie Ausreden oder Rationalisierungen für Ihr Suchtverhalten?
8. Unterstützen oder sabotieren Ihre Partner, Familienmitglieder, Kollegen oder Freunde Ihren Wunsch sich zu ändern?
9. Wie anfällig sind Sie in diesem Moment, wieder Ihrem Suchtverhalten anheim zu fallen?
10. Wie hoch ist Ihre Bereitschaft, Ihre Sucht loszuwerden?

ÜBUNG

Bewerten Sie Ihre Anfälligkeit

Beantworten Sie alle vorangegangenen Fragen schriftlich in Ihrem Tagebuch. Ihre Antworten werden Ihnen zu bewerten helfen, wie anfällig Sie dafür sind, die Sucht Ihr Leben kontrollieren zu lassen.

Hier einige Beispielantworten:

1. „Ich bin ein sehr nervöser Mensch. Marihuana beruhigt meine Nerven. Am Anfang fand ich es wirklich toll, high zu sein. Jetzt rauche ich es viel zu oft und könnte wahrscheinlich kaum noch ohne es leben. Ich bin immer noch gerne high, sehe aber, dass mein Leben so nicht funktioniert."

2. „Seit meinem 13. Lebensjahr rauche ich Gras. Am Anfang tat ich es nur aus Spaß, aber nun bin ich 39 und jeden Tag bekifft."

3. „Ich weiß, dass ich weit von einer erfolgreichen Karriere entfernt bin. Ich habe Freunde, die rauchen und damit gut klarkommen. In meinem Fall haben die Drogen aber meine Beziehungen und meine Gesundheit zerstört."

4. „Meine Eltern waren beide schwere Alkoholiker. Ich fand ihren Geruch und ihr Verhalten widerwärtig. Meine Freundin ist ebenfalls alkoholabhängig, doch da der Sex mit ihr so toll ist, finde ich immer wieder Ausreden, um mit ihr zusammen zu bleiben. Sie animiert mich dazu, Pot zu rauchen, weshalb es mir leicht fällt, mein Versprechen aufzuhören zu brechen. Ich erzähle mir selbst, dass Pot immerhin besser ist als Alkohol. Ich war noch nie in der Lage, etwas in Maßen zu tun, genauso wie meine Eltern. Warum ist mir nie aufgefallen, dass ich das gleiche Verhalten an den Tag lege wie sie – und stattdessen bloß Marihuana verwende?"

5. „Solange ich regelmäßig Sport treibe, also meist im Sommer, wenn ich oft am Strand bin, rauche ich kein Marihuana. Die Winter sind schwieriger. Dann werde ich leicht depressiv und nervös. Ich denke, dass ich in diesen Momenten zu Rückfällen neige."

6. „Ich tue immer so, als würde ich nie wieder Drogen nehmen. Ich will es nicht gern konkret voraussagen."

7. „Ich habe mein ganzes Leben lang Ausreden und Erklärungen für meine Sucht erfunden. Ich will endlich damit aufhören."

8. „Die meisten meiner Freunde feiern gerne, übertreiben dabei aber nicht so wie ich. Sie würden mich sofort unterstützen, wenn ich sie jemals darum bitte."

9. „Wenn ich in einer tollen Beziehung bin und die Dinge tue, die ich liebe, rauche ich sehr wenig und vermisse es nicht einmal. Momentan fühle ich mich eher niedergeschlagen, weil meine Freundin mich verlassen hat und ich bei einer Beförderung übergangen wurde. In solch einer Situation ist ein Rückfall sehr wahrscheinlich."

10. „Ich war noch nie so gewillt, mit der Droge aufzuhören."

Diese Übung zeigt, wie verschiedene Faktoren zusammenwirken können, um Sie anfälliger oder weniger anfällig für Ihre Sucht zu machen. Um Ihr selbstzerstörerisches Verhalten abzulegen, müssen Sie an Ihren Stärken arbeiten und Ihre Schwächen verringern.

Beantworten Sie die obigen Fragen mehrmals wöchentlich kurz und knapp, bis Sie in der Lage sind, sich selbst schnell und präzise einzuschätzen. Wenn Sie der Versuchung widerstehen und Ihr neues Ich etablieren wollen, müssen Sie sich zu jeder Zeit über Ihren aktuellen Zustand im Klaren sein,

Schritt 5:
Lernen Sie, ein Leben ohne Sucht zu leben

Eine Sucht gleicht einem „Nummer-Sicher-Liebhaber". Den würden Sie sich suchen, wenn Sie die Verantwortung einer echten Beziehung scheuen. Sie müssen damit aufhören, Ihren Partner oder andere Menschen als Entschuldigung dafür zu missbrauchen, dass Sie abhängig bleiben. Ihr Ziel muss sein, Herausforderungen als Möglichkeiten zu sehen; auf diese Weise stärken Sie Ihre Abwehr gegen Ihr Suchtverhalten.

Sie müssen wieder dahin kommen, die Verantwortung für sich selbst zu übernehmen. Trainieren Sie dies jeden Tag und zwar solange, bis es Ihnen in Fleisch und Blut übergegangen ist. Die nächsten beiden Übungen werden Ihnen dabei helfen.

ÜBUNG

Ausflüchte vs. Realität

Versuchen Sie, sich an alle Ausflüchte, Rationalisierungen und Rechtfertigungen zu erinnern, die Sie zur Verteidigung Ihrer Sucht verwendet haben. Je mehr Beispiele Sie nennen können, als desto hilfreicher wird sich diese Übung erweisen. Versuchen Sie, mindestens zehn Beispiele aufzulisten. Notieren Sie unter jeder Pro-Sucht-Aussage, wie die Realität wirklich aussieht, um Ihre Rationalisierung zu entkräften. Übertreibungen können hierbei hilfreich sein.

Im Folgenden ein Beispiel für einen Internetabhängigen:
Ausflucht: *Ich surfe mehrere Stunden am Tag im Internet, weil es mir beim Entspannen hilft.*
Realität: *Entspannen ist nicht der wahre Grund. Ich meide so meine Verpflichtungen und verschwende Zeit. Mir ist klar, dass dies meinem Freund missfällt und ich weiß, dass es nicht gut für mich ist. Aber ich kann einfach nicht aufhören.*

Ausflucht: *Ich lerne so viel über das Geschehen in der Welt. Das hilft mir, mich besser mit meinem Partner zu unterhalten.*
Realität: *Ich surfe ständig im Internet. Das meiste von dem, was ich sehe, ist so unbedeutend, dass ich mich nicht einmal daran erinnere. Ich tausche mich nur selten mit meinem Freund da-*

rüber aus. Mir ist klar, dass er lieber mit mir schlafen oder etwas anderes unternehmen würde, was Spaß macht. Ich vergesse die Zeit und mir scheint alles andere egal zu sein.

Ausflucht: Computerspiele schärfen meine Sinne und verbessern meine Fähigkeiten. Dies hilft mir, auch in der Außenwelt klarer zu denken.

Realität: *Mann, das ist ganz schöner Schwachsinn. Wenn ich diese fesselnden Spiele gespielt habe, bin ich so benommen, dass ich kaum geradeaus denken kann. Ich finde einfach immer wieder neue Spiele. Wenn ich das eine durchgespielt habe, bin ich bereits süchtig nach dem nächsten. Manchmal schlafe ich so wenig, dass ich am nächsten Tag kaum zwei Sätze aneinanderreihen kann.*

Die Person in diesem Beispiel könnte in einer Beziehung leben, die langweilig und unbefriedigend geworden ist. Sie meidet vielleicht Intimität, ist gelangweilt und niedergeschlagen oder unruhig und ängstlich. Es ist möglich, dass die Person einige ihrer Grundbedürfnisse vernachlässigt und ihre Sucht als aufregendere Alternative missbraucht.

Mit jeder Rationalisierung, die Sie ausschalten, kommen Sie dem, was Sie wirklich brauchen oder gemieden haben, ein Stückchen näher. Sie werden erkennen, auf welche Weise Ihre Sucht diese wahren Bedürfnisse lediglich ersetzt.

Können Sie nach der obigen Übung klarer erkennen, was Sie eigentlich meiden und warum Sie stattdessen eine Sucht entwickelt haben?

ÜBUNG

Alternative Verhaltensweisen etablieren

Stellen Sie sich eine erschreckende Situation vor, mit der Sie gewöhnlich versuchen fertig zu werden, indem Sie in Ihre Sucht flüchten. Beschreiben Sie dieses Ereignis nach den folgenden sechs Vorgaben:

1. Beschreiben Sie die Situation und notieren Sie, was Sie in Erschrecken versetzte.
2. Erklären Sie, was Sie wollen oder brauchen, um sich besser zu fühlen oder Ihr Problem zu beseitigen.
3. Beschreiben Sie die Sucht, in die Sie angesichts eines solchen Dilemmas normalerweise flüchten würden.
4. Wie fühlen Sie sich, nachdem Sie sich für die Flucht in die Sucht entschieden haben?
5. Beschreiben Sie ein Verhalten, von dem Sie annehmen, dass es als Alternative zu Ihrer Sucht dienen könnte.
6. Wie fühlen Sie sich, nachdem Sie sich zu einem Leben ohne Sucht entschieden haben?

Hier ein Beispiel einer Frau, die Kokain nahm:

1. „Ich bin total fertig und mein Freund will, dass ich heute Abend zu ihm komme, um ihm bei den Vorbereitungen für eine Feier zu helfen."

2. „Ich könnte wirklich ein wenig Zuwendung und Schlaf gebrauchen. Ich wünschte, er würde auch einmal an meine Bedürfnisse denken und nicht nur an seine eigenen."

3. „Er wäre enttäuscht und verärgert, wenn ich nicht kommen würde. Ich könnte mir schnell eine Linie ziehen, für einen kleinen Energieschub."

4. „Ich wäre berauscht und voller Energie für den Rest des Abends, könnte ihm geben, was er wollte, lange aufbleiben, mit ihm schlafen und mich dann morgen schrecklich fühlen und ihm die ganze Sache übelnehmen."

5. „Ich könnte ihm mitteilen, was ich wirklich brauche und riskieren, dass er negativ reagiert. Danach könnte ich ein heißes Bad nehmen und mich ausschlafen."

6. „Ich würde mich meiner Spaßvariante beraubt fühlen, hätte Angst, dass er mich nicht mehr genauso sehr lieben würde, und hätte ein großartiges Gefühl, mich einmal um mich selbst gekümmert zu haben."

Als Nächstes erstellen Sie eine Liste mit allen Ängsten, die Sie in Hinsicht auf die Aufgabe Ihrer Sucht hegen. Listen Sie außerdem die Risiken und Vorteile der Alternative auf. Die Frau aus dem vorangegangenen Beispiel könnte das Folgende notieren:

Ängste: „Er wird mich verlassen, weil ich nicht die Energie habe, das zu tun, was er will."

Risiken: „Ich kann nur dann mit seinen Ansprüchen Schritt halten, wenn ich Drogen nehme."

Vorteile: „Ich wäre körperlich und mental viel gesünder, wenn ich aufhören würde, Drogen zu nehmen."

Ein Suchtverhalten zu verändern ist ein schwieriger Langzeitprozess. Versprechen Sie sich nichts, das Sie nicht halten können. Wenn Sie sich einmal Ihre derzeitige Rückfallwahrscheinlichkeit anschauen, überwiegen dann für Sie die Vorteile gegenüber den Risiken? Sollten Sie zweifeln, müssen Sie sich überlegen, was Sie in Ihrem Leben verändern können, um alternativen Verhaltensweisen eine Chance zu geben.

Die Frau aus unserem Beispiel antwortet möglicherweise wie folgt:
Im Moment ist die Wahrscheinlichkeit für einen Rückfall sehr hoch. Ich habe zu große Angst, dass mein Freund mich verlässt und mir fehlt das soziale Netz, auf das ich zurückfallen könnte, da ich der Beziehung zu viel Zeit und Energie gewidmet habe und süchtig nach meiner Droge bin. Ich brauche Hilfe, um zuerst von meiner Sucht loszukommen und wieder Kontakt zu Menschen aufzubauen, die mir etwas bedeuten. Ich will diese destruktive Beziehung beenden – und das werde ich auch.

Eine Sucht aufzugeben ist nur dann möglich, wenn das neue Leben eine größere Anziehungskraft hat als das alte. Sich über den Preis der Sucht und die Vorteile der Heilung klar zu werden, wird Ihnen dabei helfen, auf dem richtigen Weg zu bleiben.

Schritt 6:
Suchen Sie sich Unterstützung, um Ihre Sucht zu besiegen

Ohne die Hilfe anderer ist die Wahrscheinlichkeit, dass Sie Ihre Sucht besiegen, sehr viel geringer. Da sind Ihre inneren Zwiegespräche, mit denen Sie Ihr Verhalten verurteilen und entschuldigen, von Ihnen zerstörte Beziehungen„ der Schaden, den Sie Ihrem Körper und Geist zufügen, und der gut ausgetretene Weg der Versuchung, der sich viel leichter geht als der der persönlichen Integrität: Es wirken viele mächtige Kräfte, die Ihre Entschlossenheit zu Veränderung schwächen. Um diesen Kräften etwas entgegenzusetzen, benötigen Sie ehrliche, objektive Unterstützer, die Ihren Heilungsprozess verstehen.

Bei Ihrem derzeitigen Partner Unterstützung zu suchen, stellt immer ein Risiko dar. Jede Person, die eine Zeit lang mit Ihnen zusammen gewesen ist, zieht entweder einen Vorteil aus Ihrer Sucht oder aber hat die Nase so voll, dass sie Ihre Versprechen nicht länger hören will. Ihr Partner macht möglicherweise den fatalen Fehler, die Verantwortung für Ihren Heilungsprozess zu übernehmen und Sie dabei im Auge zu behalten. Nichts schreckt Süchtige mehr ab als eine Pseudo-Bemutterung in einer Phase, in der sie die Verantwortung für sich selbst übernehmen sollen. Bei der Heilung einer Sucht dreht sich alles darum, die Versprechen an sich selbst einzuhalten, und nicht darum, den Erwartungen anderer zu entsprechen.

In Ihrem Fall ist es ratsamer, sich an Menschen zu wenden, die nicht nur das Gleiche durchgemacht haben wie Sie, sondern die zudem ihre Versuchungen besiegen konnten. Bei den Anonymen Alkoholikern beispielsweise gibt es Gruppen für viele der häufigsten Suchtformen und im Internet finden Sie virtuelle Begleiter für die Reise aus jeder erdenklichen Abhängigkeit. Sollten Sie gewillt sein, Ihren eigenen Blog einzurichten, ist der Lohn für diesen zusätzlichen Einsatz das gute Gefühl, anderen durch Ihre Erfolgsgeschichte aus ihrer Falle helfen zu können.

Ein stationäres oder ambulantes Behandlungsprogramm bietet Ihnen eine strukturierte Umgebung, in der Sie entgiften und alle nötigen Informationen über Ihre Sucht sammeln können. Für noch nicht so bekannte Formen der Sucht werden Sie häufig keine etablierten Programme finden. Sie könnten daher eine eigene Gruppe gründen und hätten sicher sofortigen Zulauf.

Schritt 7:
Das Ziel im Auge behalten

Dieser Schritt ist für Anhängige immer der schwerste. Die meisten Betroffenen meistern die Anfangsphase sehr gut, haben aber später Schwierigkeiten, nicht wieder in gewohnte Fluchtmuster zu verfallen.

Sollte es Ihnen mit der Entscheidung, Ihr Leben zu verändern, ernst sein, müssen Sie sich darüber klar sein, dass die Versuchung eines Rückfalls Sie für eine lange Zeit – vielleicht für immer – begleiten wird. Sie werden jedoch mit der Zeit und durch ein fortwährendes Training Ihres alternativen Verhaltens immer stärker werden. Sie müssen lernen, sich selbst zu vergeben, hinsichtlich Ihrer Sucht dürfen Sie mit sich selbst jedoch nicht zu viel Nachsicht haben. Das zu unterscheiden ist für einen Betroffenen nicht ganz einfach.

Halten Sie Ihr Tagebuch stets auf dem neuesten Stand, verlassen Sie sich auf Ihr soziales Unterstützungsnetzwerk, trainieren Sie fleißig Ihre Verhaltensalternative, überprüfen Sie regelmäßig, ob Sie rückfallgefährdet sind. All das wird Ihnen helfen, auf Ihr Ziel fokussiert zu bleiben.

ÜBUNG

Konsequenzen im Voraus festlegen

Stellen Sie sich vor, Sie hätten einen heiligen Ort, an dem Sie jeden Tag einmal niederknien, um sich Ihrem neuen Ich abermals zu verschreiben. Dieser Altar wird zum Speicher der Werte, Ansichten und Verhaltensweisen, die im besten Fall Ihre Persönlichkeit auszeichnen. Die Verführung versucht mit aller Macht, in diesen Ort des Lichtes und persönlichen Friedens einzudringen und Sie von dem Ihnen heiligen Glauben abzubringen. Ein suchtmotiviertes Verlangen will Sie davon überzeugen, dass ein Rückfall doch nur ein kurzzeitiger Verstoß wäre. Sie wissen zwar, dass das eine Lüge ist – zu oft haben Sie früher diese Erfahrung machen müssen –, und doch denken Sie, dass Sie dieses Mal vielleicht damit durchkommen.

Versuchen Sie, sich an die Momente in Ihrem Leben zu erinnern, in denen Sie der Versuchung zum Opfer gefallen sind und die Konsequenzen tragen mussten, die Sie zu vermeiden gehofft hatten. Notieren Sie alles in Ihrem Tagebuch.

Hier ein Beispiel:
Ich wusste, dass ich zu viel getrunken hatte, aber der Abend war noch jung und meine Wohnung bloß zwei Häuserblocks entfernt. An einem Wochentag gibt es so früh am Abend noch keine Polizeikontrollen und so hoffte ich, wenn ich langsam führe, ungeschoren davonzu-

kommen. Mir ist klar, dass betrunken Auto zu fahren verboten ist, doch in diesem Fall hielt ich eine Ausnahme für vertretbar. Ich war mir sicher, dass alles gut gehen würde. Meine Freundin anrufen zu müssen, um mich aus dem Gefängnis zu holen, war peinlich genug, doch zu wissen, dass ich meinen neuen BMW in ein geparktes Auto gefahren hatte, war mehr, als ich ertragen konnte.

Nachdem Sie Ihre eigenen Beispiele notiert haben, werden Sie sehen, wie sinnlos es ist, sich suchtmotivierte Ausnahmen zu Ihrer heiligen Verpflichtung zu erlauben.

Sie müssen sich täglich an Ihrem Ort des Friedens erneut zur Veränderung verpflichten und dabei die folgenden sechs Regeln befolgen:

- Alle Entscheidungen, die Sie treffen, müssen mit Ihrem persönlichen Wandel hin zu einem neuen Ich übereinstimmen.
- Wenn Sie sich einmal zu etwas verpflichtet haben, ist das absolut bindend. Es gibt ab sofort keine einzige Ausnahme mehr für Sie.
- Sollten Sie sich entscheiden, ein Versprechen zu brechen, dann verpflichten Sie sich bereits jetzt, dass Sie die Konsequenzen tragen werden. Dieses Einstehen für die Folgen ist Teil der Vereinbarung.
- Sie werden sich nicht erlauben, Ihre Verstöße zu entschuldigen oder zu rechtfertigen.
- Sie werden sich oder andere nicht belügen, wenn Sie Ihr Wort gebrochen haben.
- Wenn Sie ein Versprechen gebrochen haben, müssen Sie zu Ihrem Ort des Friedens zurückkehren und sich neu verpflichten.

Sie sind in der Lage, Ihre Sucht hinter sich zu lassen, sich dauerhaft für ein besseres Leben zu entscheiden. Wie groß die Freude über Ihre neu gewonnene Freiheit sein wird, können Sie sich noch überhaupt nicht vorstellen. Um dies zu erreichen, brauchen Sie Geduld, Entschlossenheit und Unterstützung. Dann werden Sie erfolgreich sein – solange Sie nicht aufgeben.

10. | Märtyrertum: „Vielleicht wird auch meine Zeit mal kommen"

Ob sie als Heilige, Sündenböcke, leidende Opfer oder gütige Selbstlose daherkommen– beziehungssabotierende Märtyrer können die freigiebigsten, gleichzeitig aber auch die frustrierendsten Partner sein. Zeitweise scheinen sie mit ihrer selbstlosen Großzügigkeit vollkommen zufrieden zu sein, sind nicht nachtragend und haben keine unerfüllten Bedürfnisse. Plötzlich und für andere oft unvorhersehbar überschreiten sie jedoch eine unsichtbare Grenze und fühlen sich verletzt und unbeachtet. Ihrem vollkommen ahnungslosen Partner präsentieren sie dann eine Aufstellung emotionaler Schulden.

Destruktive Märtyrer geben um zu nehmen, ob sie sich dessen bewusst sind oder nicht. Sie hoffen, dass ihre ungebetene Großzügigkeit ihre Partner zu obligatorischer Gegenseitigkeit veranlasst. Klassische Beispiele sind die vollkommen involvierte Mutter, der Partner eines Süchtigen, der über lange Zeit gelitten hat, oder die ständig anwesende Freundin, die unersetzlich sein möchte. Märtyrer erlauben ihren Partnern selten, etwas für sie zu tun, führen aber still und leise Buch über ihre einseitigen Opfer, um diese beizeiten als Druckmittel einsetzen zu können.

10.1 Verborgene Absichten

Sollten Sie bisher die Rolle des Märtyrers gespielt haben, reden Sie sich sicher ein, dass Sie von der Natur einfach mit Großzügigkeit bedacht wurden und sind stolz auf Ihre Fähigkeit zu geben, ohne eine Gegenleistung zu benötigen.

Doch irgendwo in Ihrem Hinterkopf verbirgt sich die Gewissheit, dass Ihr selbstloses Verhalten seine Grenzen hat. Vielleicht sind Sie gebender Natur, und wollen dieser ohne Ausnahme nachkommen. Doch auch Sie sind nur ein Mensch. Jeder von uns braucht ab und an Anerkennung und Zuwendung.

Vielleicht haben Sie gelernt, dass es falsch ist, um etwas zu bitten, das Ihnen zuvor nicht angeboten wurde. Möglicherweise fühlen Sie sich tief im Inneren nicht der Zuwendung eines anderen würdig. Um eine Gegenleistung zu bitten mag Ihnen unangemessen erscheinen.

Sollten Sie jedoch weiterhin geben, ohne dafür Anerkennung und Wertschätzung zu erhalten, werden Sie zwangsläufig einen Groll entwickeln. Früher oder später werden Sie und Ihr Partner dahingehend eine Veränderung spüren. Sollte Ihr Partner Ihre unterschwelligen Botschaften ignorieren, werden Sie sich dabei ertappen, dass Sie über sein egoistisches Verhalten Buch führen und sich Ihre anfängliche Großzügigkeit in selbstgerechte Bitterkeit verwandelt. Obwohl Sie Ihre Gefühle nicht laut äußern, hegen Sie Gedanken wie die folgenden:

„Vergiss bitte nichts von dem, was ich so selbstlos für dich getan habe und schätze dich verdammt noch einmal glücklich, dass ich mit dir zusammen bin."

„Du kannst mir sowieso nicht all das zurückgeben, was du von mir bekommen hast. Deshalb solltest du mich besser nicht verletzen und mich nicht im Stich lassen, wenn ich dich brauche."

„Ich hoffe, dir ist klar, was ich alles für dich geopfert habe und wie viel mich das gekostet hat."

Gegenseitige Anziehung

Sollten Sie der Märtyrer in Ihren Beziehungen (gewesen) sein, haben Sie Partner angezogen, die Sie entweder ausnutzen oder von Ihnen abhängig sind und in Ihrer Schuld stehen. Ausbeuter haben kein schlechtes Gewissen, wenn sie mehr bekommen als sie geben. Es fällt Ihnen leicht zu nehmen, ohne sich zu einer Gegenleistung verpflichtet zu fühlen. Ihr Motto lautet: „Wenn es angeboten wird, gehe ich davon aus, dass ich es nehmen kann. Ich schulde niemandem etwas dafür."

Menschen, die von Ihnen abhängig sind und in Ihrer Schuld stehen, brauchen das, was Sie ihnen bieten, haben aber nicht die emotionale oder körperliche Kraft, eine Gegenleistung zu erbringen. Sie reden sich ein, dass Sie nicht ernsthaft etwas erwarten oder dass sie ihre Schulden eines Tages zurückzahlen können. Doch je mehr Schulden sie ansammeln, desto mehr sind sie Ihnen verpflichtet. Ist ihr Schuldenberg so hoch, dass sie ihn niemals werden abtragen können, machen sie Sie für ihr schlechtes Gewissen verantwortlich. Ihr Ärger dient ihnen als Rechtfertigung, die Beziehung zu beenden. Das Motto dieser Menschen lautet: „Ich habe dich niemals um all diese Zuwendung gebeten. Das war allein deine Idee und jetzt fühlst du dich betrogen. Ich habe dir von Anfang an gesagt, dass ich nicht in gleichem Maße geben kann wie du, und das ging in Ordnung für dich. Ich fühle mich hintergangen."

Sollten Sie in Ihren Beziehungen der aufopfernde Saboteur sein, haben Ihre Partner lediglich die folgenden Optionen: Sie auszunutzen, Sie zu übertreffen oder die Beziehung zu beenden, bevor sie einen Schuldenberg angesammelt haben, den sie nie werden abtragen können.

Wo haben Sie gelernt, ein Märtyrer zu sein?

Selbstaufopferung ist ein erlerntes Verhalten. Möglicherweise haben Sie einen Elternteil dabei beobachtet, wie er sich selbstlos aufopferte, oder man hat Sie gelehrt, dass Menschen, die ihre eigenen Bedürfnisse hintenan stellen, wertvoller sind als andere. Vielleicht wurden Sie als Kind dafür belohnt, Dinge aufzugeben, die Ihnen wichtig waren. Oder Sie wurden misshandelt und geben nun im Übermaß in der Hoffnung, den erwarteten Schmerz abzumildern.

Durch Ihre schmerzhaften Erfahrungen können Sie nun nicht mehr daran glauben, dass sich jemals andere um Sie kümmern werden. Indem Sie geben, was Sie sich einmal selbst wünschten, nehmen Sie Ihre eigenen Bedürfnisse überhaupt nicht mehr wahr. Solange Sie sich auf der Geberseite befinden, fühlen Sie sich des Empfangens nicht unwürdig.

Aus welchem Grund auch immer Sie gelernt haben, im Übermaß zu geben: Sie haben die Kraft, dieses Verhalten zu ändern. Und dabei werden Sie einen ungeahnten Schatz entdecken: Dass Sie geliebt werden für die Person, die Sie sind, nicht für das, was Sie geben.

10.2 Die sieben Schritte zur Heilung

Sie können Ihr destruktives Verhalten ändern, ganz gleich aus welchem Grund Sie zum Märtyrer geworden sind.

Schritt 1:
Beobachten Sie Ihr aufopferndes Verhalten, ohne sich zu verurteilen

Genau wie andere Beziehungssaboteure verurteilen auch Sie sich innerlich selbst, wenn Sie Ihr Verhalten beobachten. Allerdings fällt bei Ihnen das Urteil nicht notwendigerweise negativ aus. Sollte Ihnen beigebracht worden sein, dass Gebende Bewunderung ernten und Nehmende minderwertiger sind, dann wird Ihnen eine innere Stimme jedes Mal ein Lob aussprechen, wenn Sie geben. Achten Sie darauf, sich durch diese positive Bestätigung nicht von Ihrem Veränderungsentschluss abbringen zu lassen.

Zu viel zu geben schadet nicht nur Ihren Partnern, sondern auch Ihnen. Im Laufe der Zeit wird Ihnen das immer mehr bewusst und auch Ihre innere Stimme äußert sich zunehmend negativ. Lassen Sie dann Ihre Selbstverurteilung nicht an sich heran. Wenn Sie sich für Ihr altes Ich schlecht fühlen, behindern Sie nämlich Ihren Lernprozess. Das Ziel der folgenden Übung ist, sich daran zu erinnern, welche negativen Auswirkungen Ihr selbstaufopferndes Geben auf Ihre Beziehungen hatte. Konzentrieren Sie sich auf das, was Sie tun und auf die Folgen.

ÜBUNG

Wann ist Ihr Geben manipulativ?

Beschreiben Sie in Ihrem Tagebuch drei Beziehungen, bei denen Sie das Gefühl haben, viel mehr gegeben als empfangen zu haben. Beginnen Sie jeden Eintrag mit dem Namen der anderen Person und deren Beziehung zu Ihnen. Beschreiben Sie dann, was Sie wiederholte Male für diesen Menschen getan haben, ohne dass er Sie darum gebeten hatte. Im nächsten Schritt äußern Sie sich zu dem, was Sie dabei empfunden haben, wie sich Ihr Partner Ihrer Ansicht nach fühlen sollte, wie er sich tatsächlich fühlte und wie Sie reagierten.

Hier ein Beispiel:

Jeremy: *Freund*

Handlung: *Ich fuhr zu seinem Haus, als er bei der Arbeit war, und wusch seine ganze Schmutzwäsche, ohne dass er mich darum gebeten hatte.*

Gefühle: *Ich war glücklich, dass ich ihm helfen konnte, wo er doch so viel zu tun hat. Ich dachte, er würde mich dafür schätzen und hatte ein gutes Gefühl, weil ich ihm das Leben ein wenig erleichtert hatte. Mir war bewusst, dass er sich lieber um sich selbst kümmerte und seine Privatsphäre gern gewahrt sah, doch ich entschied, dass die Vorteile die Nachteile in diesem Fall klar überwogen. Ich war mir sicher, dass er meine guten Absichten und meine große Zuneigung ihm gegenüber erkennen würde. Ich fühlte mich wichtig und selbstsicher.*

Erwartungen: *Ich wollte, dass er sich geliebt und mit Zuneigung bedacht fühlt. Ich hoffte, durch meine Handlung ein gutes Gefühl zu erlangen. Ich denke, ich wollte sicher auch, dass er meine Gabe und meine Aufmerksamkeit zu schätzen wusste.*

Reaktion des Partners: *Er war ärgerlich und wollte danach nicht mit mir reden. Er gab mir zu verstehen, dass er sich lieber um sich selbst kümmern wollte. Später entschuldigte er sich dann oberflächlich bei mir und sagte, er wisse doch, dass ich bloß versuchte, ihn glücklich zu machen. Trotzdem war er den Rest der Woche sehr distanziert.*

Reaktion: *Ich war verletzt und fühlte mich völlig falsch verstanden. Dies war nicht das erste Mal, dass er nicht schätzte, was ich für ihn getan hatte. Meistens beruhigt er sich jedoch schnell wieder und realisiert, dass ich es aus Liebe zu ihm getan habe. Manchmal sagt er mir dann später, dass mein Verhalten in Ordnung war. Ich frage mich, wann ihm klar werden wird, wie gut ich ihm tue, und er sich zu einer dauerhaften Beziehung entschließt.*

Fragen Sie sich, nachdem Sie die Übung durchgeführt haben, was Sie über sich herausgefunden haben:

1. Sie gaben Ihrem Partner etwas, weil Sie es gerne so wollten und obwohl er Sie nicht darum gebeten hatte.
2. Sie gaben, weil Sie sich dadurch gut fühlten, und nicht, weil es Ihren Partner unbedingt glücklich machte.
3. Sie hegten sehr wohl Erwartungen, auch wenn Sie sich dies zu dem Zeitpunkt nicht eingestehen wollten.
4. Ihr Partner lehnte ab was Sie getan hatten und nahm Ihnen übel, dass er Ihnen dafür dankbar sein sollte.
5. Sie wollten sich bedeutend und gebraucht fühlen, wurden aber im Gegenteil nicht beachtet und verletzt. So hatten Sie sich bereits viele Male gefühlt.

Sie haben Geld bei einer psychologischen Bank angelegt, die ein Loch ohne Boden hat. Auf Ihre Beziehungen übertragen heißt das, je mehr Sie anlegen, desto größer wird die Diskrepanz zwischen dem, was Ihnen Ihrer Meinung nach zusteht und dem, was Ihr Partner sich verpflichtet fühlt Ihnen zurückzugeben. Haben Sie erst eine gewisse Anzahl solcher Erfahrungen gesammelt, wird Ihre selbsternannte Güte verschwinden und Sie werden sich stattdessen verärgert und als Opfer fühlen. Ihr Partner wird den Eindruck haben, Sie hätten ihn manipuliert, damit er sich verpflichtet fühlt, eine Gegenleistung zu erbringen.

Schritt 2:
Identifizieren Sie die Wurzel Ihres Märtyrertums

Schauen Sie sich in diesem Schritt einmal die Menschen an, die in Ihrer Kindheit einen bedeutenden Einfluss auf Sie hatten und deren eigenes Selbstwertgefühl davon abhängig war, wie viel sie anderen geben konnten. Diese Personen lebten Ihnen vor, dass Geben wertvoller ist als Nehmen. Vorenthalten haben sie Ihnen allerdings die Tatsache, dass sie stolz auf ihren höheren Status waren und dieses Ungleichgewicht gewahrt haben, um sich selbst besser zu fühlen. Sie vergaßen auch zu erwähnen, dass einige der Menschen, die sie gern hatten, durch ihr Verhalten egozentrisch und verwöhnt wurden.

Das Ziel der nächsten Übung ist es, sich an Menschen aus Ihrem Leben zu erinnern, die Selbstverleugnung dazu nutzten, um als opferbringende Heilige dazustehen, und die andere von der Ehrenhaftigkeit ihrer Selbstlosigkeit zu überzeugen versuchten.

ÜBUNG

Identifizieren Sie die Märtyrer aus Ihrer Vergangenheit

Rufen Sie sich die Persönlichkeiten aller Märtyrer in Erinnerung, die Sie kennen. Beginnen Sie mit dem, der Sie als Kind am meisten beeinflusste. Beschreiben Sie sein Verhalten und wie Sie darauf reagiert haben. Sie werden feststellen, dass nicht das Verhalten selbst so sehr das Problem war, sondern wie es sich auf die Beziehung auswirkte.

Hier ein Beispiel:

1. Verhalten Ihres Vaters: *Er gab niemals Geld für sich selbst aus.*
Ihre Reaktion: *„Ich war froh, dass ich die Dinge hatte, die ich benötigte, fühlte mich aber schuldig."*

2. Verhalten Ihres Vaters: *Er tat ständig Dinge für andere.*
Ihre Reaktion: *„Ich war stolz auf ihn, sah aber auch, dass er nicht nein sagen konnte."*

3. Verhalten Ihres Vaters: *Er sagte niemals auch nur eine einzige gemeine Sache zu meiner Mutter.*
Ihre Reaktion: *„Ich fühlte mich wie ein schlechter Mensch, wenn ich mich über meine Mutter ärgerte."*

4. Verhalten Ihres Vaters: *Er legte alles andere beiseite, wenn ich ihn brauchte.*
Ihre Reaktion: *„Ich fürchtete, dass ich immer zu viel von ihm verlangte."*

5. Verhalten Ihres Vaters: *Niemals bat er um etwas.*
Ihre Reaktion: *„Er gab mir das Gefühl, nichts zu bieten zu haben."*

6. Verhalten Ihres Vaters: *Er litt still für sich.*
Ihre Reaktion: *„Er gab mir das Gefühl, mich niemals beschweren zu dürfen."*

7. Verhalten Ihres Vaters: *Er war zutiefst verletzt, wenn er einmal kritisiert wurde.*
Ihre Reaktion: *„Ich lernte, vorsichtig zu sein und seine Fehler niemals zu bemerken."*

8. Verhalten Ihres Vaters: *Er fühlte sich immer im Recht.*
Ihre Reaktion: *„Ich konnte niemals anzweifeln, was er tat und seine Ansichten niemals infrage stellen."*

Haben Sie während dieser Übung ein besseres Gefühl dafür entwickelt, wie sich Ihr Partner wohl fühlen muss, wenn Sie Ihre Wünsche ständig für ihn opfern?

Denken Sie an einen anderen Märtyrer aus Ihrer Vergangenheit. Hatten die zwei, was ihre Persönlichkeit anging, einige Gemeinsamkeiten? Fahren Sie mit dieser Übung fort, bis Sie das Gefühl haben, die verinnerlichten selbstaufopfernden Verhaltensweisen identifizieren zu können.

Sobald Sie die Ursachen Ihres Verhaltens aufgedeckt und verstanden haben, können Sie sich die Fähigkeiten aneignen, um es abzulegen.

Schritt 3:
Die Auslöser Ihres selbstaufopfernden Verhaltens identifizieren

Wenn Märtyrer versuchen, nicht mehr ständig zu geben, macht sie das oft nervös. Bei erwachsenen Märtyrern sind es Empfindungen wie Ängstlichkeit, Furcht, Schuld und Unzulänglichkeit, die sie dazu bringen, sich auch dann noch aufzuopfern, wenn dieses Verhalten eigentlich unvertretbar ist. Um die Auslöser dieses Verhaltens in Ihrer derzeitigen Situation aufzudecken, müssen Sie Ihre unterschwelligen negativen Befürchtungen erkennen.

ÜBUNG

Welche Ängste liegen Ihrer übermäßigen Selbstaufopferung zugrunde?

Vervollständigen Sie in Ihrem Tagebuch die folgenden Aussagen:
„Wenn ich meinem Partner dann nicht mit Rat zur Seite stehe, wenn ich meine, dass er ihn braucht, fürchte ich ..."
„Wenn ich für meinen Partner nicht immer auf Abruf bereit stehe, fürchte ich ..."
„Wenn ich nicht alles akzeptiere, was mein Partner sagt und tut, habe ich Angst, dass ..."
„Wenn mein Partner Trost braucht und ich ihm diesen nicht gebe, habe ich Angst, dass ..."
„Ich fürchte, dass mein Partner ..., wenn ich nein sage."
„Wenn ich Wut oder Enttäuschung zeige, fürchte ich, dass mein Partner ..."
„Wenn ich um zu viel bitte, denke ich, dass mein Partner ..."
„Wenn ich bei einer Auseinandersetzung nicht nachgebe, reagiert mein Partner, indem ..."
„Sollte ich Fehler bei meinem Partner entdecken oder eine Beschwerde haben, denke ich, dass er ..."
„Wenn ich um das bitte, was ich brauche, fürchte ich, dass ..."

Ihre Aussagen werden Ihnen dabei helfen, Ihre derzeit aktiven Auslöser herauszufinden. Sollten Sie die erste Aussage zum Beispiel wie folgt vervollständigt haben: „..., mein Partner könnte einen Fehler machen, für den ich die Schuld trage", dann besteht Ihr Auslöser darin, dass Sie Angst haben, jemanden im Stich zu lassen. Haben Sie die zweite Aussage in etwa wie folgt vervollständigt: „..., dass er jemand anderes finden könnte.?" Ist Ihre Antwort ja, dann wird Ihr destruktives Verhalten durch die Befürchtung ausgelöst, dass Ihr Partner jemanden finden könnte, der mehr auf ihn eingeht.

Während Sie diese Übung machen, erinnern Sie sich möglicherweise an einige Kindheitserlebnisse, die Ihren heutigen Empfindungen sehr ähnlich sind. Notieren Sie auch diese.

Mithilfe der vorangegangenen Übung werden Sie die Gefühle erkennen, die sich hinter Ihrer Geberrolle verstecken. Viele Ihrer Ängste träten nicht zum Vorschein, wenn Sie Ihr Verhalten verändern würden. Indem Sie Ihre Befürchtungen offenlegen, können Sie in den meisten Fällen ein besseres Ergebnis erzielen.

Schritt 4:
Finden Sie heraus, wann Sie am anfälligsten für die Rolle des Märtyrers sind

Um die Rolle des aufopferungsvollen Märtyrers auf Dauer spielen zu können, müssen Sie einen Partner haben, der den Gegenpart übernimmt. Ihr Partner wird wahrscheinlich:

- von Ihrer Zugänglichkeit und Umgänglichkeit angezogen sein,
- erfreut sein, dass seine Bedürfnisse erkannt und erfüllt werden,
- zu Beginn der Beziehung Ihr Verhalten positiv verstärken,
- keinen Widerstand leisten, wenn Sie seine Versuche sich zu revanchieren abweisen,
- glauben, dass Ihr Verhalten Sie glücklich macht.

Ab dem Moment, in dem Sie sich in diese Märtyrer-Empfänger-Beziehung begeben, laufen Sie Gefahr, Ihre Ressourcen mit der Zeit vollkommen zu erschöpfen. Erwarten Sie von Ihrem Partner bitte nicht, dass er einer Gratisverpflegung widersteht, wenn sie ihm so freigiebig angeboten wird.

Wenn sich Ihre Vorräte dem Ende neigen und Sie Ihre emotionalen und physischen Motoren bis zum Anschlag aufgedreht haben, werden Ihre eigenen Bedürfnisse langsam zum Vorschein kommen. Von diesem Augenblick an werden Sie nicht mehr in der Lage sein, so selbstlos zu geben wie zuvor. Sollte Ihr Partner aufgrund Ihrer aufopferungsvollen Zuneigung mit Ihnen zusammen sein, wird er wahrscheinlich nicht wissen, wie er sich nun um Sie kümmern soll. Die daraus resultierende Starre ist der häufigste Grund für das Scheitern einer Märtyrerbeziehung.

Wie erkennen Sie, dass Sie in einer Abwärtsspirale stecken?

Die meisten sich selbst aufopfernden Beziehungssaboteure konzentrieren sich mehr auf die Reaktionen ihrer Partner als auf die eigenen Ressourcen. Deshalb erkennen Märtyrer ihr selbstzerstörerisches Verhalten erst, wenn die Beziehung bereits Schaden genommen hat. Sie können noch so körperlich erschöpft, emotional oder spirituell leer, verwirrt oder sexuell lustlos sein, und werden trotzdem nicht in Erwägung ziehen, anderen nicht immer gefallen zu wollen.

Auch wenn Sie sich Ihrer eigenen Gefühle nicht bewusst sind, können Sie eine Abwärtsspirale an den Reaktionen Ihres Partners erkennen. In einem solchen Augenblick sagt ein *Sie ausnutzender Partner vielleicht das Folgende*:
„Du kannst aber auch nie etwas richtig machen. Was ist bloß mit dir los?"
„Mach keine Pläne, ohne sie vorher mit mir abzusprechen."
„Du solltest mehr Sport treiben."
„Warum machst du keinen Kochkurs? Das Essen schmeckt wirklich fade."
„Du wirst ganz schön faul im Bett."

Im Gegensatz dazu würde ein von Ihnen abhängiger Partner das Folgende sagen:
„Ich fand es wirklich schön, als du noch öfter Frühstück gemacht hast."
„In letzter Zeit warst du oft fort."
„Es wäre schön, wenn du mir öfter den Rücken massieren könntest. Aber nur, wenn du Zeit dazu hast."
„Meinst du nicht, dass du ein bisschen zu viel für andere tust?"
„Du bist nicht mehr so nett wie früher."

Sollte Ihre Beziehung an diesem Punkt angelangt sein, sind Sie Ihrer Selbstverleugnung schutzlos ausgeliefert und haben sich bislang selbst geschadet. Die gute Nachricht ist, dass Sie verletzende Kritiken wie die obigen vermeiden können, indem Sie lernen, sich Ihrer Gefühle bewusster zu werden. Auf diese Weise werden Sie früher feststellen, wann Sie beginnen, sich ausgenutzt zu fühlen. An dieser Stelle haben Sie die Möglichkeit, die Beziehung entweder infrage zu stellen oder sie, wenn nötig, mit intakter Selbstachtung zu beenden.

Schritt 5:
Lernen Sie, Geben und Nehmen ins Gleichgewicht zu bringen

Wenn Sie daran gehen, Ihr Geben-Nehmen-Ungleichgewicht zu verändern, kann das zu starken Gefühlen der Unsicherheit und Angst führen. Vielleicht empfinden Sie diese Veränderung sogar als einen Verlust Ihrer Identität. Geben war für Sie oft mit Streicheleinheiten verbunden und es könnte Ihnen schwerfallen, künftig Wünschenswertes von Destruktivem zu trennen. Darauf zu vertrauen, dass jeder Partner, mit dem es wert ist, zusammen zu sein, sich um Sie kümmern will, bedeutet für Sie als selbstaufopfernden Menschen, über den eigenen Schatten zu springen. Dies fällt einem Märtyrer nicht leicht.

Zurzeit sind Sie sicher mit jemandem zusammen, dem Sie angewöhnt haben, mehr zu nehmen als zu geben. Wenn Sie nun beginnen, ihn um mehr zu bitten, hält er Ihren Wunsch vielleicht für unberechtigt und wird ihn nicht ernst nehmen. In diesem Fall ist die Verhaltensänderung für Sie wichtiger als diese Beziehung. Auch wenn Ihnen die Entscheidung schwerfällt: Andersherum wäre es bedeutend schlimmer.

Sollten Sie Single sein, geben Sie mit großer Wahrscheinlichkeit in all Ihren anderen Beziehungen zu viel. Bis zu Ihrer nächsten Liebesbeziehung sollten Sie an der Balance zwischen Geben und Nehmen arbeiten.

Während Sie nach dem Gleichgewicht suchen, mögen Sie fürchten, zu viel zu nehmen. Sie laufen in dieser Hinsicht wenig Gefahr, da Ihre Gewohnheit, das Gegenteil zu tun, viel zu tief sitzt.

ÜBUNG

Auf der Suche nach gesundem Selbstschutz

Das Ziel dieser Übung ist, Ihnen zu helfen, gesunden Selbstschutz zu entwickeln. Bewerten Sie das Zutreffen der folgenden Aussagen auf einer Skala von 1 bis 5. (1 = nie, 2 = manchmal, 3 = oft, 4 = meistens, 5 = immer)

1. Sie fühlen sich wohl, wenn Ihr Partner an das denkt, was Ihnen wichtig ist.
2. Wenn Ihr Partner etwas von Ihnen verlangt, das Sie verletzt, können Sie Nein sagen.
3. Wenn Ihr Partner Ihre Entscheidungen infrage stellt, geben Sie – wenn Sie das nicht wollen – nicht nach.
4. Sie sind in der Lage, um etwas zu bitten, auch wenn Ihr Partner dafür Opfer bringen muss.
5. Bevor Sie etwas für Ihren Partner tun, stellen Sie sicher, dass das auch in Ordnung für Sie ist.
6. Wenn Ihr Partner mit Ihrem Verhalten unzufrieden ist, halten Sie diese Art der Zurückweisung aus.
7. Sie geben nicht nach, wenn Sie vollkommen von etwas überzeugt sind, Ihr Partner aber anderer Meinung ist.
8. Sie sind in der Lage, Missfallen über das Verhalten Ihres Partners auszudrücken.
9. Sie sind der Meinung, in Beziehungen in ausreichendem Maße auf sich zu achten.

Addieren Sie nun Ihre Punktzahlen. Ein selbstaufopfernder Saboteur erreicht gewöhnlich eine Summe von unter 15 Punkten. Ihr Ziel ist ein Ergebnis von über 30, um Ihren Wunsch zu geben mit Ihrer Fähigkeit, in gleichem Maße zu nehmen, in Einklang zu bringen.

Für jede Aussage, bei der Sie 3 oder weniger Punkte erreichen, versprechen Sie sich selbst, dass Sie härter an sich arbeiten, um auch hier selbstschützendes Verhalten zu riskieren. Ein Sie ausnutzender Partner wird Sie möglicherweise verlassen, doch ein besserer Partner wird Ihre Veränderung begrüßen.

Schritt 6:
Suchen Sie Unterstützung, um Ihr Gleichgewicht zu finden

Sollten Sie ein Märtyrer gewesen sein, ...:
- … hatten Sie Schwierigkeiten, um das zu bitten, was Sie wollten und Hilfe anzunehmen.
- … entstand Ihr Edelmut durch die Verleugnung Ihrer Bedürfnisse.
- … hing Ihr Selbstwertgefühl von dem andauernden Leiden ab, das Sie bei Fokussierung auf die Bedürfnisse Ihrer Partner erfuhren.
- … schätzen Sie Ihre Fähigkeit, Opfer zu bringen, um Ihren Partner glücklich zu machen.
- … wagen Sie nicht, die Hilfe eines anderen anzunehmen, um ein effektiveres selbsterhaltendes Verhalten zu entwickeln, und halten an den positiven Seiten Ihres bisherigen Beziehungslebens fest.

Durch solche Ansichten und Verhaltensweisen wird es Ihnen schwerfallen, nun um die Erfüllung Ihrer Bedürfnisse zu bitten. Gerade jetzt ist es jedoch entscheidend für Ihre Heilung, mental „gesunde" Menschen zu finden, die Ihnen Gegenseitigkeit vorleben können. Es ist interessant zu sehen, dass frühere Partner, denen Sie viel bedeuteten und die Ihre Zuwendung sehr genossen, den Preis dafür aber nicht zahlen konnten, Ihnen nun gute Spiegel sein können. Sollten diese Ex-Partner gute Freunde geblieben sein, können sie Ihnen nun hilfreiches Feedback geben, indem sie berichten, was es war, das sie am Ende vertrieben hat. Fragen Sie diese Personen, welche Aspekte Ihres Verhaltens sie geschätzt haben und welche Änderungen sie sich gewünscht hätten.

Wenn Sie Veränderungen anstreben, ist es keine gute Idee, sich mit anderen Märtyrern auszutauschen. Diese sind zu sehr in ihre eigenen Ängste verstrickt und könnten versuchen, Sie in Ihrer Selbstaufopferung zu bestärken, indem sie Ihnen Komplimente machen. Sollten diese Menschen ihre Partner noch immer für ihre eigenen Probleme verantwortlich machen, sind sie außerstande, Ihnen zu helfen, die Verantwortung für Ihr Verhalten zu übernehmen.

Sollten Sie gute Freunde haben, die Ihnen bisher vom Spielfeldrand aus zugeschaut haben und Ihre Veränderung aufrichtig unterstützen wollen, bitten Sie diese, die Übung „Auf der Suche nach gesundem Selbstschutz" aus Schritt 5 durchzuführen. Wenn jemand hohe Punktzahlen erreicht, können Sie darauf vertrauen, dass er in seinen Beziehungen selbstschützende Verhaltensweisen praktiziert.

Schritt 7:
Das Ziel im Auge behalten

Bei Ihrer Zielsetzung zu bleiben wird Ihre größte Herausforderung sein. Ihr derzeitiger Partner möchte sicher nicht, dass Ihre großzügigen Charakterzüge verschwinden, auch wenn er sich möglicherweise durch das von Ihnen geschaffene Ungleichgewicht verpflichtet fühlt, Sie zu unterstützen. Andere Menschen, die sich bisher immer darauf verlassen haben, dass Sie jederzeit auf Abruf bereit stehen und niemals Nein sagen, könnten sich durch Ihre neue Entschlossenheit beleidigt fühlen. Sollten Sie noch Kontakt zu den Personen haben, von denen Sie Ihre Selbstaufopferung gelernt haben, werden Sie von diesen vielleicht als Überläufer gesehen, der sich bewusst entschieden hat, egoistisch und unzuverlässig zu sein. Sie werden sich zu Anfang möglicherweise selbst weniger mögen, da Sie so sicher sind, dass Geben ohne zu Nehmen edelmütiger ist.

Geliebt und respektiert zu werden, ohne zu viel zu geben, mag Ihnen unvorstellbar vorkommen. Da Sie solange als Märtyrer gelebt haben, mögen Sie fürchten, dass ein Nein Sie die Zuwendung kosten könnte, auf die Sie angewiesen sind. Es war vielleicht nie Ihre Absicht, andere durch Schuldgefühle und Verpflichtungen zu kontrollieren, doch nun ist dies das einzige Verhalten, auf das Sie sich verlassen. Die Angst loszulassen wird die größte Hürde sein, die es zu überwinden gilt, bevor Sie verstehen werden, dass Ihre neue Lebensweise die bessere ist.

ÜBUNG

Entdecken Sie die positiven Seiten an selbstdienlichem Verhalten

Diese letzte Übung soll Ihnen helfen, auf dem richtigen Weg zu bleiben, und macht Ihnen hoffentlich gleichzeitig noch Spaß. Wählen Sie drei Personen, die Sie gut kennen und die es für völlig akzeptabel halten, andere für ihre eigenen Zwecke auszunutzen. Sie haben solche Menschen mit Geringschätzung bedacht und haben sie doch – viel zu oft – als Partner gewählt. Doch in Ihrer jetzigen Situation werden sie großartige Spiegel für Sie sein. Listen Sie auf, womit diese Menschen ihre Partner ausnutzen und notieren Sie, wie Sie sich in solch einem Moment fühlen.

Hier einige Beispiele:

Sams Verhalten: *Er hat keine Schwierigkeiten, um die Dinge, die er will, zu bitten oder diese einzufordern.*
Ihre Gefühle: *Ich finde, er ist ein egoistischer Blödmann.*

Sams Verhalten: *Er bedient sich aller Mittel und Wege, um das zu bekommen, was er sich in den Kopf gesetzt hat.*
Ihre Gefühle: *Nicht zu glauben, wie sehr er von seinen Anrechten überzeugt ist.*

Sams Verhalten: *Er fühlt sich nie schlecht, wenn andere Menschen Opfer für ihn bringen müssen.*
Ihre Gefühle: *Ich glaube, er hat überhaupt kein Gewissen.*

Sams Verhalten: *Er geht davon aus, dass andere Menschen ihm Grenzen setzen. Wenn nicht, dann nimmt er sich, was er will.*
Ihre Gefühle: *Wie egoistisch. Er nutzt einfach gutmütige Menschen aus, die nicht Nein sagen können.*

Nachdem Sie Ihre Liste fertig gestellt haben, schauen Sie sich die Person Ihrer Wahl noch einmal an und suchen Sie nach etwas Bewundernswertem an ihr. Es wird Sie einiges an Anstrengung kosten, über Ihr negatives Urteil hinauszusehen, doch diese Übung ist sehr wichtig für Sie. In Sams Fall könnten Sie schreiben: „Ich bewundere seine Selbstsicherheit. Er hat überhaupt keine Angst, dass seine Partnerin ihn verlassen könnte, wenn er sagt, was er will."

Während Sie diese Übung machen, werden Ihnen Ihre Vorurteile über selbstdienliches Verhalten langsam deutlich werden. Das ist eine ganz entscheidende Erkenntnis, um sich auf Ihr Ziel zu konzentrieren.

Selbstaufopferung hat ihre positiven Aspekte, solange der Gebende nicht automatisch eine Gegenleistung erwartet. Auch eigennütziges Verhalten hat positive Seiten. Bei Menschen, die in der Lage sind, ihren Bedürfnissen Ausdruck zu verleihen, stauen sich keine Verärgerung oder Bitterkeit an. Wenn Sie wirklich entschlossen sind, ein Gleichgewicht zwischen Geben und Nehmen herzustellen, werden Sie in der Lage sein, Ihr Märtyrertum hinter sich zu lassen.

11. | Abwehr: „Ich kann nichts dafür!"

Abwehr ist eine natürliche Reaktion auf einen wahrgenommenen Angriff. Fast jeder Mensch wird in dieser oder ähnlicher Weise reagieren, wenn er meint, sein Selbstwertgefühl, seine Werte oder seine Version der Wahrheit ständen auf dem Spiel. Kampf-Flucht-Erstarrungs-Reaktionen sind in die menschliche Psyche einprogrammiert und können Liebende in Feinde verwandeln.

In einer funktionsfähigen Beziehung sind die Partner in der Lage, konstruktive Kritik auszutauschen, heikle Probleme zu diskutieren und nach beiderseitig akzeptablen Kompromissen zu suchen. Sollte einer der Partner jedoch Herausforderungen – ob groß oder klein – plötzlich als Angriff auffassen, dann gibt es keine Einigung mehr, dann gibt es nur noch Verteidigung. Defensive Beziehungssaboteure können keine Niederlagen akzeptieren. Wenn sie herausgefordert werden, streiten sie sich so lange und so vehement mit ihrem Partner, bis dieser nachgibt oder die Verbindung abbricht.

Sieben gängige Verteidigungsmanöver

Wenn sie sich bedroht fühlen, greifen defensive Beziehungssaboteure gewöhnlich auf eines oder mehrere der folgenden sieben Verteidigungsmanöver zurück. Kommen Ihnen folgende Verhaltensweisen bekannt vor?

Sie rechtfertigen Ihr Verhalten, indem Sie Ausreden vorbringen: Wenn Ihr Partner etwas an Ihnen auszusetzen hat, versuchen Sie Ihr Verhalten zu entschuldigen, indem Sie die Umstände rechtfertigen.

Sie behaupten, Ihr Partner wäre falsch informiert: Wenn eine Ihrer Handlungen Ihren Partner gekränkt hat, behaupten Sie oft, er würde Sie nicht verstehen.

Sie bezeichnen Ihren Partner als verrückt: Wenn Ihr Partner sich über etwas beschwert, entgegnen Sie gewöhnlich, er verhalte sich irrational oder sein Verhalten sei nicht gerechtfertigt.

Sie ziehen sich zurück, um durch Verbindungsabbruch zu gewinnen: Wenn Sie Ihren Partner nicht dazu bringen können, seine kritischen Äußerungen zurückzunehmen, brechen Sie die Verbindung ab und weigern sich, weiter zuzuhören.

Sie bringen eine Ausnahme vor, auf die die Anschuldigung nicht zutrifft und die das Argument Ihres Partners zunichtemacht: Wenn Ihr Partner Ausdrücke wie „niemals" oder „jemals" verwendet, bringen Sie eine Ausnahme vor, um die Anschuldigung zunichte zu machen.

Sie übertreiben die Anschuldigung, um sie lächerlich aussehen zu lassen: Wenn Sie Ihren Partner nicht dazu bringen können, die Dinge so zu sehen wie Sie, übertreiben Sie seine negativen Bemerkungen und ziehen sie so ins Lächerliche.

Sie schieben die Schuld auf andere: Sie drehen den Spieß um und beschuldigen Ihren Partner, das Gleiche oder Schlimmeres getan zu haben.

Wenn Sie vollkommen ehrlich mit sich sind und feststellen, dass Sie auf Herausforderungen oft auf die obigen Weisen reagieren: Geben Sie die Hoffnung nicht auf! Es mag unangenehm oder peinlich sein zuzugeben, dass Sie ein defensiver Beziehungssaboteur sind, aber Ihr Verhalten ist relativ einfach zu verändern.

Die meisten defensiven Menschen sind sich ihres destruktiven Verhaltens nicht einmal bewusst. Sie erkennen nicht, dass sie Kritik auf immer gleiche Weise begegnen und wie sehr sie an ihrer Meinung festhalten. Dass dies zu endlosen Auseinandersetzungen mit ihrem Partner führt, dass sie dabei verzweifelt um die eigene Auffassung von Gerechtigkeit ringen, ist ihnen nicht bewusst.

11.1 Was löst Ihre Abwehr aus und sabotiert so Ihre Beziehungen?

Ihre Reaktion auf eine verbale Herausforderung kann von Situation zu Situation und Diskussionspartner zu Diskussionspartner sehr unterschiedlich sein. Abhängig davon, wie zufrieden Sie sich in Gegenwart Ihres Partners fühlen, kann eine unbedachte Bemerkung eine schmerzhafte Enttäuschung oder aber nur eine leichte Irritation auslösen. Sollten Sie einmal einen besonders sensiblen Tag haben, empfinden Sie die „Angriffe" Ihres Partners als gemein, selbst wenn er Sie lediglich necken wollte und nicht die Absicht hatte, Sie zu verletzen.

Wenn Sie eine Attacke als verletzend empfinden, werden Sie sich engagierter verteidigen. Und je häufiger Sie in der Vergangenheit bereits von anderen, Ihnen wichtigen Menschen in dem jeweiligen Bereich kritisiert wurden, umso heftiger werden Sie reagieren. Sollten Sie schon immer eine sensible Person gewesen sein, verärgern Sie bereits kleinste Kränkungen, die andere Menschen ignoriert hätten.

Auch der Zeitpunkt spielt eine wichtige Rolle. Sollte Ihr Partner anmerken, dass Sie ein wenig pummelig geworden sind, würden Sie bekümmerter reagieren, wenn Sie sich gerade zu einem bedeutenden gesellschaftlichen Ereignis aufmachten und nicht so sehr, wenn Sie bereits mit einer Diät begonnen hätten. In einer Situation, in der Sie sowieso schon genug zu tun haben, würden Sie sich beleidigt fühlen, wenn Ihr Partner Sie zusätzlich auch noch auf einen Fehler hinweist – zu einem anderen Zeitpunkt hätte Ihnen dies nichts ausgemacht.

Große Selbstsicherheit kann sich als wirksamer Schutz erweisen. Doch auch wenn Sie grundsätzlich belastbar sind, kann eine Bemerkung – sollte sie zusätzlich Salz in eine Wunde streuen – Sie hart treffen.

Ein letzter entscheidender Faktor ist, von wem die Kritik kommt. Kritik von Ihrem Lebenspartner nehmen Sie sich sicher mehr zu Herzen als von einer minder bedeutenden Person in Ihrem Leben, besonders dann, wenn Ihr Partner Sie an jemanden aus Ihrer Kindheit erinnert, der Sie auf die gleiche Weise herausforderte.

Wenn eine defensive Haltung sich in Beziehungssabotage verwandelt

Wenn Sie ständige in der Defensive sind, wird Ihr Partner zu dem Schluss kommen, dass er Sie niemals auf einen Fehler hinweisen, Sie um eine Veränderung Ihres Verhaltens bitten oder Ihre Aussagen und Handlungen infrage stellen kann, ohne dass Sie abwehrend reagieren. Sie verlangen, dass man Sie zu jeder Zeit akzeptiert, ungeachtet dessen, was Sie denken, tun oder sagen.

Bedauerlicherweise enden Auseinandersetzungen für defensive Menschen selten in einem Gefühl des Triumphes. Ihnen ist klar, dass die ständigen Streitereien mit Ihren Partnern schlecht für die Beziehung sind, und am Ende fühlen sich beide Seiten erschöpft. Defensive Saboteure fühlen sich schlecht, wenn sie ihr Gesicht verlieren, was immer passiert, wenn sie bei ihren Partnern Selbstzweifel auslösen. Sie stecken in einer Lose-Lose-Situation, können also nur verlieren. Alle bei anderen Paaren möglichen Lösungsansätze in Auseinandersetzungen funktionieren hier nicht, wegen des reaktionsfreudigen Verhaltens des Saboteurs.

11.2 Die sieben Schritte zur Heilung

Um nicht mehr abwehrend zu reagieren, müssen Sie lernen, auf andere Weise mit Herausforderungen umzugehen. Doch bevor Sie Ihr sich wiederholendes Abwehrverhalten verändern können, müssen Sie erkennen können, wann Sie es zeigen, wo Sie es erlernt haben und wodurch es ausgelöst wird.

Schritt 1:
Beobachten Sie Ihr Abwehrverhalten, ohne sich zu verurteilen

Sobald Sie das Gefühl haben, dass Ihr Partner eine herausfordernde Bemerkung gemacht hat, werden Sie sich in die Defensive begeben. Sie werden mindestens eins der sieben gängigsten Verteidigungsmanöver anwenden, um die Ansichten Ihres Partners zu entkräften. Dieser Gegenangriff wird bei Ihrem Partner eine Verteidigungsreaktion auslösen, mit der er versucht, Ihre Abwehrstrategie zu untergraben. Sie werden lauter werden, Sie werden immer schwerere Geschütze auffahren und solange streiten, bis einer von Ihnen zu erschöpft ist, um sich weiter zu wehren. Die Schlacht ist beendet und mit ihr jede Form von innerer Verbindung.

Paare, die sich Aufnahmen Ihrer Auseinandersetzungen ansehen, sind gewöhnlich peinlich berührt und versuchen, sich gegenseitig die Schuld für den Beginn des Streits zu geben. Diesen Wettstreit um die Zuweisung der Verantwortung will niemand gewinnen.

In der folgenden Übung werden Sie untersuchen, wie sich Ihre von Abwehr geprägten Auseinandersetzungen entwickeln. Versuchen Sie währenddessen nicht, den Verantwortlichen für den Streit ausfindig zu machen. Ihre Aufgabe ist es, sich das Ganze einfach mit Mitgefühl und Verständnis anzuschauen.

ÜBUNG

Identifizieren Sie Ihr abwehrendes Verhalten

Erinnern Sie sich bitte an eine häufig wiederkehrende Auseinandersetzung mit Ihrem Partner, bei der Sie sich herausgefordert fühlten und defensiv reagierten. Beschreiben Sie in Ihrem Tagebuch den genauen Dialog, so gut Sie sich an ihn erinnern können. Schauen Sie sich danach noch einmal die sieben gängigsten Verteidigungsmanöver an, die zu Anfang dieses Kapitels beschrieben wurden. Identifizieren Sie Ihr Abwehrverhalten in diesem Dialog und analysieren Sie die Folgen. Obwohl auch Ihr Partner sich verteidigen wird, sollen Sie seine Reaktionen an dieser Stelle nicht beachten. In dieser Übung geht es nur um Sie.

In dem folgenden Beispiel haben wir es mit einem männlichen Ankläger und einer weiblichen Angeklagten zu tun, doch diese Auseinandersetzung könnte genauso gut in jeder anderen Geschlechterkombination entstehen.

ER: Ich finde, du hast bei der Feier heute Abend zu viel getrunken. Du hast gelallt.

SIE: Wie in aller Welt hättest du das bemerken können? Du warst doch selbst betrunken.

ER: Ich wollte dich damit nicht verletzen. Ich dachte nur, du willst das vielleicht wissen.

SIE: Warum sagst du nicht gleich, dass ich Alkoholikerin bin, wenn du so besorgt bist? Noch irgendwelche anderen Sachen, die mit mir nicht stimmen?

ER: Hör zu: Ich wollte es bloß erwähnt haben. Keine große Sache.

SIE: Da wir gerade beim Kritisieren sind – was war denn mit der Frau, mit der du dich unterhalten hast? Sah mir ein bisschen zu vertraut aus.

ER: Das war die Sekretärin meines Chefs. Wovon zum Teufel redest du?

SIE: Du versuchst immer, meine Befürchtungen herunterzuspielen. Warum hörst du mir nie zu?

ER: Du bist verrückt. Ich gehe jetzt ins Bett.

Das Abwehrverhalten der Frau besteht darin, dass sie die Schuld auf andere schiebt. So bezichtigt sie ihren Partner, sich mindestens so schlimm wie sie oder sogar schlimmer verhalten zu haben. Sie will erreichen, dass er seine Meinung ändert, indem sie ihn an seiner eigenen Position zweifeln lässt. Sollte die Frau Erfolg haben, wird die Anschuldigung des Mannes nicht mehr glaubwürdig sein und sie muss nicht die Verantwortung für ihr eigenes Verhalten übernehmen.

Denken Sie während dieser Übung immer daran, dass jede Reaktion auf eine Herausforderung oder Kritik defensiven Charakter hat, wenn sie die Beschuldigung haltlos zu machen versucht oder die Verantwortung dem Partner zuschiebt. Es geht nicht darum, abwehrendes Verhalten als falsch einzuordnen, sondern darum zu erkennen, wie die Übertragung der Verantwortung auf andere geschieht.

ÜBUNG

Verantwortung übernehmen

Die Verantwortung für Ihre Handlungen zu übernehmen, stellt den ersten Schritt zur Veränderung Ihres Abwehrverhaltens dar. Sie sollen nun keinesfalls Unwahrheiten automatisch akzeptieren, sondern sich Ihr eigenes Verhalten anschauen und nicht das Ihres Partners.

Nehmen Sie sich erneut die Szene vor, an die Sie sich für die vorige Übung erinnert haben und finden Sie heraus, was an der Aussage Ihres Partners wahr sein könnte. Beschreiben Sie kurz den wahren Kern der Anschuldigung und stellen Sie die Folgen Ihres abwehrenden Verhaltens dar.

Die Frau aus dem Beispiel der vorigen Übung könnte das Folgende schreiben:
Ich hatte wirklich ein bisschen zu viel getrunken und mir war es peinlich, dass mich mein Partner darauf aufmerksam machte. Ich verteidigte mich, indem ich einen Gegenangriff startete. Als mein Freund nachzugeben versuchte, konnte ich einfach keine Ruhe geben. Ich bauschte seine Worte auf, als ob er es wirklich so gemeint hätte, damit er sich schuldig fühlte. Dann wechselte ich das Thema und warf ihm etwas vor, das er tatsächlich getan hatte. Er reagierte beleidigt und zog sich zurück. Ich versuchte die Unterhaltung aufrechtzuerhalten, doch er wollte nicht mehr mit mir reden. Ich fühlte mich einsam und mir war bange.

Jetzt, da Sie wissen, wie Sie sich innerlich wirklich fühlten und an welchen Stellen Sie mit den Bemerkungen Ihres Partners übereinstimmen, dürfen Sie sich nicht verurteilen. Wenn Sie in diesem Moment zulassen, dass Ihr Abwehrverhalten in Erscheinung tritt, werden Sie es nicht verstehen können.

Die schwierigste Aufgabe wird sein, zu erkennen, wie Sie Ihre Beziehungen sabotiert haben. Sobald Sie dies geschafft haben, wird es relativ einfach sein zu lernen, aus der Defensive in die Empfänglichkeit zu kommen.

Schritt 2:
Identifizieren Sie die Wurzel Ihres Abwehrverhaltens

Abwehrendes Verhalten ist erlernt. Indem Kinder die Auseinandersetzungen zwischen ihren Eltern oder anderen für sie wichtigen Menschen beobachten, finden sie heraus, wie effektiv defensive Menschen Verantwortung für die eigenen Handlungen meiden können. Sollten Sie in einer Familie aufgewachsen sein, in der ständig auf solch abwehrende Weise kommuniziert wurde, werden Sie sich gut an die wachsende Anspannung während dieser „Schlachten" erinnern und daran, dass es am Ende keine Lösungen gab.

In manchen Familien wird Abwehrverhalten geradezu trainiert, um sich quasi gegenseitig abzuhärten. Wie in einem Gefecht kommt es zum Angriff und zu Gegenangriffen. Die Gewinner heimsen alles ein und die Verlierer ziehen sich zurück. Der Einsatz dabei ist hoch, und niemand darf den Ablauf dieses Rituals infrage stellen.

In anderen Familien laufen die Angriffe eher indirekt ab. Jedes Familienmitglied hat sich um seine eigenen Fehler zu kümmern und behält seine Verteidigungsstrategien für sich. Herausfordernde Bemerkungen kommen oft als Pseudokompliment oder Sarkasmus daher oder als überzogen negative Reaktion.

In hierarchisch strukturierten Familien, in denen die Entscheidungsgewalt einer oder einigen wenigen Personen zufällt, ist die mächtigste Person normalerweise von Gegenangriffen ausgenommen. Dieses Familienoberhaupt kann jedes andere Mitglied beleidigen, herausfordern oder sich über es beschweren, darf aber nicht angegriffen werden. Kinder oder andere „Untergebene", die in einer solchen Familie aufwachsen, behalten ihre Beschwerden für sich und warten auf den Tag, an dem sie selbst die Rolle des Befehlsgebers in ihren Beziehungen übernehmen werden.

ÜBUNG

Ihre früheste Erinnerung an defensiv geführte Interaktionen

Um herauszufinden, wann und wo Ihr Abwehrverhalten entstanden ist, müssen Sie versuchen sich zu erinnern, wann Sie das erste Mal andere in defensiv geführten Wortgefechten erlebt oder wann Sie selbst erstmals abwehrend reagiert haben. Rekonstruieren Sie dieses Ereignis und halten Sie den Hergang schriftlich in Ihrem Tagebuch fest. Beantworten Sie dabei die folgenden Fragen:

- Wer begann die Auseinandersetzung?
- In welcher Beziehung standen die beiden Personen zueinander?
- Kam es Ihnen so vor, als hätten Sie die Situation schon einmal erlebt?
- Was empfanden die beiden Menschen?
- Eskalierte die Situation?
- Wer hat gewonnen und wer hat klein beigegeben?
- Mischten Dritte sich ein?
- War das Ergebnis voraussehbar?
- Wie sind die Beteiligten miteinander umgegangen, nachdem die Auseinandersetzung vorbei war?

Hier ein Beispiel:
Ich war ungefähr zehn Jahre alt. Mein Vater sah fern. Nach dem Abendessen kam meine Mutter zu ihm herein und versuchte, mit ihm zu reden. Er wollte seine Sendung weiterschauen. Sie stand auf, stützte die Hände auf die Hüften und warf ihm vor langweilig zu sein. Sie war wütend und, so glaube ich, frustriert. Er reagierte mit Sarkasmus und sagte, er könne sich nicht an das letzte Mal erinnern, bei dem sie etwas Interessantes von sich gegeben hätte. Sie entgegnete, er solle sich doch eine andere Frau suchen, die seine Aufmerksamkeit fesseln könne. Er erwiderte, sie würde sich albern verhalten und übertriebe. Die beiden schrien sich an. Meine Mutter begann zu weinen und verließ den Raum. Mein Vater sah aus, als fühle er sich schuldig, unternahm aber nichts. Sie redeten eine ganze Woche nicht miteinander. Es herrschte große Spannung im Haus. Ich hatte solche Szenen schon viele Male zuvor miterlebt und hatte sie satt.

Wenn Sie Ihr persönliches Erlebnis niedergeschrieben haben: Können Sie erkennen, welche der sieben Verteidigungsmanöver auf die beschriebene Situation zutreffen? Welches davon verwenden Sie am häufigsten in Ihren derzeitigen Beziehungen? Sind Sie in der Lage, die unterschwellige Furcht vor Machtverlust zu spüren, die beide Personen während ihrer defensiv geführten Auseinandersetzung empfinden?

ÜBUNG

Identifizieren Sie den Ursprung Ihres abwehrenden Verhaltens

Beschreiben Sie eine Situation aus Ihrer Kindheit in Ihrem Tagebuch, in der Sie mit etwas konfrontiert waren, das besonders schnell Abwehr in Ihnen auslöste. Notieren Sie alle Details, an die Sie sich erinnern, und beschreiben Sie die Verteidigungsmanöver, die Sie verwendeten. Welche der Verteidigungsstrategien entdecken Sie auch heute noch an sich?

Hier ein Beispiel:
Ich reagiere sehr stark darauf, wenn mir jemand etwas verbieten will. Ich war ein kränklicher Teenager und hatte eine überfürsorgliche Mutter. Sie erlaubte mir nicht, mit meinen Freunden auszugehen und schickte mich ins Bett, wenn ich gar nicht müde war. Ich diskutierte mit ihr darüber, dass sie mich zu sehr kontrollierte, aber sie wollte einfach nicht zuhören. Wenn mein Freund mir heute etwas verbieten will, rebelliere ich und tue was ich will. Dabei dienen mir Rückzug und das Zunichtemachen der Argumente meines Partners als Verteidigungsmanöver. Meine abwehrenden Reaktionen sind sehr heftig. Ich habe sehr große Angst davor, dass mein Selbstvertrauen wieder zerstört werden könnte. Deshalb kann ich kaum hören, was mein Freund mir eigentlich zu sagen versucht.

Während Sie sich an mehr und mehr Situationen aus Ihrer Kindheit erinnern, werden Sie erkennen, welche Verhaltensmuster Sie unbewusst aus Ihrer Vergangenheit mit in die Gegenwart gebracht haben.

Schritt 3:
Die Auslöser Ihres abwehrenden Verhaltens identifizieren

Die meisten Auslöser haben ihre Wurzeln in der Kindheit. Jede Familie hat ihre bestimmten Probleme, die in defensiv geführten Auseinandersetzungen immer wieder zur Sprache kommen. Diese Streitpunkte haben Sie verinnerlicht, ganz gleich, ob Sie an den familiären Auseinandersetzungen teilnahmen oder sie bloß beobachteten. Stellen Sie heute Ähnlichkeiten mit Ereignissen aus Ihrer Kindheit fest, können sich für Sie die gleichen Probleme ergeben.

Übung: Identifizieren Sie Bereiche, die potenziell Auslöser enthalten

In bestimmten Bereichen ihres Lebens reagieren viele Menschen sensibel, wenn es z.B. um politische oder religiöse Ansichten geht, um Themen wie Familie, Haustiere, äußerliche Erscheinung, Sexualität, Freunde, Intellekt, emotionale Reaktionen, Bedürfnis nach Freiraum, Musikgeschmack, Bedürfnis nach körperlicher Bewegung, Wunsch nach Zuneigung, Ängste, Arbeit, Reiselust oder um die Vorliebe für außergewöhnliches Essen. Notieren Sie in Ihrem Tagebuch, ob Sie auf einen dieser Bereiche oder einen nichtgenannten besonders sensibel reagieren. Denken Sie dabei an Beispiele aus der Vergangenheit und der Gegenwart. Bewerten Sie danach auf einer Skala von 1 bis 5, wie wichtig jeder dieser Bereiche Ihnen ist. (1 = nicht wichtig, 2 = manchmal wichtig, 3 = oft wichtig, 4 = sehr wichtig, 5 = lebenswichtig).

Je mehr Sie an einer Ansicht, einem Besitztum oder Wunsch festhalten, desto defensiver werden Sie reagieren, wenn Ihr Partner Sie damit aufzieht. Ein Wert von 3 oder höher bedeutet, dass es sich um ein für Sie sensibles Thema handelt. Bei einem Ergebnis von 1 oder 2 ist es wahrscheinlicher, dass Sie für die Meinung Ihres Partners ein offenes Ohr haben.

Indem Sie Ihrem Partner sagen, wo Ihr sensibler Bereich ist, werden Sie herausfinden, ob er bereit ist, diesen zu respektieren. Partner, die sich auf diese heiklen Gebiete stürzen und sie gegen Sie verwenden, suchen regelrecht nach Streit.

Schritt 4:
Finden Sie heraus, wann Sie am anfälligsten für abwehrende Reaktionen sind

Nachdem Sie Ihre Trigger nun kennen, müssen Sie herausfinden, wie diese in Ihrer derzeitigen Beziehung aktiviert werden. Wenn Sie derzeit gestresst, müde oder krank sind oder wenn Sie einfach zu viel um die Ohren haben, werden Sie wahrscheinlich selbst auf relativ leichte Trigger sehr heftig reagieren. Zu Beginn dieses Kapitels haben Sie verschiedene Faktoren kennengelernt, die wesentlich dazu beitragen können, dass Sie Ihre derzeitige Beziehung sabotieren. In der folgenden Übung sollen Sie bewerten, wann und in welchen Situationen Sie am anfälligsten sind.

ÜBUNG

Wann sind Sie am anfälligsten?

Schreiben Sie einen kurzen Text in Ihr Tagebuch, in dem Sie die folgenden Fragen beantworten:

Wie sicher fühlen Sie sich in Ihrer derzeitigen Beziehung?

Gibt es bestimmte Gebiete, auf die Sie eher sensibel reagieren?

Auf welche Weise wurden Sie früher in diesen Bereichen kritisiert?

Aus welchem Grund fordert Ihr Partner Sie Ihrer Meinung nach heraus?

Wie emotional widerstandsfähig sind Sie von Natur aus?

Sind Sie derzeit in einer Verfassung, in der man Sie herausfordern könnte?

Wie mental und körperlich gesund fühlen Sie sich in diesem Moment?

Wie wichtig ist Ihnen diese Beziehung?

Hier ein Beispiel:

Mit meinem derzeitigen Partner fühle ich mich sehr sicher. Wir freuen uns auf eine gemeinsame Zukunft. Meine einzige Sorge ist, dass wir uns in unserem religiösen Glauben zu sehr unterscheiden und dass dies in der Kindererziehung zu Problemen führen könnte. Er versucht mir ständig zu erzählen, dass mein Glaube an Gott irrational ist, mich abhängig macht und sich negativ auf meine Selbstsicherheit auswirkt. Ich wuchs in einer sehr religiösen Familie auf und wurde stets von Außenstehenden für unsere Rituale gehänselt. Ich bin gewöhnlich ein ziemlich robuster Mensch, doch im Augenblick mache ich schwere Zeiten durch und stelle meinen Glauben infrage. Im letzten Jahr habe ich drei meiner besten Freunde durch Krebs verloren und frage mich nun, warum ihnen das Leben so früh genommen wurde. Ich liebe meinen Freund wirklich und möchte, dass diese Beziehung funktioniert, doch wir streiten uns die ganze Zeit über dieses Thema. Anscheinend kann ich einfach nicht damit aufhören.

Fragen Sie sich, wo Ihre derzeitigen Schwachstellen liegen und ob Sie in diesen Bereichen am defensivsten reagieren.

Schritt 5:
Lernen Sie, Ihr Abwehrverhalten aufzugeben

Sie können lernen, Ihre eigenen Ansichten weiter zu vertreten, ohne die Glaubwürdigkeit Ihres Partners infrage stellen zu müssen. Bevor Sie die einzelnen Schritte in einer echten Auseinandersetzung wagen, sollten diese zuerst in fiktiven Interaktionen üben. Wenn Ihr Partner Sie in Ihren Ansichten, Ihrem Verhalten oder Ihren Gefühlen attackiert, sollen Sie sich von nun an an die folgenden Regeln halten:

Beginnen Sie damit, mehr Informationen zu sammeln. Bitten Sie um Beispiele und fragen Sie, was Ihrem Partner lieber gewesen wäre. Fragen Sie Ihren Partner, warum und auf welche Weise ihn Ihre Überschreitung bestimmter Grenzen gestört hat. Bringen Sie Ihren Partner dazu, über die Situation und ihre Bedeutung zu sprechen. Der beste Weg, einen Angriff zu neutralisieren, ist die Attacke besser zu verstehen, ohne die zugrunde liegende Beschwerde als irrelevant abzutun. Machen Sie sich klar, dass Sie soeben die Meinung Ihres Partners gehört haben, die nicht zwingend die einzig zutreffende sein muss. Sie können sie, wenn nötig, immer noch infrage stellen, nachdem Sie Ihrem Partner aufmerksam und offen zugehört haben.

Wiederholen Sie die Information, ohne sie zu verändern. Berichten Sie Ihrem Partner, was Sie soeben gehört haben und fragen Sie nach, ob dies korrekt ist. Achten Sie darauf, Ihre Stimme nicht sarkastisch klingen zu lassen und versuchen Sie nicht, Ihrem Partner das Gefühl zu geben, er habe etwas Falsches gesagt. Fragen Sie nach, bis Ihr Partner sich richtig verstanden fühlt.

Fragen Sie, ob Ihr Partner bereit ist, Ihre Sicht der Dinge zu hören. Der beste Weg herauszufinden, ob Ihr Partner bereit ist, Ihnen zuzuhören, ist zu fragen. Nachdem Sie ihm zugehört haben, ist er sicher eher gewillt, auch Ihrer Sicht der Dinge zu lauschen.

Sagen Sie Ihrem Partner, was Sie empfinden. An dieser Stelle ist es wichtig, nicht zu versuchen, Ihren Partner davon zu überzeugen, dass Ihre Meinung richtig ist. Liefern Sie ihm stattdessen mehr Informationen darüber, warum Sie so und nicht anders gehandelt haben. Der einzig richtige Weg ist, Ihre Gefühle und Ihre Sicht der Dinge mit Ihrem Partner zu teilen.

Bitten Sie Ihren Partner um eine Rückmeldung. Gehen Sie sicher, dass Ihr Partner Sie auch richtig verstanden hat.

Sagen Sie deutlich, was Sie bereit oder nicht bereit sind zu tun, um die Situation zu verändern. Teilen Sie Ihrem Partner Ihre Absichten und Gründe auf liebevolle und mitfühlende Art mit, ganz gleich, ob Sie mit ihm einer Meinung sind oder nicht.

Ihr Partner wird positiv auf dieses Vorgehen reagieren, es sei denn, er hegt die Absicht, der Beziehung zu schaden oder Ihr Abwehrverhalten als Grund zu missbrauchen, Sie zu verlassen. Sollte Ihr Partner stur an seinen negativen Gefühlen festhalten, müssen Sie den Kontakt unter Umständen solange unterbrechen, bis Ihr Gegenüber wieder zu offenen Gesprächen bereit ist.

Schritt 6:
Suchen Sie Unterstützung, um Ihr Abwehrverhalten abzustellen

Dieser Schritt wird Ihnen am leichtesten fallen. Sie müssen ihn jedoch mit jemandem tun, dem Sie vertrauen und der Ihre Verletzbarkeit nicht ausgenutzt.

ÜBUNG

Fordern Sie Ihr Abwehrverhalten heraus

Wählen Sie eine Person aus, die Sie gut kennen, die Ihre Unsicherheiten respektiert und die versteht, warum Sie so abwehrend reagieren, wenn jemand Sie in den jeweiligen Gebieten angreift. Diese Person kann ein Freund, Familienmitglied, Partner oder Therapeut sein.

Entscheiden Sie sich für drei wichtige Trigger-Bereiche, wie z.B. Dinge, an die Sie fest glauben. Es geht hier um wirklich starke Belange, die von Bedeutung sind und bei denen Sie keinen Spaß verstehen. Bitten Sie Ihren Freund nun, Sie mit überzogenen Bemerkungen über für Sie sensible Themen anzugreifen. Üben Sie, auf friedfertige Weise zu reagieren, indem Sie die Methoden aus Schritt 5 anwenden. Wenn Sie sich sehr unwohl fühlen, dann üben Sie zunächst mit weniger sensiblen Themen, bis Sie ein besseres Gefühl entwickelt haben. Wenn Sie sicherer geworden sind, bitten Sie Ihren Freund, die Angriffe zu intensivieren. Prüfen Sie, ob Sie sich sachlich und nicht defensiv verhalten können. Es wäre sehr hilfreich, die Situation durch Humor zu entschärfen.

Wenn Sie das neue Verhalten zunächst mit einem Freund trainieren, wird es Ihnen später leichter fallen, auch in einer Liebesbeziehung friedlicher zu reagieren. Und wenn Sie sich langsam daran gewöhnt haben, erst zuzuhören und dann zu reagieren, werden Sie feststellen, dass Ihr abwehrendes Verhalten häufig nicht nur unnötig war, sondern dass es zusätzlich überflüssige Meinungsverschiedenheiten überhaupt erst hervorgerufen hat.

Schritt 7:
Das Ziel im Auge behalten

Der letzte Schritt besteht darin, nicht wieder in alte Verhaltensmuster zurückzufallen. Es ist zu hoffen, dass Sie sich zu diesem Zeitpunkt viel besser dazu befähigt fühlen, Ihr Abwehrverhalten in andere Bahnen zu leiten. Damit ist Ihr Erfolg zu Ihrer Belohnung geworden.

Eine der besten Methoden, sich an die eigenen Selbstverpflichtungen zu erinnern ist, sich Dialoge im Fernsehen oder Kino anzuschauen und zu sehen, wie Menschen beginnen, sich anzugreifen und zu verteidigen. Abwehr ist eines der gängigsten Sabotageverhalten in Beziehungen. Sie müssen nicht lange suchen, bis Sie die übertriebenen Reaktionen und die eskalierenden gegenseitigen Drohungen hören, die Menschen in Abwehrschlachten verwenden. Wann hätten wohl durch ein friedliches Einschreiten notwendige Information zutage treten und damit die verbale Schlacht zu einer Suche nach einer gemeinsamen Lösung werden können? Achten Sie genauso in Ihren eigenen Beziehungen auf abwehrendes Verhalten und ersetzen Sie es durch die produktiveren Muster, die Sie neu erlernt haben.

12. | Vertrauensbrecher: „Ich war damit nie wirklich einverstanden"

Wenn es ein Sabotageverhalten gibt, das alle anderen in seiner Fähigkeit, Beziehungen zu zerstören, in den Schatten stellt, so ist es der Vertrauensbruch. Der darauf folgende Glaubwürdigkeitsverlust zerfrisst alle Beziehungen von innen heraus.

Vertrauen basiert auf drei wesentlichen Übereinkünften:

1. Beide Partner halten sich an gemeinsam getroffene Abmachungen hinsichtlich ihrer Werte, ethischen Grundsätze, Wünsche und Verhaltensweisen.
2. Keiner der Partner wird Ausnahmen von diesen Übereinkünften machen, ohne dies vorher mit dem anderen abgesprochen zu haben.
3. Sollte einer der Partner eine solche Übereinkunft brechen, muss er dies sofort eingestehen, die Verantwortung dafür akzeptieren und ehrliche Reue zeugen. Wenn beide Partner sich danach einig sind, können sie ihre Grundregeln neu definieren und bessere Vorsichtsmaßnahmen ergreifen. Andernfalls kann das Vertrauen nicht wiederhergestellt werden.

Einige das Vertrauen zerstörende Verhaltensweisen werden das Ende einer Beziehung schneller und wahrscheinlicher herbeiführen als andere: Untreue, hartnäckige Abhängigkeit, das Vergeuden gemeinsamen Geldes durch einen der beiden Partner, Straftaten oder das Zurückhalten wichtiger Informationen. Solche Formen von Treuebruch haben zerstörerische Folgen, die sich häufig als irreparabel erweisen: ein offenbarer Mangel an Respekt, Verachtung und Herzschmerz.

Vertrauen zerstörende Beziehungssaboteure gehen meist sehr subtil vor, sodass ihr destruktives Verhalten zu Anfang einer Partnerschaft oft unbemerkt bleibt. Solange die positiven Eigenschaften des Saboteurs als Ausgleich wirken, stellt es selten eine ernste Bedrohung dar. Mit der Zeit führen die Vertrauen zerstörenden Verhaltensweisen aber zu so viel Verärgerung, dass sie eine Beziehung ins Trudeln oder sogar zum Scheitern bringen.

Chronische Versprechensbrecher sind gewöhnlich Experten im Ausreden-Erfinden und erweisen sich als ausgezeichnete Strategen. Sie beteuern, gute Absichten zu haben, brechen aber immer wieder ihre Versprechen und winden sich dann mit raffinierten Ausflüchten aus der Verantwortung und bringen mit der Zeit ihre Partner dazu, an ihrer eigenen Zurechnungsfähigkeit zu zweifeln.

Am Ende bringt dann nicht ein bestimmtes Ereignis das Fass zum Überlaufen und den Partner zum Verzweifeln, sondern die Anhäufung von Enttäuschungen. Ganz gleich wie sehr der Partner bereit ist zu vergeben oder wie sehr er den Beziehungssaboteur liebt: Er wird ihm schließlich kein einziges Wort mehr glauben. Auch der letzte Hauch von Nähe wird verpuffen, wenn Herz und Verstand nicht mehr vertrauen können.

12.1 Gebrochene Versprechen und böse Überraschungen

Menschen, die Vertrauen missbrauchen, desillusionieren ihre Partner, indem sie wiederholte Male etwas versprechen, das sie dann beständig nicht in die Tat umsetzen. Sie mögen sich darüber im Klaren sein, dass sie ihr Versprechen nicht werden halten können, vermeiden aber, dies ihrem Partner mitzuteilen, da ihnen der Preis für Aufrichtigkeit zu hoch ist. Sie sind Experten für Falsch-Informationen, im Herauszögern von Dingen, im Verdrehen der Wahrheit oder im Behaupten, etwas nicht gesagt oder getan zu haben.

Scheint die vertrauensunwürdige Person aufrichtige Reue zu empfinden, Mitgefühl zu zeigen und ihr zukünftiges Verhalten ernsthaft verändern zu wollen, vergibt der betrogene Partner ihr gewöhnlich – zumindest vorerst –ihre Sünden. Der Betrogene hofft auf bessere Zeiten und will daran glauben, dass die gebrochenen Versprechen ein Ende nehmen.

Wenn der Saboteur sein Verhalten jedoch nicht ändert, werden die sich anhäufenden Ausreden zu leeren Versprechungen und immer weniger glaubwürdig. Schließlich und endlich muss der Partner des Vertrauen missbrauchenden Menschen sich entscheiden, ob er an das Unwahrscheinliche glauben oder nicht länger auf mögliches Vertrauen hoffen will. Ein berühmtes Beispiel hierfür ist Charlie Browns fortwährender Glaube daran, dass Lucy den Football dieses Mal nicht plötzlich wegziehen wird, wenn er danach treten will.

Sind Sie des wiederholten Vertrauensmissbrauchs schuldig?

Lassen Sie uns davon ausgehen, dass Sie gute Absichten haben und Ihre Partner nicht absichtlich verletzen wollten, trotzdem aber wiederholte Male deren Vertrauen missbraucht haben. Lassen Sie uns im Zweifel für den Angeklagten sprechen: Sie glauben fest daran, dass Ihre Unfähigkeit, Ihr Wort zu halten, in den meisten Fällen durch äußere Umstände bedingt ist. Es geschehen einfach zu viele unerwartete und unvorhersehbare Katastrophen.

Doch irgendwann hörten Ihre Partner Ihnen einfach nicht mehr zu. Sie durchliefen eine Entwicklung von Vertrauen über Misstrauen hin zum Unglauben, an deren Ende sie Sie verließen, da Sie sich nicht als die Person herausstellten, die zu sein Sie versprochen hatten. Sie entpuppten sich als der Mensch, der Sie nun sind.

Sie haben jetzt festgestellt, dass Sie Ihr Vertrauen missbrauchendes Verhalten ändern müssen, wissen aber nicht wie. Sie haben zu viel Zeit darauf verwendet, Ihr Verhalten zu rationalisieren; darüber haben Sie verlernt zu beurteilen, welche Versprechen Sie einhalten können und welche nicht.

12.2 Die sieben Schritte zur Heilung

Menschen, die Vertrauen fortwährend missbrauchen, büßen ihre Glaubwürdigkeit nicht nur gegenüber anderen ein, sondern sie können auch sich selbst nicht mehr trauen. Die gute Nachricht ist: Sobald man ihnen Mittel und Wege zur Veränderung aufzeigt, erweisen sie sich als die veränderungswilligsten Beziehungssaboteure.

Schritt 1:
Beobachten Sie Ihr Vertrauen missbrauchendes Verhalten, ohne sich zu verurteilen

Dieser erste Schritt fällt Menschen, die Versprechen brechen und gute Absichten haben, immer am schwersten. Sie ertappen sich schnell dabei, dass sie nicht mehr objektiv beobachten, sondern bereits rationalisieren. In Anbetracht der über viele Jahre gewachsenen langen Liste legitimer Ausreden kann es sich als sehr schwierig erweisen, die Verantwortung für ihre Taten einfach so zu übernehmen, ohne sich dafür rechtfertigen zu wollen.

Der Zweck der nächsten Übung ist, dass Sie einen aufrichtigen Blick auf Ihr Verhalten werfen. Dies mag Ihnen zwar ein wenig peinlich erscheinen, doch Sie können nicht verändern, was Sie nicht sehen. Während des Beobachtungsprozesses mögen Sie im Geiste die verletzten und verärgerten Stimmen früherer Partner vernehmen. Diese stellen das Lager Ihrer negativen Selbstverurteilungen dar. Versuchen Sie, Letztere für den Moment nicht zu beachten.

Vergleichen Sie Ihre Absichten mit den Resultaten

Notieren Sie mindestens zehn Versprechen in Ihrem Tagebuch, die Sie in einer für Sie bedeutenden Beziehung gemacht, aber nicht gehalten haben. Wiederholt gegebene Versprechen sind hier von besonderer Bedeutung.

Setzen Sie jedes Versprechen in Anführungszeichen, so als sprächen Sie mit einem Partner im Hier und Jetzt. Beschreiben Sie danach, was Sie innerlich fühlten, sich aber nicht trauten, Ihrem Partner mitzuteilen. Notieren Sie, wie Ihr Partner reagierte, nachdem Sie Ihr Versprechen gebrochen hatten. Denken Sie immer daran, objektiv und urteilsfrei zu bleiben. *Hier einige Beispiele:*

Versprechen: „Ich bin in einer Stunde wieder zurück."
Wahrheit: Das kann ich unmöglich schaffen, aber ich fürchte, dass er nicht auf mich warten wird, wenn ich sage, ich komme später. Ich bin mir sicher, dass sich alles regelt, wenn ich wieder zurück bin.
Resultat: Als ich endlich zurück war, wollte mein Freund die Tür zuerst nicht öffnen. Ich musste ihn anbetteln, damit er mir noch einmal vergab. Er sagte, dies wäre das letzte Mal.

Versprechen: „Das sind wirklich alle Schulden, die ich habe, mein Schatz."
Wahrheit: Ich werden den Kredit abbezahlt haben, bevor sie Wind davon bekommt. Kein Problem.
Resultat: Sie erfuhr von den Schulden, als der Bescheid über ausstehende Raten in der Post lag. Jetzt glaubt sie mir gar nichts mehr.

Versprechen: „Ich soll gesagt haben, ich würde das in einer Woche schaffen? Da musst du mich falsch verstanden haben. Das habe ich nie gesagt."
Wahrheit: Ich kann mich vage daran erinnern, ihr das versprochen zu haben. Jetzt kann ich aber schlecht sagen, dass sie recht hat. Das würde sie mir nie verzeihen. Außerdem ist es immer möglich, dass sie mich falsch verstanden hat.
Resultat: Ich sagte am Ende die Wahrheit, weil ich nicht wollte, dass sie langsam verrückt wurde. Sie sagte, sie hätte mir vergeben, wenn ich ihr gleich am Anfang die Wahrheit gesagt hätte. Doch jetzt frage sie sich, ob sie weiterhin mit mir zusammen sein sollte oder nicht.

Nachdem Sie die Übung mit Ihren eigenen Beispielen durchgeführt haben: Können Sie jetzt Ihre Absichten besser von Ihren wirklichen Taten unterscheiden?

Wenn Sie von nun an ein Versprechen geben wollen, fragen Sie sich zuerst, mit welcher Wahrscheinlichkeit Sie es werden halten können. Sollten Sie mit dem richtigen Partner zusammen sein, lohnt es sich immer, Zweifel sofort zu besprechen.

Schritt 2:
Identifizieren Sie die Wurzel Ihres nicht vertrauenswürdigen Verhaltens

Wann, worauf und wem man vertrauen kann, ist eines der ersten Dinge, die Kinder im Leben lernen. Sollte diese wichtige Grundlage durch gebrochene Versprechen Schaden genommen haben, wird die Person in späteren Beziehungen immer Schwierigkeiten haben, jemandem zu vertrauen oder selbst vertrauenswürdig zu sein. Um die Wurzel Ihres eigenen Verhaltens freizulegen, müssen Sie sich die Menschen aus Ihrer Kindheit anschauen, die Ihr Vertrauen missbrauchten und dieses Verhalten mit Ausreden entschuldigten. Diese Kombination aus missbrauchtem Vertrauen und Ausreden-Erfinden ähnelt wahrscheinlich stark dem Verhalten, das Sie Ihrem Partner gegenüber an den Tag legen.

ÜBUNG

Stellen Sie eine Verbindung zwischen Gegenwart und Vergangenheit her

Erinnern Sie sich bitte an eine Ihnen wichtige Person aus Ihrer Kindheit, die Ihnen wiederholt in kurzen oder größeren Abständen Versprechen machte und diese nicht einhielt. Beschreiben Sie ein bedeutendes Ereignis in Ihrem Tagebuch, bei dem die Person ein Versprechen brach. Rekonstruieren Sie danach den anschließenden Dialog zwischen Ihnen, Ihrem Gegenüber und einer eventuellen dritten Person.

Hier ein Beispiel:
Ich erinnere mich daran, dass ich Fußball spielte. Ich war neun Jahre alt und wurde zum Torwart gewählt. Mein Vater war viel auf Geschäftsreisen und konnte daher kein Trainer sein, doch er versprach mir, er würde zu meinen Spielen kommen. Jede Woche das Gleiche: Er konnte nicht erscheinen und nannte mir alle wichtigen Gründe, aufgrund derer er verhindert war. Alle anderen Väter waren anwesend, selbst die, die ebenfalls Geschäftsreisen unternehmen mussten. Ich versuchte, meinem Vater zu glauben, doch nach einer Weile fiel mir dies sehr schwer.

Ich: Papa, du hast mir versprochen, dass du Samstag zu meinem Spiel kommst.
Mein Vater: Ich weiß, mein Großer, ich wollte wirklich kommen. Wenn ich doch bloß nicht zu diesen verflixten Meetings müsste. Ich kann einfach nie genau sagen, wann sie stattfinden. Du weißt, dass ich immer im Geiste bei dir bin, und nächste Woche schaffe ich es ganz sicher. Ich habe allen in meiner Gruppe Bescheid gegeben, dass sie für mich einspringen müssen. Ich werde dich nicht noch einmal enttäuschen.
Ich: Aber das hast du letzte Woche auch gesagt, Papa.
Mein Vater: Was, letzte Woche? Bist du sicher, dass ich letzte Woche nicht da war?

 ICH: Ja, Papa. Du warst diese Saison noch bei keinem einzigen Spiel. Und ich bin der Torwart.

MEINE MUTTER: Komm, mein Schatz, jetzt musst du deinen armen Vater aber in Ruhe lassen. Er versucht so gut wie möglich, alle unsere Erwartungen zu erfüllen. Er kann nicht immer alle seine Versprechen halten.

ICH: Ich rede ja gar nicht von allen. Ich meine ja bloß mein Spiel.

MEINE MUTTER: Du hast einfach kein Verständnis oder Respekt für die harte Arbeit deines Vaters. Er kommt schon, wenn er kann. Du weißt, dass er gerne da wäre.

MEIN VATER: Deine Mutter hat recht.

ICH: Ist ja gut.

Nachdem Sie Ihren eigenen Beispieldialog fertig gestellt haben: Ist Ihnen klar geworden, wo die Kombination aus gebrochenen Versprechen, Ausreden und Rationalisierungen Ihren Ursprung hat? Beantworten Sie die folgenden Fragen schriftlich in Ihrem Tagebuch, um die Wurzel Ihres gegenwärtigen, nicht vertrauenswürdigen Verhaltens freizulegen:

- Behandeln Sie Ihre Lebenspartner auf die gleiche Weise, auf die Sie als Kind behandelt wurden?
- Verwenden Sie die gleichen Ausreden und Rationalisierungen?
- Versuchen Sie, Ihr Vertrauen missbrauchendes Verhalten auf äußere Umstände zu schieben, die Sie nicht kontrollieren können?
- Beschuldigen Sie Ihren Partner, zu viel zu erwarten, wenn Sie Ihre Versprechen nicht halten?

Schritt 3:
Die Auslöser Ihres Vertrauen missbrauchenden Verhaltens identifizieren

In der Kindheit erlebte Enttäuschungen können Ihre derzeitige Beziehung auf drei verschiedene Weisen beeinflussen. Obwohl Sie vielleicht nicht beabsichtigten, Ihren Partner zu hintergehen, haben Sie sich möglicherweise wie folgt verhalten:

- Etwas angeboten, das Sie nicht geliefert oder ausgeführt haben.
- Etwas versprochen, das Sie eigentlich gar nicht tun wollten.
- Sie verfügten nicht über genügend Zeit, Energie oder Ressourcen, als der Zeitpunkt kam, Ihr Versprechen in die Tat umzusetzen.

In Anbetracht der Tatsache, dass Sie Ihren Partner auf die gleiche Weise verletzt haben wie Sie selbst einmal verletzt wurden, empfanden Sie mit großer Wahrscheinlichkeit den starken Drang, Ihren Fehler wiedergutzumachen. Dieses Bedürfnis führt unweigerlich zu neuen Versprechen, die genauso wenig in Erfüllung gehen und zu weiteren Ausreden führen.

Bei Ihren derzeitigen Auslösern kann es sich um alles handeln, das diese Versprechen-Fehlschlagen-Muster aktiviert. Sie fürchten, dass Ihrem Partner eine Bitte abzuschlagen zu Verärgerung, Enttäuschung oder Verlust von Zuneigung führen könnte. Vor lauter Sorge über diese Konsequenzen sagen Sie etwas zu, verdrängen es aus Ihrem Bewusstsein und vergessen dann das Versprechen.

ÜBUNG

Genauer hinschauen

Schauen Sie sich noch einmal die Übung aus Schritt 1 an, bei der Sie sich mehrere Versprechen ins Gedächtnis rufen sollten, die Sie einem Partner gemacht hatten, aber nicht halten konnten. Wählen Sie eines aus, das Ihnen am wichtigsten erscheint. Erkennen Sie beim näheren Hinschauen, welche aufrichtige Reaktion Sie aus Angst vor Verlust unterdrückt haben? Können Sie sich vorstellen, was passiert wäre, wenn Sie die Wahrheit gesagt und nur das versprochen hätten, was realistisch umsetzbar war? Um sich eine alternative Reaktion vorzustellen, müssen Sie die Übung erweitern. Notieren Sie die Bitte Ihres Partners, den Trigger, Ihr Versprechen, Ihr tatsächliches Verhalten, Ihre Ausrede, Ihre Rationalisierung, den wahren Grund für Ihr Verhalten und eine aufrichtige Reaktion auf die eigentliche Bitte. Diese acht Schritte werden in dem folgenden Beispiel für zerstörtes Vertrauen deutlich:

1. **Bitte des Partners:** „Würdest du heute bis spätestens 17 Uhr ein Rezept für mich abholen?"
2. **Trigger:** *Ich fühlte mich verpflichtet, meinem Partner zu gefallen.*
3. **Versprechen:** „Das tue ich doch gern für dich."
4. **Verhalten:** *Ich kam zu spät.*
5. **Ausrede:** „Meine Uhr ist stehengeblieben, und als ich gemerkt habe, wie spät es war, konnte ich meine Freundinnen nicht davon überzeugen, die Feier zu verlassen und mich zur Apotheke zu fahren. Es war nicht meine Schuld."
6. **Wahrer Grund:** *Ich verliere immer völlig mein Zeitgefühl, wenn ich Spaß habe. Ich konnte meinem Partner seine Bitte aber nicht abschlagen, weil er mich so selten um etwas bittet und ich mich egoistisch gefühlt hätte.*
7. **Ausführliche Beschreibung des wahren Grundes:** *Mein Partner bat mich, am Samstag bis 17 Uhr ein Rezept für ihn abzuholen, weil er die Möglichkeit hatte, Golf zu spielen, es aber nicht rechtzeitig zurück geschafft hätte. Ich hatte einen Tag am Strand ohne Zeitbegrenzung geplant. Ich war ein wenig genervt, wollte meinen Partner aber nicht enttäu-*

schen. Außerdem habe ich in der Vergangenheit schon oft Dinge vergessen, weil mir die Zeit davonlief. Ich versprach das Rezept abzuholen und hatte wirklich die Absicht, Wort zu halten. Im Grunde war mir bewusst, dass die Freundinnen, mit denen ich mich treffen wollte, für ihr Zu-spät-Sein berüchtigt waren, hoffte aber, dass sie mich dieses Mal nicht zurückhalten würden. Ich hatte ein ungutes Gefühl, das ich aber ignorierte. Als der Zeitpunkt zum Aufbrechen gekommen war, saßen meine Freundinnen noch in der Bar und teilten mir mit, dass sie noch nicht gehen wollten. Ich bekam Panik und dachte mir eine Ausrede aus. Als mein Freund schließlich nach Hause kam, fühlte ich mich schuldig und suchte nach einem Weg, um mein Verhalten wiedergutzumachen. Er hatte aber schon zu viele meiner Ausreden gehört und war nicht an einer Wiedergutmachung interessiert. Ich fühlte mich schrecklich.

8. ***Gleiche Bitte, aufrichtige Antwort:*** *„Ich bin hin und her gerissen. Ich würde dir den Gefallen wirklich gerne tun, vergesse aber immer die Zeit, wenn ich Spaß habe. Ich gehe mit fünf Freundinnen aus und fahre nicht selbst. Die anderen lieben es zu feiern und ich bin mir sicher, dass sie am Nachmittag in bester Partylaune sind. Ich möchte mir nicht darüber Gedanken machen müssen, dass ich zu spät komme und dich enttäusche. Hat das Zeit bis morgen oder können wir jemand anders bitten, das Rezept abzuholen?"*

Nehmen Sie sich Ihren eigenen Dialog vor und gehen Sie durch die acht Schritte. Erkennen Sie, wie viel Nerven Sie sich und Ihren Partner gekostet haben, indem Sie nicht bereit waren, Ihr eigenes Verhalten genau vorauszusehen? Sie fürchten möglicherweise, dass Ihr Partner verärgert oder enttäuscht reagiert, wenn Sie von Anfang an ehrlich sind. Diese Angst überdeckt die Erinnerung daran, wie viel ärgerlicher Ihr Partner war, wenn Sie ein Versprechen gebrochen hatten. Die Angst hindert Sie außerdem daran, bei nächster Gelegenheit besser zu planen.

Schritt 4:
Finden Sie heraus, wann Sie am anfälligsten sind, Vertrauen zu missbrauchen

Ihr Verhalten wird durch alles ausgelöst„ das Sie zu etwas treibt, was Sie nicht tun wollen, nicht in der Lage sind zu tun oder für das Ihnen die Ressourcen fehlen. Um Ihre Anfälligkeit für einen aktuellen Auslöser zu messen, stellen Sie sich die folgenden Fragen:
1. Wie oft haben Sie dieses Versprechen schon gebrochen?
2. Wie oft haben Sie sich schon schuldig und reuig gefühlt, nachdem Sie Ihren Partner verletzt hatten?
3. Wie viele Entschuldigungen haben Sie in der Vergangenheit vorgebracht, um Ihr Verhalten zu rechtfertigen?

4. An wie viele ähnliche Ereignisse aus Ihrer Kindheit können Sie sich erinnern?
5. Wie oft reagierte Ihr Partner verärgert oder verletzt, nachdem Sie sein Vertrauen missbraucht hatten?
6. Wie oft haben Ihre Partner Ihnen damit gedroht, Sie zu verlassen, weil Sie Ihre Versprechen ständig brachen?
7. Wie oft haben Sie sich davor gedrückt, Ihre wahren Absichten zu äußern?

Gebrochene Versprechen und Ausreden führen lediglich zu mehr gebrochenen Versprechen und Ausreden. Je höher die Anzahl, desto anfälliger sind Sie für Ihre Auslöser.

ÜBUNG

Messen Sie Ihre derzeitige Anfälligkeit

Erinnern Sie sich bitte an ein aktuelles Ereignis, bei dem Sie ein Versprechen gaben, es nicht hielten und damit das Vertrauen Ihres Partners aufs Spiel setzten. Beschreiben Sie die Situation und die Bitte Ihres Partners. Beantworten Sie danach die obigen sieben Fragen aus Schritt 4 in diesem Kapitel, und bewerten Sie Ihre Reaktionen auf einer Skala von 1 bis 5 (1 = nicht viel, 2 = ein wenig, 3 = mehr als Ihnen lieb ist, 4 = ziemlich viele, 5 = viel zu viele). Hierdurch ermitteln Sie Ihren Anfälligkeitswert. Je höher der Wert, desto anfälliger sind Sie für Ihre aktuellen Auslöser und desto wahrscheinlicher werden Sie sich in Schwierigkeiten bringen.

Hier ein Beispiel:
Meine Freundin hat mich gerade darum gebeten, vor unserem Hawaii-Urlaub in einem Monat ein paar Pfund abzunehmen. Sie versicherte mir, dass sie mich liebt, sie würde mich aber attraktiver finden, wenn ich ein wenig schlanker wäre.

1. *Dieses Versprechen habe ich in den letzten zehn Jahren bestimmt jedes Jahr gegeben. Die Wahrscheinlichkeit, dass ich in den kommenden zwei Wochen damit anfange, wo ich doch bei der Arbeit Überstunden machen muss, ist gleich Null.*
   Anfälligkeitswert = 5
2. *Ich habe mich öfter schrecklich schuldig gefühlt als ich zählen kann.*
   Anfälligkeitswert = 5
3. *Zu viele.*
   Anfälligkeitswert = 5
4. *Meine Mutter versprach meinem Vater jeden Monat aufs Neue, dass sie abnehmen würde, schaffte es aber nie. Er hörte niemals auf, sie zu bitten und sie hörte niemals auf, sich minderwertig zu fühlen.*
   Anfälligkeitswert = 5

186 · Beziehungssaboteure

5. *Sie geht wundervoll damit um. Ich glaube nicht, dass sie wirklich eine Veränderung erwartet, und sie versichert mir die ganze Zeit, für wie attraktiv sie mich hält. Ich glaube, sie erkennt meine Schuldgefühle und gibt mir daher immer wieder die Möglichkeit, mich zu verändern.*
   Anfälligkeitswert = 3

6. *Ich fühle mich unglaublich sicher. Ich frage mich die ganze Zeit, warum ich meine Grenzen nicht einfach anerkenne und aufhöre, dieses Spiel mitzuspielen oder warum ich nicht endlich abnehme und mich nicht länger selbst enttäusche.*
   Anfälligkeitswert = 1

7. *Ich weiß selbst nicht, wie oft ich mich davor gedrückt habe, der Wahrheit ins Gesicht zu sehen. Ich will nicht so sein wie meine Mutter. Deshalb habe ich so getan, als würde ich mich von ihr unterscheiden. Doch nun ist es mein eigenes Verhalten, das mir nicht behagt.*
   Anfälligkeitswert = 2

Gesamtwert = 21

Zählen Sie in Ihrem eigenen Beispiel die Punktwerte zusammen. Eine Summe zwischen 1 und 15 deutet darauf hin, dass Sie nicht übermäßig anfällig für den jeweiligen Auslöser sind. Bei einem Endwert zwischen 16 und 24 sollten Sie achtgeben und sich Zeit nehmen, bevor Sie etwas zusagen, damit Sie Ihr Verhalten auch genau voraussagen können. Eine Summe zwischen 25 und 35 bedeutet, dass Sie Ihren Ängsten mit großer Wahrscheinlichkeit nachgeben und Versprechen machen werden, die Sie nicht halten können.

Sollten Sie bei bestimmten Auslösern besonders hohe Werte erzielen, dann sind Sie sich der Liebe Ihres Partners so unsicher, dass Sie handlungsunfähig werden. Wenn jedoch Ihre Ängste Sie so sehr kontrollieren, führt das unweigerlich dazu, dass Sie genau die Beziehung zerstören, die Sie so krampfhaft aufrechtzuerhalten versuchen. Eine bessere Alternative wäre, sich gleich von Anfang an mit Ihren Ängsten zu konfrontieren.

Schritt 5:
Lernen Sie, wie Sie Ihr nicht vertrauenswürdiges Verhalten ablegen können

Um das Vertrauen Ihres derzeitigen Partners zurückzuerlangen oder sicherzugehen, dass Ihnen in einer neuen Beziehung vertraut wird, müssen Sie die folgende Verpflichtung eingehen: Bevor Sie Ihrem Partner versprechen, zu einem bestimmten Ort zu kommen, etwas Bestimmtes zu tun, auf bestimmte Weise zu reagieren oder Ihre Denkweise zu verändern, müssen Sie sich zuerst vergewissern, ob Sie das Versprechen auch ehrlich einhalten werden. Die folgende Übung wird Ihnen dabei helfen.

> **ÜBUNG**
>
> **Zuverlässigkeitstaktik**
>
> Das Ziel dieser Übung ist es, Vertrauen missbrauchendes Verhalten in Glaubwürdigkeit zu verwandeln. Bevor Sie jetzt eine Bitte annehmen, beantworten Sie zunächst die folgenden Fragen:
>
> 1. Scheint die Bitte berechtigt?
> 2. Stehen Ihnen die entsprechenden Ressourcen zur Verfügung, um der Bitte nachzukommen?
> 3. Wollen Sie die Bitte erfüllen? Wenn nicht: Warum nicht?
> 4. Was könnte dazu führen, dass Sie Ihr Versprechen nicht halten?
> 5. Haben Sie die Ausreden aus Frage 4 in der Vergangenheit bereits verwendet?
> 6. Sind Sie der Meinung, dass Ihr Partner Ihrem Entschluss sich zu verändern vertrauen kann?
> 7. Könnte Ihr Partner Ihnen dabei helfen, Ihren Entschluss in die Tat umzusetzen?
> 8. Welche Kindheitserinnerungen an Vertrauen missbrauchendes Verhalten könnten einen negativen Einfluss auf gerade dieses Versprechen haben?
> 9. Wie hoch ist Ihre Anfälligkeitswahrscheinlichkeit in diesem Moment?
>
> Üben Sie das Beantworten der obigen Fragen in Ihrem Tagebuch. Greifen Sie dafür auf Dialoge aus Ihrer Vergangenheit zurück. Sobald Sie sich daran gewöhnt haben, die Fragen schnell in Echtzeit zu beantworten, werden Sie mit größerer Wahrscheinlichkeit auf angemessene Weise auf die Bitten Ihres Partners reagieren.

Je länger Sie sich darin üben, die Wahrheit zu sagen, desto leichter wird sich Ihr Joch der Schuld anfühlen. Auch wenn Ihre derzeitige Beziehung vielleicht zerbricht, werden Sie niemals wieder unter der Angst leiden, ein Vertrauen missbrauchender Feigling zu sein.

Schritt 6:
Suchen Sie sich Unterstützung für Ihr Bemühen, vertrauenswürdig zu sein

Dieser Schritt fällt den Menschen, die Vertrauen zurückgewinnen möchten, gewöhnlich am leichtesten. Es gibt sicher viele Personen in Ihrem Umkreis, denen immer noch etwas an Ihnen liegt, obwohl Sie sie mehrfach enttäuscht haben. Sollten Sie sich derzeit nicht in einer festen Beziehung befinden, dann wenden Sie sich an diese Menschen. Sie freuen sich vielleicht sogar, Ihnen beim Ehrlichsein zu helfen.

ÜBUNG

Das sichere Üben in Echtzeit

Wählen Sie eine Person aus, deren Vertrauen Sie missbraucht haben, die Sie aber gleichzeitig so gern hat, dass sie immer noch mit Ihnen befreundet ist. Berichten Sie diesem Menschen von dem, was Sie herausgefunden haben und bitten Sie sie um Hilfe. Sollte Ihr Freund einverstanden sein, fragen Sie ihn, ob er eine Bitte an Sie richten könnte, die einer früheren Situation entspricht, als Sie ein Versprechen gebrochen haben. Stellen Sie sich vor, dass es sich hierbei um eine reale Bitte handelt. Sie wollen die Wahrheit wissen, auch wenn diese schmerzt.

Im nächsten Schritt stellt Ihnen Ihr Freund die Fragen aus der Übung „Zuverlässigkeitstaktik". Beantworten Sie diese so ehrlich wie möglich. Diskutieren Sie danach mit Ihrem Freund, ob er glaubt, dass Sie aufrichtig waren. Versuchen Sie die Übung so liebevoll und urteilsfrei wie möglich durchzuführen. Fragen Sie Ihren Freund im Anschluss, ob er Ihnen nun ein wenig mehr vertraut. Haben sich Ihre Gefühle sich selbst gegenüber verändert?

Führen Sie diese Übung gerne mit mehreren verschiedenen Menschen durch, um Ihr neues Verhalten zu festigen. Je authentischer Sie sich geben, desto besser werden andere Ihnen glauben, dass Sie die Person sind, die Sie zu sein vorgeben.

Schritt 7:
Das Ziel im Auge behalten

Üben, üben, üben – das ist der beste Weg, um an dem Ziel, Vertrauen aufzubauen, dranzubleiben. Das bedeutet, dass Sie nein sagen, wenn ein Nein nötig ist, und ja meinen, wenn Sie ja sagen. Es bedeutet auch, Verabredungen pünktlich einzuhalten und nicht vorzugeben, Sie hätten etwas nicht versprochen oder andere für Ihre Fehler verantwortlich zu machen, wenn Sie ein Versprechen einmal brechen. In der Anfangsphase müssen Sie genau in Ihrem Tagebuch notieren, wann Sie Versprechen einhalten oder brechen.

ÜBUNG

Eine Aufstellung Ihrer Versprechen

Notieren Sie täglich, bevor Sie zu Bett gehen, bis zu drei Verpflichtungen, die Sie an dem jeweiligen Tag eingegangen sind. Es kann sich dabei um einfache Versprechen handeln, wie z.B. sich vorzunehmen, einen Freund anzurufen. Es können aber auch etwas größere Verpflichtungen sein, wie z.B. 50 Sit-ups zu machen. Sollte das Erfüllen dieser Versprechen an einen bestimmten Tag gebunden sein, dann führen Sie den nächsten Teil dieser Übung bitte an dem jeweiligen Tag aus.

Bewerten Sie jedes Versprechen danach, wie gut Sie es auf einer Skala von 1 bis 5 erfüllt haben (1 = vollkommen unzuverlässig, 2 = habe es versucht, ohne Erfolg, 3 = teilweise erfüllt, 4 = so gut wie erfüllt, 5 = habe es tatsächlich geschafft).

Wenn Sie diese Übung regelmäßig durchführen, werden Sie mit der Zeit eine Verbesserung feststellen. Sie werden sehr viel Unterstützung von den Freunden benötigen, die sich bereit erklärt haben, Ihnen zu helfen, und noch viel wichtiger, von sich selbst. Lassen Sie sich selbst nicht alles durchgehen, aber verurteilen Sie sich auch nicht. Halten Sie einfach weiter an Ihrer guten Absicht fest. Am Ende werden Sie Erfolg haben. Indem Sie Ihr Vertrauen missbrauchendes Verhalten hinter sich lassen, ernten Sie einen weiteren Bonus: Sie lernen, allen verbliebenen Schmerz und die restliche Angst zu verstehen und loszulassen, die Sie den Personen gegenüber empfinden, die Sie das Vertrauen missbrauchende Verhalten einst lehrten.

13. | Die sieben Schritte zur Heilung noch einmal Revue passieren lassen

Beziehungssabotage kann viele verschiedene Formen annehmen, führt aber unweigerlich zu dem gleichen Ergebnis: dem Verlust eines ehemals liebevollen Partners, der jetzt emotional allergisch auf das destruktive Verhalten des Saboteurs reagiert. Die meisten Beziehungssaboteure handeln nicht absichtlich auf destruktive Weise. Sie legen es nicht darauf an, ihren Partner zu peinigen und ihre Beziehungen zu zerstören. Die meisten sind, ganz im Gegenteil, tief betrübt über das, was sie getan haben. Doch sie kennen nichts anderes als ihr sich ständig wiederholendes Verhalten und wählen oft Partner aus, die selbst Beziehungssaboteure sind.

Wenn Sie glauben, ein Beziehungssaboteur zu sein und gleichzeitig bereit sind, sich Ihre Verhaltensmuster genau anzuschauen, dann kann Ihre Heilung schnell und effektiv voranschreiten. Durch Verständnis und Akzeptanz Ihrer Persönlichkeit werden Sie Ihre destruktiven Gewohnheiten durch ein erfolgversprechendes Verhalten ersetzen.

13.1 Lassen Sie die sieben Schritte zur Heilung noch einmal Revue passieren

In den sieben Schritten der Heilung und den Übungen in diesem Buch ging es um das Verhalten der zehn häufigsten Typen von Beziehungssaboteuren. Dieses Kapitel enthält weitere Übungen, die von allen Saboteuren durchgeführt werden können. Durch die Aufgaben lernen Sie sich besser kennen und erfahren, wie Sie Ihr problematisches Verhalten ablegen können. Das regelmäßige Durchführen der Übungen wird Ihren Geist und Ihr Herz auf neue Weise zusammenführen. Indem Sie an Ihrem eigenen Verhalten arbeiten, werden Sie Partner anziehen, die sich mit größerer Wahrscheinlichkeit die gleiche Art von Beziehung wünschen wie Sie. Die Übungen werden unerwartete Gedanken, Ideen oder Gefühle in Ihnen auslösen – halten Sie daher Ihr Tagebuch bereit.

Schritt 1:
Beobachten Sie Ihr unsicheres Verhalten, ohne sich zu verurteilen

Das Ziel dieses Schrittes ist es, das Unsichtbare zu suchen. Sie können nicht verändern, was Sie nicht sehen, und Selbstkritik ist der Feind jeder Erkenntnis. Tun Sie alles in Ihrer Macht stehende, um Gefühle von Misserfolg, Selbstverachtung oder Verlegenheit von sich fern zu halten. Es ist an der Zeit, dass Sie zu einem objektiven Berichterstatter Ihres eigenen Verhaltens werden. Fokussieren Sie nicht auf Misserfolge und lassen Sie negative Selbsturteile nicht Ihre Beobachtungen trüben. Ihre Aufgabe ist es, sich Ihr eigenes Verhalten genau anzuschauen und nach Mustern zu suchen, so als wären Sie Ihr eigener objektiver und mitfühlender Therapeut.

ÜBUNG

Objektivität an einem beispielhaften Konflikt üben

Erinnern Sie sich bitte an einen Beziehungskonflikt, den Sie wiederholt erlebt haben. Ihre Aufgabe bei dieser Übung ist, einen Schritt beiseite zu treten und Ihrem Partner und sich selbst bei Ihrer Auseinandersetzung zuzuschauen, als wären Sie ein mitfühlender und unvoreingenommener Beobachter. Stellen Sie sich vor, der Streit geschehe in der Gegenwart. Beschreiben Sie ihn so detailliert wie möglich. Nehmen Sie sich Zeit und erinnern Sie sich an alle Kleinigkeiten. Die Situation wird sich realer anfühlen, wenn Sie Dialoge hinzufügen.

Stellen Sie sich die Interaktion so vor, als wäre sie ein Film. Beantworten Sie dabei die folgenden Fragen:
- Wer sind die darin vorkommenden Personen?
- Wo findet der Konflikt statt und zu welcher Tageszeit?
- Welche Ereignisse führten zu der Auseinandersetzung?
- Welche Gefühle kommen zum Ausdruck und wie zeigen sich diese?
- Worüber beschweren sich die Personen jeweils?
- Was wollen die beiden Ihrer Ansicht nach voneinander?
- Was scheinen sie zu verteidigen?
- Was werfen sie sich gegenseitig vor?
- Zu welchem Ergebnis wird die Auseinandersetzung Ihrer Meinung nach führen?
- Glauben Sie, beide bekommen, was sie sich wünschen?

Hier ein Beispiel:
Ich beobachte einen Mann und eine Frau in deren Schlafzimmer. Es ist spät am Abend. Die Frau ist die letzten Tage wiederholt spät heim gekommen und gab die Arbeit als Grund dafür an. Er scheint ängstlich und unsicher zu sein und hört nicht auf sie auszufragen. Sie reagiert darauf mit immer mehr Abwehr und zunehmend verärgert. Er wünscht sich Bestätigung, während

sie ihm vorwirft, er sei verrückt. Obwohl beide sich wünschen, dass der andere zuhört und Interesse zeigt, können sie sich einfach nicht verstehen. Er ist verletzt, weil sie keine Rücksicht auf seine Unsicherheit nimmt. Sie reagiert mit Abwehr, weil er kein Verständnis für ihre harte Arbeit und ihre Müdigkeit zeigt. Keiner der beiden scheint den Teufelskreis aufhalten zu können. Sie werden die Sache nicht lösen und im Streit zu Bett gehen, was keiner der beiden will.

Waren Sie in der Lage, sich selbst und Ihr Verhalten in Ihrem Beispielszenario mitfühlend und urteilsfrei zu beobachten? Wie fühlten Sie sich, als Sie die Fragen beantworteten? Konnten Sie Muster erkennen, die Ihnen zuvor nicht bewusst waren? Erinnern Sie sich an ähnliche Situationen, deren Zeuge Sie als Kind wurden? Wie fühlen Sie sich jetzt, nachdem Sie die Übung durchgeführt haben?

Sobald Sie in der Lage sind, Ihr Sabotageverhalten ohne Selbstverurteilung zu betrachten, können Sie damit beginnen, nach dem Ursprung zu suchen. Mit größter Wahrscheinlichkeit haben Sie Ihr Verhalten als Bewältigungsstrategie entwickelt, um mit Herausforderungen in Ihrer Kindheit fertig zu werden. Beängstigende oder schmerzhafte Ereignisse können Sie jederzeit im Leben treffen; den größten Schaden richten sie jedoch an, wenn Sie jung und hilflos sind. Frühe Kindheitserinnerungen brennen sich am tiefsten in Herz und Verstand ein.

Schritt 2:
Identifizieren Sie die Wurzel Ihres Verhaltens

Während Sie Ihr Verhalten beobachten, werden Sie spüren, wie seine Wurzeln, die „Hauptlebensadern", Sie in prägende Kindheitsereignisse zurückversetzen. Jedes Mal, wenn etwas in Ihrem Leben Sie an ein schmerzhaftes Ereignis aus Ihrer Vergangenheit erinnert, kann dadurch ein negativer innerer Dialog ausgelöst werden, der vor langer Zeit einmal stattgefunden haben könnte. Diese negativen inneren Dialoge zu erkennen und sich zu erinnern, wann sie das erste Mal vorkamen, stellt den ersten Schritt auf dem Weg zu Veränderung dar.

Lauschen Sie Ihrem inneren Dialog

Erinnern Sie sich bitte an eine Situation aus Ihrer derzeitigen Beziehung, in der Sie sich bedroht fühlten. Welcher negative innere Dialog ist damals zum Vorschein gekommen? Beschreiben Sie die Situation in Ihrem Tagebuch und notieren Sie, warum Sie sich bedroht fühlten. Rekonstruieren Sie danach den Dialog so gut Sie können. Versuchen Sie die Stimme Ihrer Eltern oder eines Elternteils zu finden, die Sie als minderwertig darstellt. Ein Beispiel hierfür ist die folgende Drohung, emotional ausradiert zu werden.

Mein Freund schenkte allen Personen am Tisch Aufmerksamkeit außer mir. Ich fühlte mich in meinem Wert gemindert und unbedeutend. Ich versuchte ihn dazu zu bringen, sich mit mir zu unterhalten, doch er war zu sehr mit anderen Menschen beschäftigt, mit denen er augenscheinlich lieber sprach. Ich wollte das Restaurant verlassen, fühlte mich aber wie an meinen Stuhl gefesselt und erniedrigt. Das Gefühl kam mir merkwürdig bekannt vor.

Diese Frau erkannte, dass sie den folgenden inneren Dialog führte:
Ich: Ich brauche wirklich Aufmerksamkeit.
Elterliche Stimme: Du verdienst sie nicht.
Ich: Dann sollte ich wohl dankbar sein für das, was ich habe.
Elterliche Stimme: Und dich nicht beschweren.
Ich: Ich fühle mich so unbedeutend und unsicher.
Elterliche Stimme: Das kommt davon, weil du zu viel verlangst.

Um herauszufinden, wo Ihre negativen inneren Dialoge ihren Ursprung nahmen, müssen Sie sich an eine für Sie wichtige Person aus Ihrer Kindheit erinnern, die auf die gleiche destruktive Weise mit Ihnen und anderen gesprochen hat. Rufen Sie sich eine Situation in Erinnerung, in der die Person mit Ihnen sprach und rekonstruieren Sie den Dialog. Beachten Sie dabei möglichst alle Details und beantworten Sie die folgenden Fragen:
Wer spricht?
Mit welchem Tonfall spricht die Person?
Was verlangt die Person von Ihnen?
Welche Gefühle löst die Forderung in Ihnen aus?
Welche Erwiderungen versuchen Sie hervorzubringen?
Was glauben Sie, wird geschehen?
Was möchten Sie, dass es passiert?

Es folgt nun ein Beispieldialog einer meiner Patientinnen, die ihr Bedürfnis nach Kontrolle und Macht in einer Beziehung verändern wollte:
Ich bin acht Jahre alt und brauche die Hilfe meines Vaters bei meinen Mathehausaufgaben. Er schaut fern und ich habe Angst, ihn zu fragen. Ich habe wirklich alles versucht, um die Aufgaben selbst zu lösen, weiß aber beim besten Willen nicht mehr weiter. Es ist niemand anders zu Hause. Ich fühle mich jetzt schon dumm und weiß, dass mein Vater es nicht mag, wenn ich ihn störe.

MEIN VATER: Was willst du?

ICH: Ich brauche Hilfe bei meinen Hausaufgaben.

MEIN VATER: Warum kannst du die nicht allein machen?

ICH: Ich verstehe sie nicht.

MEIN VATER: Du bist bloß faul.

ICH: Nein, das bin ich nicht. Ich arbeite sehr hart.

MEIN VATER: Du hast aber auch immer eine Ausrede, nicht wahr?

ICH: Schon gut. Ich schaffe es selbst.

MEIN VATER: Na siehst du. Ich hatte recht. Du wolltest dich bloß drücken.

ICH: (fühle mich dumm und unsicher.)

Mein Vater klingt ungeduldig und verärgert. Er will nicht gestört werden. Ich fühle mich zurückgewiesen und unwichtig. Ich würde ihm gerne mitteilen, dass ich ihn brauche, fürchte mich aber vor seiner Wut. Er wird mir sagen, dass ich dumm bin. Ich wünschte, er würde nicht so ein schlechtes Gefühl in mir auslösen. Ich wünschte, er würde sich bei mir dafür entschuldigen, dass er mir solche Angst macht.

Die Patientin erlebte den verinnerlichten Dialog mit den ihm einhergehenden Gefühlen auch in Ihren Beziehungen als Erwachsene. Jedes Mal, wenn sie sich angegriffen fühlte, wiederholte sich das Gespräch in Ihrem Geiste. Sie konnte es nicht ertragen, sich dumm zu fühlen. Deshalb nahm sie die Rolle ihres Vaters ein, um stattdessen Ihren Partnern das Gefühl zu geben, unfähig zu sein. Ihre Empfindungen der Unzulänglichkeit trieben sie dazu, ihre Partner zu kontrollieren, damit sie die Regeln bestimmen konnte.

Durch die Rekonstruktion Ihrer eigenen Dialoge werden Sie herausfinden, wo Ihr Sabotageverhalten seinen Ursprung nahm. Je größer der Einfluss des Dialoges ist, desto klarer werden die Verhaltensmuster hervorstechen. Achten Sie bei der Durchführung der Übung darauf, ob sich Ihre Atmung, Ihre Körperhaltung oder Ihr Gesichtsausdruck verändern. Sollten Sie von Ihren Emotionen überwältigt werden, halten Sie inne und ruhen Sie sich ein wenig aus, bevor Sie von Neuem beginnen.

Nun sollten Sie Ihr persönliches Sabotageverhalten und seinen Ursprung identifiziert haben. Das Ziel der folgenden Übungen ist es, Alternativen für Ihre derzeitige Beziehung zu entwickeln. Sie werden in die Lage versetzt, den Einfluss Ihrer Kindheitserinnerungen zu verändern, indem Sie Letztere verstehen und umdeuten.

Dialog der Hoffnung

Diese Übung ist dazu gedacht, Ihren strafenden, Sie abwertenden oder vernachlässigenden Elternteil, der sich in Ihrem Geist und Herzen festgesetzt hat, durch den Elternteil zu ersetzen, den Sie sich in Ihrer Kindheit gewünscht hätten. Hierfür müssen Sie drei Dialoge miteinander vergleichen:

1. Einen Dialog aus Ihrer Kindheit. Verwenden Sie den aus der vorhergehenden Übung oder kreieren Sie einen neuen.
2. Die Unterhaltung, die Sie sich stattdessen gewünscht hätten.
3. Einen Dialog, der noch nicht stattgefunden hat: Den Dialog, den Sie sich für künftige Interaktionen wünschen, in denen Ihr destruktives Verhalten ausgelöst wird.

Suchen Sie zu Beginn nach einem Dialog, der sich oft wiederholt hat, da dieser den größten Einfluss auf Sie hatte. Erinnern Sie sich bitte daran, wo Sie sich während der verletzenden Interaktion aus Ihrer Kindheit aufhielten, mit wem Sie zusammen waren und wie alt Sie waren. An einigen Stellen mag es zu früh sein, Ihre Erinnerungen in Worte zu fassen. Verwenden Sie in diesen Situationen stattdessen einfache Emotionen, um auszudrücken, was passierte.

Sie werden feststellen, dass Sie auf dem richtigen Weg sind, wenn Ihr Körper emotional und physisch auf Ihre Erinnerungen reagiert. Sollten die Gedanken zu schmerzlich sein, spüren Sie möglicherweise, dass Sie zurückweichen oder sich einfach nur traurig, wütend, verwirrt oder frustriert fühlen. Achten Sie auf alle Veränderungen Ihrer Körperhaltung, ob Sie z.B. den Kopf hängen lassen, die Arme überkreuzen oder sich auf die Unterlippe beißen, um Tränen zurückzuhalten.

Im Folgenden lesen Sie das Beispiel der Kindheitserinnerung eines Mannes:
Ich bin ein Einzelkind mit einer depressiven und selbstaufopfernden Mutter. Ganz gleich, was ich versuche, um sie aufzuheitern, ich kann ihr nicht helfen. Ich schiebe meine eigenen Bedürfnisse immer beiseite, um meiner Mutter nicht zur Last zu fallen. Ich könnte genauso gut Luft sein, fühle mich aber schuldig, weil ich ihr nicht genüge. Ich habe Angst, dass meine Mutter sterben könnte.

MUTTER: In meinem Leben geht aber auch immer alles schief.
KIND: Alles wird gut werden, Mama. Ich helfe dir. (Wunsch, ein gutes Kind zu sein)
MUTTER: Du kannst da nichts machen.
KIND: Doch, ich kann. Doch, ich kann. Ich koche dir Tee. Okay? (Versuch, etwas zu verändern)
MUTTER: Mein Bauch rumort ganz schrecklich. Tee hilft da nicht.
KIND: Soll ich deine Schwester anrufen, damit sie vorbeikommt? (Gefühl der Machtlosigkeit)
MUTTER: Nein, mach dir keine Gedanken. Ich werd schon wieder. Sie kann mir sowieso nicht helfen.
KIND: Ich hole meine Hausaufgaben und mache sie hier neben dir. (Angst, verlassen zu werden)

MUTTER: Mach, was du willst. Völlig egal.

KIND: (Fühlt sich schuldig, entmutigt und entwertet.)

Es folgt die Unterhaltung, die der Mann rückblickend gerne gehabt hätte. Er nimmt die Rolle der Mutter ein, die er sich wünscht.

MUTTER: In meinem Leben geht aber auch immer alles schief.

KIND: Alles wird gut werden, Mama. Ich helfe dir.

MUTTER: Das ist lieb von dir, mein Schatz. Ich sehe, wie gern du helfen willst.

KIND: Es macht mir Angst, dass es uns nicht gut gehen wird. (sicher genug, um Verletzlichkeit zu zeigen)

MUTTER: Es tut mir leid, dass ich dir Angst gemacht habe, mein Kind. Wir machen bloß gerade eine schwierige Zeit durch.

KIND: Wird alles gut werden? (Suche nach Sicherheit)

MUTTER: Wir werden daran arbeiten und es zum Guten wenden. Wir sind doch ein starkes Team, oder nicht?

KIND: Soll ich Tante Fran anrufen und sie bitten zu kommen?

MUTTER: Das ist eine tolle Idee. Du bist so klug.

KIND: (Fühlt sich bestätigt, wichtig und gebraucht.)

Im dritten Schritt sollen Sie einen Dialog für die Zukunft kreieren. Hierbei konstruieren Sie eine Situation, in der Sie Ihre Gefühle ausdrücken und Ihr derzeitiger Partner auf hilfreiche Weise reagiert.

Es folgt ein Beispiel, in welchem Sie Hoffnungslosigkeit zum Ausdruck bringen und Ihr Partner konstruktiv auf Sie eingeht.

SIE: Der Tag heute war eine komplette Katastrophe. Alles, was schiefgehen konnte, ging auch schief.

IHR PARTNER: Du hörst dich geschafft an. Kann ich dir irgendwie helfen?

SIE: Niemand kann mir helfen – oder warte eine Minute. Doch, kannst du mir sagen, dass ich nicht verrückt bin und alles wieder gut werden wird?

IHR PARTNER: Du bist überhaupt nicht verrückt. Du bist bloß geschafft. Am Ende regelt sich alles von selbst. Und was auch immer dich bedrückt, werden wir zusammen angehen, weißt du noch?

SIE: Dankeschön, mein Schatz. Ich will nicht so enden wie meine Mutter, die immer in ihrem Kummer untergegangen ist. Ich bin dir für deine Unterstützung wirklich dankbar.

Erarbeiten Sie nun Ihre persönlichen drei Dialoge. Stellen Sie sich die folgenden Fragen, während Sie dabei auf die Unterhaltungen aus Ihrer Kindheit zurückschauen:

Welches Bedürfnis hatten Sie und was geschah stattdessen?

Wie hätte der Erwachsene anders reagieren können, um Ihnen das Gefühl von Sicherheit und Fürsorge zu geben?

Ausgehend von dem Wissen, das Sie heute besitzen, hätten Sie sich anders verhalten kön-
nen, um die Situation zu verändern?
Haben Sie die Rollen aus Ihrer Kindheit unbewusst auch in Ihren Beziehungen als Erwach-
sener gespielt?
Welche Verhaltensweisen Ihres Partners aktivieren Ihre Trigger am schnellsten?
Erkennen Sie den Ursprung Ihrer Verhaltensmuster nun besser?

Der schmerzhafte Teufelskreis aus Ihrer Kindheit kann einfacher gebrochen werden, wenn Sie ihn erkennen, sobald er sich in Ihren heutigen Beziehungen zeigt. Mit fortschreitender Übungspraxis werden Sie diesen Kreislauf ganz automatisch kommen sehen. Sie werden ihn zu verhindern wissen und ein adäquateres Verhalten wählen können.

Schritt 3:
Identifizieren Sie Ihre Auslöser

Sobald Sie die Auslöser Ihres destruktiven Verhaltens erkannt haben, können Sie in Ihren derzeitigen Beziehungen nach ihnen Ausschau halten. Einige Auslöser entstehen durch genetische Veranlagung oder Kindheitstraumata und werden Sie ein Leben lang begleiten. Diese zeigen sich bereits zu Beginn einer Beziehung. Andere Trigger stellen eine erlernte Reaktion auf weniger schädliche Interaktionen aus der Kindheit dar.

Was auch immer der Effekt dieser Auslöser sein mag: Wenn Sie sie erkennen und wissen, wo sie entstanden sind, werden Sie in der Lage sein, sich selbst zu stoppen, bevor Sie automatisch auf sie reagieren. Sie werden fähig sein, Ihr Verhalten zu verlangsamen und dadurch Zeit gewinnen, um anders reagieren zu können.

Bei den in Ihren derzeitigen Beziehungen aktiven Auslösern kann es sich um alles handeln, das Kindheitserinnerungen aktiviert. Sie könnten auf den Gesichtsausdruck, den Tonfall, die Körpersprache, Worte, den Gefühlszustand, die Wünsche oder die Herausforderungen Ihres Partners reagieren. Wenn Ihre Reaktion intensiver, mächtiger und emotionaler als normal ausfällt, können Sie davon ausgehen, dass eine negative Kindheitserinnerung in Ihnen wachgerufen wurde.

Ihr Ziel ist es zu erkennen, was Ihren Auslöser aktiviert hat, bevor Sie in den Teufelskreis Ihrer Reaktivität hineingeraten. Durch die nächste Übung lernen Sie, die Dinge ruhiger anzugehen, bevor Ihre emotionalen Reaktionen aus dem Ruder laufen.

ÜBUNG

Erwischen Sie die Auslöser im Hier und Jetzt

Zählen Sie einige Ereignisse in Ihren ernsthaften Beziehungen auf, die Ihr Sabotageverhalten wiederholt ausgelöst haben. Sie können sich sicher sein, dass es sich hierbei um Auslöser handelt, da Sie sich bei einigen fragen werden, warum Sie eine so starke Reaktion zeigen. Sie haben unter Umständen sogar das Gefühl, Sie wären wieder so alt wie damals, als Sie Ihre schmerzhaften Erfahrungen machten.

Nachdem Sie Ihre Erfahrungen in Ihrem Tagebuch beschrieben haben, beantworten Sie die folgenden Fragen für jedes Ereignis:
- Was war der Auslöser?
- Wie fühlte sich der allererste Moment an, in dem Sie wussten, dass Sie negativ reagieren würden?
- Welches Sabotageverhalten wurde ausgelöst?

Lassen Sie nicht zu, dass Sie sich selbst verurteilen, denn Selbstverurteilung behindert Ihren Lernprozess. Sollten Sie Auslöser und deren Muster erkennen, dann notieren Sie diese in einer separaten Liste mit dem Namen „Auslöser".

Es folgen fünf Beispiele:
- **Auslöser von Unsicherheit:** *„Mein Partner teilt mir mit, dass unser Sex nicht mehr so aufregend ist wie früher."*
  Sabotageverhalten: *„Ich kann nicht aufhören mich zu fragen, ob unsere Beziehung vorbei ist oder nicht."*
- **Auslöser von Kontrollverhalten:** *„Meinem Partner ist es nicht wichtig, mit mir zusammen zu sein, wenn wir Zeit für Gemeinsamkeit reserviert haben."*
  Sabotageverhalten: *„Ich erinnere ihn mehrfach zwei Stunden vorher."*
- **Auslöser von Angst vor Nähe:** *„Meine Partnerin will die nächsten zwei Wochenenden mit mir zusammen sein und Pläne schmieden."*
  Sabotageverhalten: *„Ich sage ihr, dass ich vielleicht andere Pläne habe, dies aber noch nicht genau weiß."*
- **Auslöser für den Drang zu gewinnen:** *„Mein Partner versucht mich davon zu überzeugen, dass es uns gut täte, in die Kirche zu gehen."*
  Sabotageverhalten: *„Ich teile ihm mit, dass ich überzeugter Atheist bin und mich auf dem Gebiet sehr gut auskenne. Daher macht es wenig Sinn, dies weiter mit mir diskutieren zu wollen."*
- **Auslöser von Vertrauensmissbrauch:** *„Meine Partnerin erinnert mich an das Abendessen zum Anlass unseres Jahrestages, woraufhin mir einfällt, dass ich mir vorgenommen hatte, an dem Abend zu einem Hockeyspiel zu gehen. Ich will sie nicht enttäuschen und tue deshalb so, als hätte sie mich nicht früh genug daran erinnert."*

> **Sabotageverhalten:** *„Mir sind ihre Bedürfnisse oft nicht so wichtig wie meine eigenen. Ich will aber auch nicht, dass sie die Beziehung beendet, weshalb ich es oft so aussehen lasse, als hätte sie etwas falsch gemacht, damit sie mir weiterhin vertraut."*
>
> Wenn Sie einmal auf die Situationen zurückblicken, die Ihr Sabotageverhalten ausgelöst haben, erkennen Sie dann einen Punkt, an dem Sie Ihre Reaktion hätten aufhalten können? Wann und wie hätten Sie eingreifen müssen, um das eigene Verhalten vor dem Eskalieren zu bewahren?

Finden Sie heraus, wann Sie am anfälligsten sind

Auslöser von emotionalen Überreaktionen variieren je nach Lebenssituation in Stärke und Frequenz. Alles, was Ihren Stresslevel erhöht oder Ihre emotionale Abwehrkraft angreift, sensibilisiert Sie stärker für Auslöser. Sie können sich Ihrer Trigger bewusster werden und besser reagieren, indem Sie immer auf Ihre Gefühle achtgeben.

Die folgende Übung wird Ihnen dabei helfen. Der beste Zeitpunkt, um sie auszuführen, ist morgens gleich nach dem Erwachen. Sie nimmt nur wenige Minuten in Anspruch, und wenn Sie sie täglich durchführen, werden Sie schnell in der Lage sein, unerwartete negative Ereignisse automatisch vorherzusehen, bevor sie Schaden anrichten können.

ÜBUNG

Wann und auf welche Weise sind Sie anfällig?

Bewerten Sie Ihre Abwehrkraft für jeden der folgenden Aspekte auf einer Skala von 1 bis 10, bei der 1 für den schwächsten und verletzlichsten Moment in Ihrem Leben steht und 10 für den widerstandsfähigsten und stärksten.

Physisch: Schauen Sie sich Ihren Körper einmal von Kopf bis Fuß an. Wie fühlen Sie sich in diesem Augenblick, verglichen mit dem besten Körpergefühl, das Sie jemals hatten? Nehmen Sie Medikamente, die Ihre Selbstheilung in irgendeiner Form behindern könnten? Waren Sie in letzter Zeit einem physischen Trauma ausgesetzt? Wenn ja, schreitet Ihr Heilungsprozess voran? Sollten Sie körperlich nicht in Bestform sein, was könnte Ihnen dann helfen, dorthin zu kommen?

Emotional: Wo auf dem Spektrum des emotionalen Wohlbefindens stehen Sie gerade (von sich unbedeutend und vernachlässigt fühlen bis geliebt und zufrieden)? Es ist menschlich, den Menschen wichtig sein zu wollen, die Ihnen viel bedeuten, die ein Teil Ihres Lebens sind und sich für Sie interessieren. Haben Sie in letzter Zeit einen Verlust erlitten und wenn ja, betrauern Sie diesen noch? Sehen Sie der Zukunft mit Freude entgegen? Wie gut sind Ihre emotionalen Ressourcen aufgefüllt?

Sexuell: Haben Sie das Gefühl, zu wenig körperliche Berührung, Zuneigung und Erfüllung zu erfahren oder halten Sie das Maß an sexueller Befriedigung, die Ihnen geschenkt wird, für ausreichend? Gibt es Menschen in Ihrem Leben, an die Sie sich wenden können, wenn Sie Körperkontakt brauchen? Berührung ist ein wichtiger Bestandteil von Sicherheit. Sollten Sie nach ihr hungern, werden Sie sensibler auf andere Entbehrungen reagieren.

Mental: Fühlen Sie sich verwirrt und unsicher oder intellektuell aufgeweckt und engagiert? Haben Sie etwas, das Sie mental herausfordert? Gibt es Menschen in Ihrem Leben, die Ihren Intellekt schätzen und an Ihrer Meinung interessiert sind?

Spirituell: Sollten Sie einmal schwere Zeiten durchmachen, kann der Glaube an etwas, das größer und mächtiger ist als Sie selbst, den Unterschied zwischen Aufgeben und Weiterkämpfen ausmachen. Wenn Sie einen starken Glauben haben, können Sie sich in Zeiten der Entbehrung und Entmutigung auf diesen stützen. Haben Sie einen Glauben, der Sie erfüllt, inspiriert und unterstützt oder fühlen Sie sich in spiritueller Hinsicht ausgedörrt, mutlos, ideenlos und verloren?

Zählen Sie nun Ihre Punkte zusammen. Je höher die Endsumme ausfällt, desto besser werden Sie sich auch in Gegenwart eines einflussreichen Auslösers zentrieren können. Eine Punktzahl von 40 oder höher bedeutet, dass Sie stark sind und Ihre Fassung schnell wiedererlangen können. Eine Summe zwischen 21 und 39 weist darauf hin, dass Sie sich behaupten können. Sinkt der Wert allerdings unter 20, dann sind Sie sehr verletzbar und lassen sich leicht zu Sabotageverhalten hinreißen.

Kontrollieren Sie die obigen Werte regelmäßig. Ihr Ziel muss sein, sich jederzeit präzise selbst einschätzen zu können. Allein die Tatsache, dass Ihnen Ihre Anfälligkeit bewusst ist, wird Sie anders reagieren lassen. Zu wissen, was Sie brauchen, ist der erste Schritt zur Selbstfürsorge.

ÜBUNG

Vergeben Sie sich selbst

Manchmal werden Ihre alten Verhaltensmuster aktiviert, ohne dass Sie es bemerken. In anderen Momenten mögen Sie Ihr Verhalten zwar wahrnehmen, sind aber nicht in der Lage, Ihre Reaktion aufzuhalten. Erwarten Sie nicht von sich, Herr aller Rückfälle zu sein oder Ihre Gefühle völlig unter Kontrolle zu haben. Seien Sie darauf vorbereitet, sich zu vergeben, wenn Ihr destruktives Verhaltens trotz größter Anstrengung einmal ausgelöst wird.

Zeigen Sie sich selbst gegenüber das nötige Mitgefühl, wenn Sie in Ihre alten Verhaltensmuster zurückfallen sollten. Nichts ist destruktiver, als sich selbst für Unzulänglichkeiten fertigzumachen.

Eine einfache Methode, Vergebung zu üben, ist sich vorzustellen, Sie wären eine Person, die Sie von Herzen lieben, wie z.B. einen geschätzten Freund. Tun Sie so, als hätte diese Person Ihren Fehler begangen und würde sich selbst deswegen verurteilen. Ihre Aufgabe ist es zuzuhören und dem Menschen dann zu helfen, seinen Fehler anzuerkennen, die Verantwortung dafür zu übernehmen und sich zu einem neuen Versuch zu verpflichten.

Finden Sie sich in dieser Projektion wieder, in der Sie das dringende Bedürfnis haben, die Verantwortung für Ihren Fehler zu übernehmen, sich aber gleichzeitig nicht mit Selbstmitleid zu überhäufen? Verstehen Sie, wie wichtig es ist, sich Fehler zu vergeben und den Fokus auf Ihre positiven Schritte zu lenken? Gönnen Sie sich die gleiche Liebenswürdigkeit, die Sie Ihrem geschätzten Freund würden zuteilwerden lassen.

Es folgt ein Beispiel für einen Dialog der Selbstvergebung:

Sie: Ich fühle mich schrecklich für das, was ich getan habe. Ich weiß es besser und habe trotzdem einmal wieder eine Beziehung völlig zerstört.

Ihr innerer Zuhörer: Erzähl, was passiert ist.

Sie: Ich war nicht imstande zu sagen, was ich wollte. Deshalb manipulierte ich meinen Partner, sodass er sich mir verpflichtet fühlte. Als er herausfand, was ich getan hatte, teilte er mir mit, dass er mein Märtyrerspielchen nicht länger mitspielen würde.

Ihr innerer Zuhörer: Was löste die Situation aus?

Sie: Ich war sehr müde und wollte, dass er sich um mich kümmerte. Er wollte bloß mit mir schlafen und schien nicht weiter an mir interessiert. Deshalb tat ich was er wollte und nahm ihm das danach übel. Ich war verärgert. Er versuchte, sich um mich zu kümmern, was ich aber nicht zuließ. Er sagte die Verabredung mit seinen Freunden an dem Abend ab und lud mich stattdessen zum Essen ein. Daraufhin war ich wieder freundlich zu ihm.

IHR INNERER ZUHÖRER: Was hast du daraus gelernt?

SIE: Er sagte, er hätte sich liebend gerne um mich gekümmert, wenn ich ihm meine Bedürfnisse einfach nur mitgeteilt hätte. Ich hatte nicht gedacht, dass es jemanden gibt, der so etwas für mich tun würde.

IHR INNERER ZUHÖRER: Wie wirst du dich das nächste Mal verhalten?

SIE: Ich werde versuchen, meine Bedürfnisse und Wünsche klar mitzuteilen.

IHR INNERER ZUHÖRER: Du schaust dir dein eigenes Verhalten an, ohne deinen Partner zu verurteilen. Das ist sehr wichtig. Ich bin stolz auf dich.

SIE: Glaubst du wirklich, dass ich es wert bin, geliebt zu werden, auch wenn ich mich nicht zuerst um meinen Partner kümmere?

IHR INNERER ZUHÖRER: Ja.

Üben Sie am Beispiel Ihrer eigenen Dialoge der Selbstvergebung. Denken Sie immer daran, dass negative Selbstverurteilung der Feind Ihres Fortschritts ist. Mit etwas Übung werden Sie sich selbst beruhigen können, bevor Ihre Auslöser die Kontrolle über Sie übernehmen.

Schritt 5:
Suchen Sie nach einer neuen Zukunftsvision und finden Sie alternative Verhaltensweisen

Ihr Ziel ist es, destruktive Verhaltensweisen abzulegen und neue so lange zu üben, bis sie ganz von selbst kommen. Um dies zu erreichen, müssen Sie wissen, wer Sie waren, wer Sie werden möchten und was Sie tun müssen, um sich zu verändern.

Disziplin und Geduld sind nötig, um dem Sog der Vergangenheit zu widerstehen. Bekannte Verhaltensmuster können sich als schrecklich verführerisch erweisen. Sich selbst und anderen gegenüber müssen Sie sich zu dem verpflichten, von dem Sie wissen, dass es das Richtige ist. Die Beziehungen, die Sie nach dem Ablegen Ihres destruktiven Verhaltens haben werden, sind für Sie das Licht am Ende des Tunnels.

Um sich zusätzlich zu motivieren, können Sie einen imaginären inneren Fürsprecher erschaffen, der den negativen Stimmen trotzt, die möglicherweise in Ihrem Inneren ihr Unwesen treiben. Die folgenden zwei Übungen werden Ihnen dabei helfen.

ÜBUNG

Erinnern Sie sich an Ihre positiven Vorbilder

Erinnern Sie sich bitte an Menschen aus Ihrer Vergangenheit, deren Eigenschaften Sie bewunderten und respektierten. Diese Personen waren Ihnen früher eine Hilfe und können nun eine Inspiration für Sie darstellen.

1. Erstellen Sie eine Liste mit Personen aus Ihrer Kindheit, die Ihnen auch unter Stress ein gesundes, funktionelles Verhalten vorlebten.
2. Nennen Sie die bewundernswerten Eigenschaften aller dieser Personen.
3. Beschreiben Sie das Verhältnis zu jeder dieser Personen und welche Gefühle Sie füreinander hegten.
4. Was haben Sie von diesen Menschen gelernt?
5. Entscheiden Sie sich für die Personen, die den stärksten positiven Eindruck bei Ihnen hinterlassen haben, und schreiben Sie ihnen einen Dankesbrief. Teilen Sie ihnen mit, wie wichtig sie Ihnen waren und warum. Sie müssen die Briefe nicht abschicken, können dies aber tun, wenn Sie möchten.
6. Gab es in Ihrem bisherigen Erwachsenenleben Beziehungen, in denen Sie einigen der eben aufgelisteten Verhaltensweisen nachgeeifert haben?

Hier ein Beispiel:

Ich erinnere mich an meine Lehrerin aus der dritten Klasse. Sie war verwitwet und hatte zwei kleine Kinder. Außerdem lebte ihre an Alzheimer leidende Mutter mit ihr zusammen. Meine Lehrerin arbeitete tagsüber an der Schule und gab abends Nachhilfe, um sich über Wasser zu halten. Sie lächelte dabei die ganze Zeit. Sie war intelligent, freundlich, liebenswürdig, geduldig, unterstützend und beschwerte sich nie. Ich vergötterte sie. Sie hatte immer Zeit für mich. Sie fand, dass ich Humor hatte. Sie animierte meine Mutter dazu, mich stärker zu unterstützen, statt mir so viele Grenzen zu setzen.

Durch meine Lehrerin lernte ich Fragen zu stellen, bevor ich jemanden verurteilte und jede Aufgabe mit den Worten zu beginnen: „Ich weiß, ich kann das." Ich lernte, dass Taten wichtiger sind als Worte oder Absichten.

Sie starb meines Wissens vor zwei Jahren an Brustkrebs, doch ihr Sohn arbeitet als Lehrer an derselben Schule wie sie. Ich werde ihm einen Brief schreiben und ihm mitteilen, wie wunderbar seine Mutter sich mir gegenüber verhalten hat. Ihr habe ich einen stillen Brief der Anerkennung geschrieben, den ich in meinem Herzen trage.

Diese Art der bedingungslosen Liebe habe ich bis jetzt wahrscheinlich nur meinem Golden Retriever zuteilwerden lassen, werde mich aber bemühen, meinem Partner mehr davon zu schenken.

Je größer die Anzahl Ihrer positiven Vorbilder, desto stärker wird ihr gebündelter Einfluss auf Sie sein.

In der nun folgenden Aufgabe werden Sie die positiven Eigenschaften Ihrer Vorbilder vereinen und einen inneren Kämpfer erschaffen, der Sie immer dann unterstützt, wenn Sie Trost und Motivation benötigen.

ÜBUNG

Einen inneren Fürsprecher entwickeln

Listen Sie alle positiven Eigenschaften der Personen auf, die Sie in der vorangegangenen Übung beschrieben haben. Beschreiben Sie auch, welches Gefühl Ihnen diese Menschen in Hinsicht auf Sie selbst gaben. Fassen Sie dann kurz zusammen, was Sie von den Personen gelernt haben.

Verwenden Sie diese Informationen, um Ihren persönlichen Fürsprecher zu erschaffen. Sie können diesem Fürsprecher einen Namen geben und ihn körperlich beschreiben. Geben Sie dieser imaginären Person dann einen sicheren Platz, damit Sie mit ihr sprechen können, wenn Sie sich in Not fühlen. Wenn dieser Fürsprecher Teil Ihres inneren Dialoges geworden ist, werden Sie einem Rückfall in destruktive Verhaltensmuster besser widerstehen können.

Schritt 6:
Suchen Sie sich Unterstützung

Sie stehen an einer wichtigen Wegkreuzung. Sie wollen nicht zurückgehen, nicht dort stehen bleiben, wo Sie sich gerade aufhalten, und wissen nicht genau, wo der Weg nun hinführt. An diesem Punkt benötigen Sie Unterstützung in Form einer Gruppe objektiver, fürsorglicher Menschen, die Ihnen dabei helfen, zu der Person zu werden, die Sie sein möchten. Das Alter und Geschlecht Ihrer Unterstützer ist genauso unwichtig wie ihre Beziehung zu Ihnen. Das Ausschlaggebende ist, dass sie in dem, was sie Ihnen sagen, eine ausgewogene Mischung aus Ehrlichkeit und Mitgefühl finden. Im besten Falle kennen diese Menschen Sie sehr gut, verstehen und unterstützen Ihre Ziele und sind zur Stelle, wenn Sie sie brauchen. Sie sind nicht Ihre Führer, Richter oder Lehrer, sondern Zeugen der Verpflichtungen, die Sie sich selbst gegenüber eingegangen sind, und Ihres Fortschritts.

Wenn Sie Glück haben, ist Ihr derzeitiger Partner geeignet für diese Rolle. Halten Sie sich unbedingt von Menschen fern, die Mitleid für Sie empfinden, wenn Sie einmal harte Zeiten durchmachen, oder die sich über Ihre Veränderungsversuche lustig machen.

Meiden Sie auch solche Personen, die eigene Ziele verfolgen. Einige wollen Ihre Freunde sein und reden Ihnen nur nach dem Mund. Sie mögen ein Hühnchen mit jemand anders zu rupfen haben oder sind in ihren eigenen Problemen gefangen und möchten mit ihrem Schmerz nicht allein sein.

Ziehen Sie in Betracht, Kontakt zu einer Person aufzunehmen, die Ihnen bereits in der Vergangenheit Unterstützung bieten konnte und die Ihnen jetzt dabei helfen kann, nicht vom rechten Weg abzukommen. Sollte dieser Mensch nicht zur Verfügung stehen, versuchen Sie jemand anderen zu finden, der für die Rolle infrage kommt. Sie können im Internet, in Ihrer Lokalzeitung oder in den Gelben Seiten (nach Region geordnet) nach Selbsthilfegruppen suchen. Machen Sie sich bewusst, dass Organisationen immer nur so gut sind wie ihre aktuellen Mitglieder. Seien Sie darauf gefasst, dass die Suche nach der richtigen Gruppe Sie Zeit und Kraft kosten kann.

Zusätzlich zu den realen Menschen, die Ihnen ihre Hilfe zugesichert haben, können Sie Ihren inneren Fürsprecher einsetzen. Ziehen Sie aus den inneren Dialogen mit Ihrem Fürsprecher die Unterstützung, die Sie in diesem Moment brauchen. Es ist besonders hilfreich, diese Dialoge in Ihrem Tagebuch niederzuschreiben, denn sie können Ihnen helfen, Ihren Fortschritt abzulesen.

Schritt 7:
Das Ziel im Auge behalten

Bei der Transformation des eigenen Lebens lässt man sich leicht durch Rückfälle entmutigen. Denken Sie immer daran, dass man nicht immer zu hundert Prozent auf dem rechten Weg bleiben kann. Sie müssen sich selbst dazu ermutigen, es einfach weiter zu versuchen.

Außerdem müssen Sie sich immer über Ihren Fortschritt im Klaren sein, was Sie auf verschiedene Weisen tun können. Nehmen Sie sich einmal die Woche einige Minuten Zeit, um die folgenden Fragen zu beantworten:

- Verändern sich Ihre inneren Dialoge von kritischen Auseinandersetzungen hin zu Ermutigung und Unterstützung?
- Sind Sie in der Lage, Ihre Interaktionen ohne Selbstverurteilung zu beobachten?
- Sind Sie in der Lage, Ihre Auslöser zu erkennen, bevor Ihnen Gefahr droht?
- Wissen Sie, wann Ihre Widerstandskraft gering ist und Sie für Auslöser anfälliger sind?
- Werden Sie ruhiger, wenn Ihr destruktives Verhalten ausgelöst wurde?

- Nehmen Sie sich jeden Morgen einen Moment Zeit, um sich Ihrer emotionalen, körperlichen, mentalen, sexuellen und spirituellen Bedürfnisse klar zu werden?
- Sind Sie in der Lage, sich zu vergeben, wenn Sie einmal einen Rückfall erleiden?
- Haben Sie ein intaktes Verhältnis zu Ihrem inneren Fürsprecher?
- Wenden Sie sich an Ihre Selbsthilfegruppe oder Unterstützer, wenn Sie Hilfe benötigen?
- Halten Sie Ihr Tagebuch immer auf dem neuesten Stand, um Ihren Fortschritt aufzuzeichnen?

Sie müssen an der Überzeugung festhalten, dass Sie sich verändern können und dass Sie jeden Moment, den Sie in den Prozess investieren, absolut wert sind. Dieser Glaube ist entscheidend für Ihren Erfolg.

ÜBUNG

An einer Überzeugung festhalten

Jedes Mal, wenn Sie sich überwältigt fühlen oder den Eindruck haben, Ihre Bemühungen führen nicht schnell genug zu Veränderungen, dann beantworten Sie die folgenden Fragen:

- Vergeben Sie sich einen Rückfall?
- Versichern Sie dem Kind in Ihrem Inneren, dass Veränderung möglich ist?
- Halten Sie nach Versuchung Ausschau, wenn Sie sich verletzlich fühlen?
- Fokussieren Sie sich auf Ihr Ziel und die Person, die Sie werden möchten?
- Trainieren Sie regelmäßig Ihre neuen Verhaltensweisen?
- Erkennen Sie Ihre Bemühungen an, wenn Sie Erfolg haben?
- Umgeben Sie sich mit Menschen, die Ihnen wirklich helfen?
- Erinnern Sie sich an Ihre Stärken, wenn Sie Ihre Schwächen sehen?
- Konzentrieren Sie sich auf Menschen, die den Sprung geschafft und ihr Verhalten verändert haben?

Wenn bei Ihren Antworten auf die obigen Fragen bei jedem Mal die Jas die Neins überwiegen, sind Sie auf dem richtigen Weg, um Ihr destruktives Verhalten zu verändern. Denken Sie immer daran, dass Ihr Sabotageverhalten nicht Ihre gesamte Persönlichkeit ausmacht. Sie hatten und haben Beziehungen zu Menschen, die durch Ihre positiven Eigenschaften angezogen wurden.

Ihre wünschenswerten Eigenschaften existieren noch immer. Durch Entschlossenheit und Mut werden Sie Ihr zerstörerisches Verhalten hinter sich lassen. Sie werden ein ehrlicher, rechtschaffener und selbstbewusster Mensch werden, der die Beziehungen führt, die er sich immer gewünscht hat.

14. | Problemlösung: Fragen und Antworten

Den schwierigsten Schritt in Richtung Veränderung – sich Ihren destruktiven Verhaltensweisen zu stellen – haben Sie bereits getan. Sie haben einen Transformationsprozess begonnen, der sich positiv auf Ihre derzeitigen und alle zukünftigen Beziehungen auswirken wird.

Bei der Arbeit mit den Übungen in diesem Buch sind Sie möglicherweise auf unerwartete Hindernisse gestoßen oder haben alte emotionale Traumata freigelegt. Dabei fragen Sie sich vielleicht, ob viele andere Menschen ähnliche Enttäuschungen und Frustration erlitten haben und in der Lage waren, das Scheitern früherer Beziehungen zu bewältigen.

Seien Sie versichert: Viele Menschen haben ähnliche Erfahrungen gemacht wie Sie. Hier sind die Fragen, die sie am häufigsten gestellt haben:

- Wie kann ich sicher sein, dass es wirklich mein Partner ist, der unsere Beziehung sabotiert und die Schuld auf mich schiebt?
- Kann meine Beziehung funktionieren, auch wenn ich nicht alle meine destruktiven Verhaltensweisen abstellen kann?
- Fühlen sich Saboteure zu anderen Saboteuren hingezogen?
- Fördern oder behindern feste Lebensgefährten meine Bemühungen, mich zu verändern?
- Ist es möglich, dass sich bei mir mehr als eine destruktive Verhaltensweise zeigt?
- Könnte es sein, dass mein Verhalten im Grunde in Ordnung ist und mein Partner lediglich überreagiert?
- Kann ich an einer Veränderung arbeiten, auch wenn ich derzeit nicht in einer festen Beziehung bin?
- Wie kann ich verhindern, dass ich mit Reue auf meine Vergangenheit zurückschaue?
- Gibt es weitere Formen von Sabotageverhalten, von denen ich wissen sollte?

In diesem Kapitel werden Sie Antworten auf alle diese Fragen finden.

Wie kann ich erkennen, ob mein Partner der wahre Saboteur ist?

Es gehört Mut dazu, sich dem eigenen Sabotageverhalten zu stellen. Es fühlt sich deshalb weitaus weniger unbehaglich an, wenn man es auf andere projiziert. Wenn Sie vermuten, dass Ihr Partner der wahre Saboteur ist, könnte es sein, dass Sie ihm die Schuld für Ihr eigenes Problem zuschieben.

Auf der anderen Seite könnte Ihr Partner natürlich der Saboteur sein. Er mag Ihnen geschickt das Gefühl vermitteln, dass wenn etwas schiefgeht, Sie die Verantwortung dafür tragen und er kann Sie so an Ihrer eigenen Wahrnehmung zweifeln lassen.

Eine weitere Möglichkeit ist, dass Sie beide verantwortlich sind. Beziehungen, in denen sich die Partner gegenseitig sabotieren, sind nicht ungewöhnlich. Ausbeuter und Märtyrer, Abhängige und Co-Abhängige, machthungrige Menschen und solche, die gehorchen müssen, Ankläger und Angeklagter – solche Duos, die sich regelmäßig gegenseitig sabotieren, sind leicht auszumachen.

Die gute Nachricht ist: Sobald Sie sich dazu entschlossen haben, Ihre destruktiven Handlungen zu verändern, werden Sie in der Lage sein, Ihre Verhaltensmuster von denen Ihres Partners zu unterscheiden. Es gibt eine narrensichere Art, dies festzustellen. Wenn Sie beginnen sich zu verändern, wird ein sabotierender Partner alles in seiner Macht stehende unternehmen, um Sie daran zu hindern. Ihr Partner hat bislang auf die eine oder andere Weise von Ihren Handlungen profitiert. Wenn Sie nun Ihr destruktives Verhalten ablegen, kann er nicht länger das bekommen, was er will. Wenn Ihr Lebensgefährte keinen Vorteil aus Ihren alten Verhaltensweisen gezogen hat, wird er Sie zu Veränderungen ermutigen und diese unterstützen.

Vielleicht zweifelt Ihr Partner anfangs an der Ernsthaftigkeit Ihres Entschlusses, Ihr destruktives Verhalten wirklich aufzugeben. Das ist ganz natürlich. Es kann eine Weile dauern, bevor er Ihren Veränderungswünschen vertraut. Haben Sie Geduld und geben Sie Ihren Bemühungen ein wenig Zeit. Wenn Sie kontinuierlich Fortschritte machen, werden Sie den Widerstand Ihres Partners am Ende überwinden.

Was geschieht, wenn ich nicht alle meine destruktiven Verhaltensweisen abstellen kann?

Ihr Sabotageverhalten stellt lediglich einen Teil Ihres gesamten Ichs dar. Zu Beginn einer Beziehung wird Ihr negatives Verhalten möglicherweise nicht bemerkt oder von Ihren positiven Eigenschaften überdeckt. Auch wenn durch Ihr destruktives Verhalten nun eine bedeutend schwierigere Situation entstanden ist, liebt Ihr derzeitiger Partner Sie sicher genug und hat das Gefühl, dass Sie als Gesamtperson die Mühe noch immer wert sind. Wenn Sie ihm ehrlich darlegen, wer Sie sind und dass Sie sich wirklich ändern wollen, wird er sich durch Ihre Ehrlichkeit und Ihren ernsthaften Veränderungswillen ermutigt fühlen.

Einige Sabotageverhaltensweisen sind leichter zu tolerieren als andere, und noch leichter wird es, wenn das Verhalten des Partners dasjenige des Saboteurs ergänzt. So kann eine ruhige, stille Persönlichkeit zum Beispiel einen Menschen tolerieren, der im Mittelpunkt stehen muss, während ein konkurrenzhungriger Partner dies nicht könnte. Wer eher nicht so genau ist und Schwierigkeiten hat, auf Details zu achten, weiß einige der Eigenschaften eines Kontrollsüchtigen zu schätzen – solange beide sich einig sind, wie das Zusammenspiel ihrer Verhaltensweisen funktionieren soll. Ein unsicherer Mensch kann jemandem, der das Bedürfnis hat, gebraucht zu werden, eine lebenslange Aufgabe sichern.

Andere sabotierende Verhaltensweisen wie Vertrauensmissbrauch oder Sucht werden höchstwahrscheinlich eine Beziehung zerstören. Die Partner von Macht missbrauchenden oder abhängigen Menschen fördern häufig ihre eigenen selbstzerstörerischen Verhaltensweisen, indem sie den Beziehungssaboteur in seinen destruktiven Handlungen unterstützen. Sollte Ihr Sabotageverhalten von Natur aus zerstörerisch sein, werden Sie keine funktionale Beziehung führen können, bevor Sie Ihre Muster nicht durchbrochen haben.

Und dann gibt es noch die Theorie, dass dreiste Menschen letztendlich immer gewinnen. Manche Menschen verfügen einfach über so viele positive Eigenschaften, dass sie selbst mit dem schlimmsten destruktiven Verhalten ungeschoren davonkommen. Talent, Schönheit, Reichtum, Status und Macht üben große Anziehungskraft aus. Nur wenige Menschen besitzen diese Vorzüge, und diese Glücklichen können ihre willigen Partner quasi am Buffet aussuchen. Allerdings werden die meisten der so gewählten jedoch früher oder später als Opfer einer destruktiven Beziehung enden.

Während Sie noch daran arbeiten, Ihr destruktives Verhalten zu ändern, können Sie auf einige altbewährte Eigenschaften zurückgreifen, um Ihren Partner an sich zu binden. Ehrlichkeit, Bescheidenheit, Mitgefühl, Reue und die Bereitschaft, Verantwortung zu übernehmen, können hier viel bewirken.

Fühlen sich Saboteure zu anderen Saboteuren hingezogen?

Saboteure können sich zu anderen Saboteuren hingezogen fühlen, insbesondere wenn sich zwei Partner in ihrem Verhalten gegenseitig bestärken. Wer beispielsweise in einer Beziehung seine Macht dafür missbraucht, den Partner auszunutzen oder zu verletzen, wirkt unglaublich anziehend auf jemanden, dessen Selbstwertgefühl durch Leiden gewahrt wird. Menschen, die im Mittelpunkt stehen wollen, ziehen Partner an, die Spaß an der Rolle des anhimmelnden Schmeichlers haben. Personen, die Nähe fürchten, haben in einer Beziehung zu einem unsicheren Partner mehr Freiheit, den Kontakt – so wie sie es gerade brauchen – aufzunehmen und abzubrechen. Menschen, die Auseinandersetzungen zwanghaft gewinnen wollen, genießen das ausgedehnte Geplänkel mit Partnern, die Wortgefechte aufgrund ihres abwehrenden Verhaltens in die Länge ziehen.

Beziehungen zwischen ineinander verstrickten Saboteuren laufen gewöhnlich immer nach demselben Mustern ab und stützen die negativen Verhaltensweisen. Das empfindliche Gleichgewicht zwischen zwei zwanghaften, sich gegenseitig aktivierenden destruktiven Mustern zu erhalten, kann in harte Arbeit ausarten. Wenn solche Beziehungen tatsächlich über lange Zeit bestehen, gibt es für beide Partner zumeist andere wichtige Gründe, um zusammen zu bleiben, wie z.B. eine starke sexuelle Anziehungskraft, gegenseitige Verpflichtungen oder die Angst, dass eine Beziehung mit jemand anderem noch schlimmer laufen könnte.

Wenn Sie in einer Beziehung sind, die auf gegenseitiger Sabotage beruht, können Sie sich nur gemeinsam mit Ihrem Partner verändern. Wenn nur Sie eine Veränderung anstreben, wird Ihr Partner mit aller Macht versuchen, Sie zu verleiten, Ihr bisheriges gemeinsames neurotisches Gleichgewicht aufrechtzuerhalten. Kommt das Gleichgewicht zwischen den Partnern aus der Balance, kann dies im Chaos enden und möglicherweise das Aus für die Beziehung bedeuten. Vermutlich ist es dann besser, sich den eigenen Weg zu bahnen und ihn allein zu gehen.

Fördern oder behindern feste Lebensgefährten meine Bemühungen, mich zu verändern?

Sollte trotz Ihrer destruktiven Verhaltensweisen Ihre Beziehung noch intakt sein, müssen Sie sich – wenn Sie beginnen, Ihre Verhaltensmuster zu ändern – auf eine gewisse Spannung gefasst machen. Auch wenn Ihnen Ihre Beziehung immer als stabil erschienen ist, kann es dennoch unterschwellige Spannungen geben.

Bedenken Sie, dass Ihr langjähriger Partner ein gewisses Eigeninteresse an Ihrem Sabotageverhalten entwickelt haben könnte und Sie bewusst oder unbewusst in bekannte Muster drängen möchte. Sollten die Provokationen Ihres Partners aus dem Ruder laufen, können Sie davon ausgehen, dass noch etwas anderes vor sich geht.

Wenn Ihre Beziehung noch ganz neu ist und beide Partner noch von der anfänglichen Lust und Liebe verzaubert sind, ignoriert oder toleriert der andere Ihr Sabotageverhalten möglicherweise. Doch auch wenn Ihr Partner Ihre anderen Qualitäten im Moment für so wunderbar hält, dass sie die destruktiven aufwiegen, wird er dieses Kompensieren mit der Zeit als immer frustrierender empfinden. Es wird sich also positiv auf das Überleben der Beziehung auswirken, wenn Sie Ihrem Partner zeigen, dass Sie ernsthaft an einer Veränderung Ihres Verhaltens arbeiten.

Am schwierigsten dürfte es sein, Ihr Sabotageverhalten in einer Beziehungskrise zu verändern. Ein Partner, der ohnehin emotional allergisch auf das reagiert, was Sie tun, hat wenig Interesse daran, Ihre Bemühungen zu unterstützen, besonders wenn die Zukunft Ihrer Beziehung ungewiss ist. Einen Menschen, der nur nach Gründen sucht, sich aufzuregen können Sie schlecht bitten, seine Gefühle beiseite zu schieben und Sie zu unterstützen. Hier ist es besser, wenn Sie Ihrem Partner Ihre Veränderungen zeigen, statt Ihre Absichten anzukündigen.

Doch nicht alles hängt von Ihnen allein ab. Vielleicht haben Sie einen Partner gewählt, der aus dem einen oder anderen Grund ein Interesse daran hat, Ihr destruktives Verhalten aufrechtzuerhalten. Vielleicht fühlt er sich Ihnen verpflichtet, weil Sie ihm im Gegenzug einen Fehler vergeben haben. Vielleicht hat er alles in seiner Macht stehende versucht, um Sie zu einer Veränderung zu bewegen und will die Beziehung nun trotz Ihrer Fortschritte beenden. Vielleicht benötigen Sie beide einfach nur ein bisschen mehr Zeit, um sich an die Veränderungen zu gewöhnen.

Hoffentlich haben Sie Glück: Ihr Partner ist auch daran interessiert sich zu verändern und freut sich über Ihre Bereitschaft loszulegen. Wie auch immer Ihre Situation aber aussehen mag: Sie können Ihren Entschluss, sich zu verändern, auch allein umsetzen. Ihr Ziel, Ihr destruktives Verhalten abzustellen, muss Ihnen wichtiger sein, als Ihre Beziehung zu retten.

Ist es möglich, dass sich bei mir mehr als eine destruktive Verhaltensweise zeigt?

Sie können mehr als nur eine destruktive Verhaltensweise aufweisen. Das Gleiche gilt für Ihren Partner. Sollten Sie in einer dysfunktionalen Familie aufgewachsen sein, in der sich die Mitglieder auf viele verschiedene Weisen sabotierten, haben Sie alle Rollen in einem traurigen, destruktiven Theaterstück gelernt. Wenn Sie sich zu einem Partner hingezogen fühlen, der Personen aus Ihrer Vergangenheit ähnelt, können Sie beide alle Rollen ausfüllen, um die Interaktionen aus Ihrer Kindheit zu rekonstruieren.

Denken Sie immer daran, dass Sie und Ihr Partner Teile des komplizierten Puzzles darstellen, das man Beziehung nennt. Das Zusammenspiel zwischen Ihnen beiden ist wieder ein eigenes Puzzleteil. Auch wenn Sie konstant darin sind, Ihre Beziehungen zu sabotieren, ruft Ihr Verhalten doch bei jedem Partner ganz andere Reaktionen hervor.

Die negativen Reaktionen Ihres Partners werden sich genauso wie Ihre eigenen mit der Zeit verstärken. Sollten Sie beide mehrere destruktive Verhaltensweisen an den Tag legen, kann die Mischung sich als explosiv erweisen und die Beziehung schneller zerstören, als Sie Möglichkeiten haben, die Probleme zu beseitigen.

Die einzige Hoffnung für Paare mit mehreren, sich gegenseitig sabotierenden Verhaltensweisen ist, dass sich die Probleme früh abzeichnen. Wenn die Beziehung noch frisch ist, sind beide Partner gewöhnlich sehr motiviert und wollen ihre negativen Muster verändern.

Könnte es sein, dass mein Partner lediglich überreagiert?

Seien Sie besonders vorsichtig mit der Frage, ob das Problem bei Ihrem Partner liegt. Diese Frage zu stellen könnte nämlich sehr berechtigt und angemessen sein, Sie könnten sich aber auch selbst belügen und in eine Falle tappen. Es ist nicht einfach, sich der Verantwortung für destruktives Verhalten zu stellen, und deshalb könnten Sie Ihrem Partner die Schuld geben, wenn Sie sich eigentlich Ihr eigenes Verhalten anschauen sollten. Vielleicht sind Sie aber auch mit einem überreagierenden Partner zusammen, der dafür sorgt, dass Ihr negatives Verhalten mit großer Wahrscheinlichkeit ausgelöst wird.

Sollten Sie sich zu sehr auf die negativen Verhaltensweisen Ihres Partners konzentrieren und Ihre eigenen dabei vernachlässigen, beenden Sie möglicherweise die Beziehung, ohne zu erkennen, auf welche Weise Ihre Probleme zum Ende der Partnerschaft beigetragen haben. In diesem Fall wird Ihr Sabotageverhalten höchstwahrscheinlich auch in der nächsten Beziehung zum Tragen kommen. Es empfiehlt sich deshalb, dass Sie Ihre destruktiven Verhaltensweisen direkt angehen. Sich ihnen aus Angst nicht zu stellen, schiebt das Unausweichliche lediglich hinaus.

Es stimmt, dass Ihre negativen Handlungen aus früheren Beziehungen sich nicht auf die gleiche Weise auf einen neuen Partner auswirken müssen. Oder Sie wählen sogar einen Menschen, der Ihr destruktives Verhalten nicht sofort auslöst. Manche Partner mögen Sie so sehr lieben, dass sie Ihnen Ihr Verhalten für geraume Zeit durchgehen lassen. Nach einer Weile wird es sich aber wieder als Problem darstellen, sodass eine anfänglich verträgliche Partnerschaft sich als doch nicht so kompatibel erweist.

Bitte seien Sie vorsichtig und täuschen Sie sich nicht selbst. Sollte Ihr destruktives Verhalten in der Vergangenheit viele Male aufgetreten sein, wurde es nicht durch Ihre Partner verursacht, sondern lediglich aktiviert. Auch wenn ein neuer Partner bei Ihnen keine negativen Reaktionen provoziert, bedeutet dies nicht, dass Ihre Probleme gelöst sind. Sabotageverhalten scheint nämlich seinen eigenen Willen zu haben und taucht plötzlich immer dann wieder auf, wenn der Betroffene es am wenigsten erwartet.

Kann ich an einer Veränderung arbeiten, auch wenn ich derzeit nicht in einer festen Beziehung bin?

Sollten Sie sich im Augenblick in keiner festen Beziehung befinden, können Sie diese Zeit nutzen, um aus der Vergangenheit zu lernen und sich auf die Zukunft vorzubereiten. Ein neues Verhalten zu üben kann sich als weniger anstrengend erweisen, wenn Sie Single sind. Sie müssen sich dann nicht mit aktuellen Auseinandersetzungen befassen und können die Zeit stattdessen zum Planen nutzen, ohne sich unter Druck gesetzt zu fühlen.

Auf der anderen Seite sind die Erwartungen eines festen Partners oft eine gute Motivation, um sich den eigenen Beschlüssen weiterhin verpflichtet zu fühlen. Die Veränderungs-Arbeit wird schnell einmal beiseitegeschoben, wenn man sich in einer schwierigen Phase befindet und eine Belohnung noch nicht in Sichtweite ist. Um den richtigen Kurs zu halten, kann es von Nöten sein, einen Ersatz für einen festen Lebenspartner zu finden. Rückmeldungen von Freunden oder einer Selbsthilfegruppe erweisen sich hierbei als hilfreich.

Sollten Sie ein freundschaftliches Verhältnis zu Ihren früheren Lebensgefährten pflegen, können diese Ihnen möglicherweise ebenfalls wertvolle Rückmeldungen geben. Diese Menschen sind oft die besten Kritiker. Die Tatsache, dass Sie sich mit einer alten Liebe weiterhin verstehen, zeugt von einer guten Beziehung, die durch die Trennung nicht völlig zerstört wurde. Wenn Sie das Gefühl haben, Ihr früherer Partner ist dazu bereit, könnten Sie ihn bitten, einige der Übungen zusammen mit Ihnen durchzuführen. So erreichen Sie mit einiger Wahrscheinlichkeit einen großen Durchbruch und machen wesentlich schneller Fortschritte.

Wie kann ich verhindern, dass ich mit Reue auf meine Vergangenheit zurückschaue?

Ein großartiger Spruch für einen Grabstein wäre: „Viele Fehler, wenig bedauert". Bei jedem Fehler, den Sie machen, haben Sie die Wahl, ob Sie sich unablässige Reue aufladen oder Dankbarkeit für die Lektion empfinden wollen, die Sie gelernt haben. Nach einem schmerzlichen Fehltritt mit gravierenden Konsequenzen werden Sie einige Zeit zum Trauern benötigen und es wird dauern, bis die Wunden verheilt sind. Solange es Ihnen dabei hilft, das Ereignis hinter sich zu bringen, ist das angemessen. Doch so sehr es notwendig ist, sich an die Vergangenheit zu erinnern: Ein zu starker Fokus auf die eigenen Fehler kann sich störend auf Ihre Motivation sich zu bessern auswirken.

Für einen neuen Partner kann es zudem sehr schwierig sein, sich Berichte über schmerzliche Ereignisse aus Ihrer Vergangenheit anzuhören. Ihr neuer Lebensgefährte könnte den Eindruck gewinnen, er müsse Ihre Wunden heilen oder aber sich mit Ihrem alten Partner identifizieren und er wird sich fragen, ob Sie Ihr damaliges Verhalten wiederholen werden. Es ist nicht die Aufgabe einer neuen Liebe, Sie zu verurteilen oder zu bestärken. Es ist besser für Sie, zuerst Ihre Lektionen aus der Vergangenheit zu lernen, um dieses Wissen dann in der neuen Beziehung in die Tat umzusetzen.

In diesem Zusammenhang erweist sich erfolgreiche Selbstvergebung als ein wesentliches Ziel. Blättern Sie noch einmal zu der Vergebungsübung in Kapitel 13 (siehe Schritt 4) zurück und machen Sie diese regelmäßig. Das ebnet Ihnen den Weg zu künftigen Erfolgen.

Gibt es weitere Formen von Sabotageverhalten, von denen ich wissen sollte?

Die zehn Varianten des Sabotageverhaltens, die in diesem Buch behandelt werden, stellen die häufigsten Formen dar. Es gibt allerdings weitere Muster, die für Ihre persönlichen Beziehungen von besonderer Bedeutung sein mögen. Die sieben Schritte der Heilung finden auch hier Anwendung. Die Übungen aus Kapitel 13 helfen Ihnen, jede Form von Sabotageverhalten zu verändern, das Ihre Beziehung in Gefahr zu bringen droht. Im Folgenden finden Sie einige andere destruktive Muster, auf die Sie achten müssen:

Passiv-aggressives Verhalten: Sie versprechen alles, um sich aus einer schwierigen Situation zu befreien, finden aber unzählige Wege, um die Versprechen nicht halten zu müssen.

Unterminieren: Sie nehmen Ihrem Partner jedes Gefühl von Freude und etwas geleistet zu haben, indem Sie ihm wiederholt vorhalten, wie er etwas hätte besser machen können.

Zwanghaftes Streiten: Sie müssen wegen jeder Kleinigkeit einen Streit beginnen, weil Sie es genießen, Widerstand zu leisten.

Manipulation: Sie verfolgen ständig Ihre eigenen Interessen und Ziele, wollen dies aber nicht zugeben.

Erpressung: Sie missbrauchen Fehler aus der Vergangenheit als Waffe, wenn Sie etwas erreichen wollen.

Verzögerungstechnik: Sie haben immer eine Ausrede parat, um Dinge in letzter Minute erledigen zu können oder nach „Spielschluss" abzuliefern.

Rückzug: Sie geben auf, wenn Sie nicht gewinnen können.

Nörgeln: Sie beschweren sich lieber über Probleme, als eine Lösung für sie zu finden.

Explosives Verhalten: Sie drohen mit extremen Handlungen, wenn Sie nicht bekommen, was Sie wollen oder unterdrücken Gefühle, bis Sie förmlich explodieren.

Sollten Sie ein Beziehungssaboteur sein, haben Sie nun die Fähigkeiten erworben, um Ihre Beziehungen und Ihr Leben auf positive Weise zu verändern. Sie sind auch in der Lage, destruktives Verhalten potenzieller Partner schon früh in einer Beziehung zu erkennen. Der beste Zeitpunkt, um diese Verhaltensmuster zu bekämpfen, ist, wenn die Liebe noch frisch und die Motivation entsprechend groß ist. Die positive Beziehung, die Sie heute aufbauen, kann Liebeskummer aus der Vergangenheit heilen und Ihnen Hoffnung auf unvorstellbare Möglichkeiten in der Zukunft machen.

Literatur

BOURNE, EDMUND J. (2005): *The Anxiety and Phobia Workbook*. 4. Aufl. Oakland: New Harbinger Publications.

BROWN, NINA W. (2008): *Children of the Self-Absorbed: A Grown-Up's Guide to Getting Over Narcissistic Parents*. 2. Aufl. Oakland: New Harbinger Publications. Deutsch: Kinder narzisstischer Eltern. Paderborn: Junfermann 2010.

HENDRIX, HARVILLE (2007): *Getting the Love You Want: A Guide for Couples*. New York: Henry Holt and Company.

KIRSHENBAUM, MIRA (1997): *Too Good to Leave, Too Bad to Stay: A Step-by-Step Guide to Help You Decide Whether to Stay In or Get Out of Your Relationship*. New York: Penguin.

MCKAY, MATTHEW; PATRICK FANNING & PALEG, KIM (2006): *Couple Skills: Making Your Relationship Work*. 2. Aufl. Oakland: New Harbinger Publications.

MILLER, DUSTY (2008): *Stop Running from Love: Three Steps to Overcoming Emotional Distancing and Fear of Intimacy*. Oakland: New Harbinger Publications.

MISSILDINE, W. HUGH (1963): *Your Inner Child of the Past*. New York: Simon and Schuster.

ROTH, KIMBERLEE & FRIEDMAN, FREDA (2003): *Surviving a Borderline Parent: How to Heal Your Childhood Wounds and Build Trust, Boundaries, and Self-Esteem*. Oakland: New Harbinger Publications.

SCHNARCH, DAVID (1997): Passionate Marriage: *Keeping Love and Intimacy Alive in Committed Relationships*. New York: Henry Holt and Company. Deutsch: Die Psychologie sexueller Leidenschaft. Stuttgart: Klett-Cotta 2006.

SELIGMAN, MARTIN (2007): *The Optimistic Child: A Proven Program to Safeguard Children Against Depression and Build Lifelong Resilience*. Boston: Houghton Mifflin Harcourt. Deutsch: Kinder brauchen Optimismus. Reinbek: Rowohlt 1999.

SPRADLIN, SCOTT (2003): *Don't Let Your Emotions Run Your Life: How Dialectical Behavior Therapy Can Put You in Control*. Oakland, CA: New Harbinger Publications.

YALOM, IRVIN (2000): *Love's Executioner and Other Tales of Psychotherapy*. New York: HarperCollins Publishers.

Narzissten entwaffnen

192 Seiten, kart. • € (D) 19,90 • ISBN 978-3-87387-711-5

REIHE AKTIVE LEBENSGESTALTUNG • Narzisstische Persönlichkeitsstörungen

WENDY BEHARY

»Der ›Feind‹ an Ihrer Seite«

Wer privat oder beruflich mit Narzissten zu tun hat, empfindet dies häufig als frustrierend, gelegentlich sogar als beängstigend. Wenn es nicht möglich ist, sie einfach zu ignorieren, empfiehlt es sich, sinnlose Machtkämpfe und Diskussionen zu vermeiden und sich statt dessen mit wirksamen Strategien für den Umgang mit Menschen vertraut zu machen, die in einem eigenen Universum leben und sich für dessen Mittelpunkt halten.

Wendy Behary, Begründerin und klinische Leiterin des »Cognitive Therapy Center« (New Jersey) und Fakultätsmitglied des »Cognitive Therapy Center and Schema Therapy Institute« (New York).

»Jeder, der es in seinem Leben mit einem Narzissten zu tun hat, ist gut beraten, Wendy Beharys Buch zu lesen und ihre Ratschläge zu beherzigen. Der Feind an Ihrer Seite enthält gute Empfehlungen und scharfsinnige Erkenntnisse – ein Grundlagenwerk für den Umgang mit einem der hartnäckigsten psychischen Probleme.« – Daniel Goleman

»Jetzt packe ich es an!«

224 Seiten, kart. • € (D) 22,90 • ISBN 978-3-87387-715-3
REIHE: AKTIVE LEBENSGESTALTUNG • Selbstverständnis

NINA W. BROWN

»Kinder egozentrischer Eltern«

Von Eltern erwartet man normalerweise, dass sie um die Entwicklung ihrer Kinder besorgt sind. Es gibt aber auch Eltern, die die Bedürfnisse ihrer Kinder weitestgehend ignorieren und stattdessen ausschließlich auf ihre eigenen fokussieren. Liegt eine narzisstische Persönlichkeitsstörung vor, fordert mancher Vater, manche Mutter bereits von ganz kleinen Kindern Aufmerksamkeit und Bestätigung ein. In diesem Selbsthilfebuch lernen Betroffene, die mit einem narzisstischen Elternteil aufgewachsen sind, wie sie sich Schritt für Schritt aus den Konflikten ihrer Kindheit herausarbeiten und eine befriedigende Eltern-Kind-Beziehung aufbauen können.

Nina W. Brown ist Professorin an der Old Dominion University (Norfolk). Die Expertin für narzisstische Persönlichkeitsstörungen und deren Auswirkungen auf zwischenmenschliche Beziehungen ist Autorin zahlreicher Bücher.

»Wenn der schöne Schein blendet«

216 Seiten, kart. • € (D) 21,90 • ISBN 978-3-87387-793-1 • REIHE AKTIVE LEBENSGESTALTUNG • Narzissmus

FRITZ & INGRID WANDEL

»Alltagsnarzissten«

Destruktive Selbstverwirklichung
im Licht der Transaktionsanalyse

Erfahrungen mit Menschen, die zwei Seiten haben, eine »gute«, verführerische Außenseite und eine »böse«, die verdeckt ihre moralisch-selbstsüchtigen Ziele verfolgt, sind tief beunruhigend. Um solche »Alltagsnarzissten« geht in diesem Buch. Äußerlich erfolgreich und anderen überlegen sind sie gewissermaßen die Hechte im Teich. Und die Karpfen um sie herum begreifen nicht, was geschieht.

Nach Meinung der Autoren sind die Narzissten ihren herkömmlich strukturierten Mitmenschen hauptsächlich deshalb überlegen, weil diese überhaupt keinen Begriff von der narzisstischen Persönlichkeitsstruktur haben. Doch auch Narzissten sind angesprochen, denn trotz aller äußeren Erfolge leiden sie unter ihrer Persönlichkeitsstruktur. Durch Selbsterkenntnis können sie Schritt für Schritt aus dieser Falle eines vordergründig so erfolgreichen Lebensstils herauskommen.

Ingrid Wandel ist Theologin, Psychotherapeutin und transaktionsanalytische Lehrtrainerin.

Fritz Wandel ist transaktionsanalytischer Berater und Autor. Er war lange Jahre in der Lehrerbildung und als transaktionsanalytischer Lehrtrainer tätig.